上海市浦东新区地方志办公室
"浦东地情系列丛书"编纂委员会

（按姓氏笔画排列）

主　任

裴玉义

副主任

杨　隽　金达辉

委　员

马春雷　龙鸿彬　何旅涛　杨继东　吴昊蕻
吴艳芬　邵　微　陈长华　陈钱潼　赵鸿刚
赵婉辰　施　雯　徐　瑞　贾晓阳　梁大庆

浦东地情系列丛书

上海市浦东新区地方志办公室 ◎ 编

长江口盐业简史

鲍俊林 ◎ 著

复旦大学出版社

上海文化发展基金会图书出版专项基金资助项目

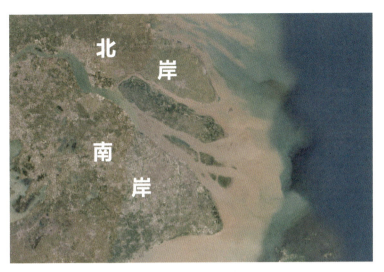

图 1　现代长江口

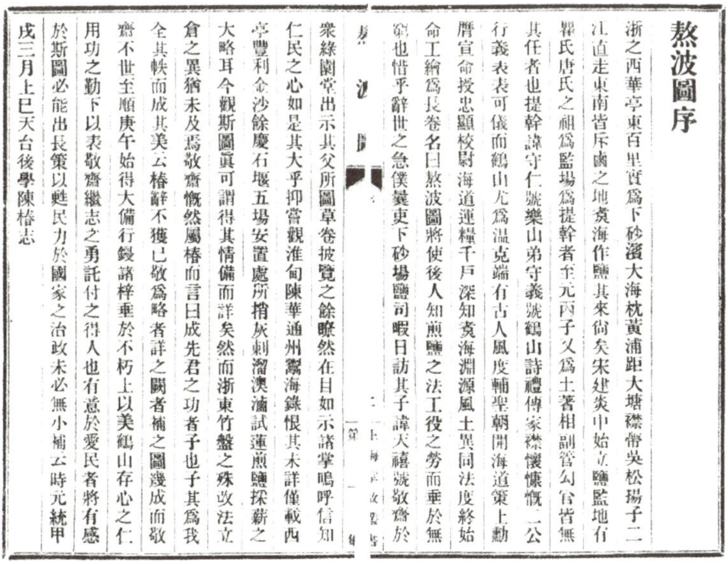

熬波圖序

浙之西華亭東百里實爲下砂濱大海枕黃浦距大塘襟帶吳松揚子二
江直走東南皆斥鹵之地煮海作鹽其來尙矣宋建炎中始立鹽監地有
瞿氏唐氏之祖爲監場爲提幹者至元丙子又爲土著相副管勾官皆無
其任者也提幹諱守仁號樂山弟守義號鶴山詩禮傳家襟懷慷慨二公
行義表表可儀而鶴山尤爲溫克端有古人風度輔聖朝開海道策上勳
膺宣命授忠顯校尉海道運糧千戶深知煮海淵源風土異同法度終始
命工繪爲長卷名曰熬波圖將使後人知煎鹽之法工役之勞而垂於無
窮也惜乎辭世之急僕曩吏下砂場鹽司暇日訪其子諱天禧號敬齋於
衆綠園堂出示其父所圖草卷披覽之餘瞭然在目如示諸掌嗚呼信知
仁民之心如是其大乎抑嘗觀淮甸陳華通州鬻海錄恨其未詳僅載西
亭豐利金沙餘慶石堰五場安置處所揹灰刺溜澳滷試蓮煎鹽採薪之
大略耳今觀斯圖眞可謂得其情備而詳矣然而浙東竹盤之殊改法立
倉之異猶未及焉敬齋慨然屬椿而言曰成先君之功者子也子其爲我
全其帙而成其美云椿辭不獲已敬爲略者詳之闕者補之圖遂成而敬
齋不世至順庚午始得大備行鋟諸梓垂於不朽上以美鶴山存心之仁
用功之勤下以表敬齋繼志之勇託付之得人也有意於愛民者將有感
於斯圖必能出長策以甦民力於國家之治政未必無小補云時元統甲
戌三月上巳天台後學陳椿志

图 2　元陈椿《熬波图序》

资料来源：选自〔元〕陈椿：《熬波图说》，不分卷，民国二十五年上海通社排印上海掌故丛书本。

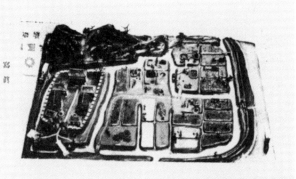

图 3　至顺下沙盐场模型

资料来源：选自上海通社编：《旧上海史料汇编》（下），北京图书馆出版社，1998 年，第 2 页。

图 4 乾隆《崇明县志》载崇明县八景图"鹾场积雪"

资料来源：选自乾隆《崇明县志》卷首《八景图》，上海市地方志办公室、上海市崇明县档案局编：《上海府县旧志丛书·崇明县卷》（中），上海古籍出版社，2011 年，第 764 页。

图 5 徐光启像

资料来源：选自姜义华主编，陈支平、陈春声卷主编，王颋等编撰：《中国通史教程》（第 3 卷：元明清时期），复旦大学出版社，2006 年，第 349 页。

图 6 今新场古镇
(作者摄于 2022 年)

(1) 淋卤图

(2) 煎盐图

图 7 嘉靖《两淮盐法志》制盐图

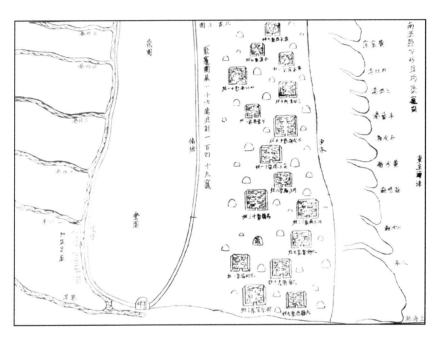

图8 清雍正年间"南汇县下砂盐场聚灶图"

资料来源:选自雍正《分建南汇县志》卷一《疆土志上·绘图》,《上海府县旧志丛书·南汇县卷(上)》,上海古籍出版社,2009年,第24页。

图9　民国年间金山卫盐场

资料来源：选自《良友》杂志1938年第135期。

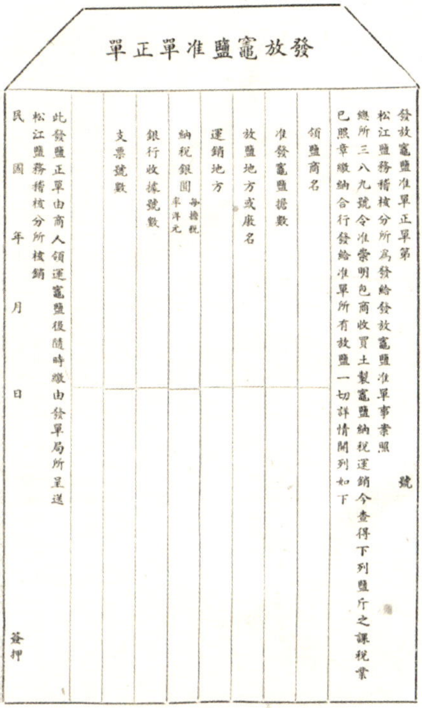

發放竈鹽准單正單

發放竈鹽准單正單第　　號

松江鹽務稽核分所爲發給發放竈鹽准單事業照

總所三八九號令准崇明包商收買土製竈鹽納稅運銷今查得下列鹽斤之課稅業

已照章繳納合行發給准單所有放鹽一切詳情開列如下

領鹽商名	
准發竈鹽擔數	
放鹽地方或廠名	
運銷地方	
納稅銀圓（每擔稅　　率洋　　元）	
銀行收據號數	
支票號數	

此發鹽正單由商人領運竈鹽後隨時繳由發單局所呈送

松江鹽務稽核分所核銷

民　國　　年　　月　　日　　簽押

图 10　松江盐区《发放灶盐准单正单》样式

资料来源：选自盐务署盐务稽核所编：《中国盐政实录》，文海出版社，1933 年，第 566 页。

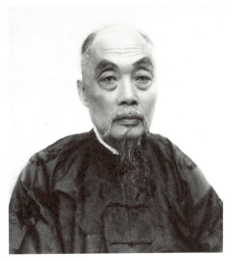

图 11　张謇(1853—1926)

资料来源：选自张謇研究中心网站

图 12　同仁泰盐业公司板晒制盐

资料来源：选自《南通盐业志》编辑委员会主修，张荣生编撰：《南通盐业志》（图版，第 5 页），凤凰出版社，2012 年。

图 13　通海垦牧公司

资料来源：选自《南通盐业志》编辑委员会主修，张荣生编撰：《南通盐业志》（图版，第 4 页），凤凰出版社，2012 年，原载《张謇》画册。

编者说明

浦东新区成立于1992年,至今也就30余年的时间,非常年轻,但从地域文化来看,浦东却有着上千年的人文历史。为了打造"浦东文化"品牌,挖掘浦东文化底蕴,我们先于2014年推出了《浦东历代文献集成》,对宋以来浦东地区的重要历史文献进行了系统的整理和出版。在此基础上,我们策划了《浦东地情系列丛书》《浦东文化系列丛书》,与来自复旦大学、华东师范大学、上海社会科学院等高校以及浦东的文史研究者合作,从多时段、多角度、多侧面切入,力求系统梳理浦东历史、文化脉络,并多方面、全方位展示浦东从传统社会向现代化社会的转型和发展历程,更加突出学术性、创新性和专业性。希望通过这些著作,为读者展现一幅波澜壮阔的浦东文脉和浦东精神历史长卷,并为浦东新区新时代的创新和发展提供持久的精神动力。

上海市浦东新区地方志办公室
2024年10月

序　言

前两年盐业部门公布了一项数据：我国供应的食盐，海盐只占5％，其他主要是岩盐。这出乎不少人的常识概念，因为他们一直认为，既然中国东南面临大海，有18 000千米的海岸线和那么多海岛，自然应该以供应海盐为主。其实他们混淆了一个概念：资源所在地不等于就是产地，产地也不等于行销地或消费地。

食盐是人类的生活必需品，在市场经济中也是一种商品。既然是商品，就得讲究价格和利润。商品的价格取决于生产成本和流通成本，不同时期、不同生产力条件、不同社会制度，同一时期不同的自然条件和人文条件下，食盐的生产成本和流通成本都可能不同，甚至有悬殊的差异。

就以海盐而言，理论上海水都含盐，都能用于产盐，实际却不是那么简单。海水自然形成盐结晶又能为人所获取的情况很少，绝大多数是人类利用海水生产的。要选择海水浓度高且容易汲取、拦蓄、蒸发的地方，还得考虑阳光、风力的条件。一般要选合适的海湾、滩涂，建成盐田。用卤水煮盐时，还得有多种制盐工具，需要消耗大量燃料，又得计算燃料的来源和价格，这些都是生产成本的一部分。

人均食盐消费量基本上是一个常数，产区的产量与消费区、消费量有相对稳定的关系。产量超过了消费量会造成供过于求，导致滞销和价格下降；反之则会供不应求和价格上涨，到一定程度就会形成产销区间的调整或重新组合。从产区到销区的物流成本必定要计入食盐的销售价格，在交通运输手段原始落后的前提下，产区离销售区不能太远。如果在合理的物流范围内没有足够多的消费人口，即使自然条件合适，也不可能产生产地。如果原有的消费人口减少或迁离，又会导致原有产地的萎缩或终结。

交通运输路线和手段的改变导致物流成本的变化，如水运与陆运、人力和机械、路线的改变，直接影响到产地和产量的变化，大幅度的变化最终会改变产销的基本关系和格局。在只靠人背马驮的条件下，物流成本往往远超生产成本，导致很多交通不便的山区的盐价更为昂贵。通了公路、铁路之后，物流成本大幅降低，生产成本低的岩盐完全可以在全国范围内输送，成了商品食盐的主体。

历史上滨海与河口地区是重要产盐地，但难免受到潮汐和海洋灾害的影响，为了防灾抗灾，就需要修筑堤塘坝闸和相关设施，还要进行经常性的维护或突击性的修复加固。这与食盐生产往往不能兼顾，造成对盐产地的直接影响，如占据或毁坏了原有盐田，影响或截断了海水来源，或者影响了海水的盐度。为了就近取土，有时不得不毁坏已有盐田。对芦苇和荒草的需求，导致保留或扩大滩涂的需求，直接影响到盐田的范围。

当同样的芦苇荒草滩涂的土地产值超过盐产值时，废盐田复滩涂就是必然的选择。当本地产盐价失去竞争力时，改变土地利用方式成为有效措施。近代随着人口压力的增加，人多地少的矛盾日益突出。农林牧副业的进步使沿海滩涂荒地有了多种更合理有效的利用方式，于是开发利用已久的盐田陆续被改造为农田、牧地、林草地、工业用地、生态保留地，也有些盐田成了聚落或休闲空间。

此外，明清以来盐引制度的变化，官府专卖制度和行销区的变迁，对私盐取缔与打击的力度，跨区域贸易对食盐生产和运销的影响等，诸如此类的社会和人文因素，也都影响着盐业的兴衰演变，有时比自然因素的作用更大、更剧烈。

所以，一个区域内盐业的兴衰历史是人类社会与自然环境复杂互动的产物，是当地人群的生活、生产、生存方式与所在空间的各种自然因素长期作用和调适的结果。由此产生的研究成果既是一部产业史，也是一部经济史、社会史、环境史、生态史；既是对历史地理的复原，也是对生态地理的重构。

鲍俊林的《长江口盐业简史》以长江口——长江三角洲的前缘，即长江与东海的交汇地带——为论述范围，分析了该区域的盐业兴衰过程，揭示了长江口盐史在全国盐史变迁上的共性，以及它具有的地方特殊性。这一范围自然环境错综复杂、人类活动强烈频繁、生态系统敏感脆弱，特别是近代上海这个中国和远东人口最多、生产力最大的工商城市和口岸的崛起，形成最重要的社会和人文因素，对长江口盐史变迁产生了重要影响。尽管这只是一部简史，但具有一定的典型性。我认为，此书体现了作者多年来的研究基础和水平，达到了预定目标，是一项符合我期许的成果。

葛剑雄
2024 年 12 月

目 录

序言 ·· 葛剑雄 001

引言 ·· 001

第一章　盐与人类 ·· 003
  第一节　从自然盐到人工盐 ···························· 003
  第二节　中国古代盐业与海盐 ·························· 008

第二章　长江口变迁与历代盐场分布 ······················ 021
  第一节　长江口自然环境 ······························ 021
  第二节　长江口的历史演变 ···························· 023
  第三节　长江口的盐业资源 ···························· 038
  第四节　历代盐场地理分布 ···························· 043

第三章　先秦至汉唐时期盐业的初兴 ······················ 058
  第一节　海陵监与通州盐业 ···························· 058
  第二节　嘉兴监与松江盐业 ···························· 064

第四章　宋元时期盐业的繁荣 ···························· 067
  第一节　利丰监与华亭监 ······························ 067
  第二节　淋卤煎盐与《熬波图》 ························ 074
  第三节　运销与盐场管理 ······························ 083
  第四节　下沙、新场与崇明盐业 ························ 090

第五章　明代盐业的发展与停滞 ············· 094
第一节　通州与松江分司盐业 ············· 094
第二节　沙洲坍涨与荡地兼并 ············· 103
第三节　明中叶私盐兴盛与倭患袭扰 ············· 111
第四节　明末徐光启与淮浙废煎改晒 ············· 118
第五节　潮灾与盐场防御工程的发展 ············· 122

第六章　清代盐业的恢复与衰退 ············· 129
第一节　清代前期盐业的整顿 ············· 129
第二节　盐枭、私盐泛滥与缉私 ············· 139
第三节　清后期盐业衰退与荡地转垦 ············· 147
第四节　盐区防灾工程的扩张 ············· 159
第五节　清末张謇废煎改晒与板晒盐 ············· 170

第七章　20世纪初以后的盐业转型 ············· 176
第一节　20世纪前期的裁废转产 ············· 176
第二节　20世纪后期的盐场转型 ············· 183
第三节　产销制度的转变 ············· 187
第四节　管理机构与缉私 ············· 195

第八章　长江口古代盐文化景观 ············· 200
第一节　盐民、盐贩与盐官 ············· 200
第二节　盐河、盐道与盐路 ············· 217
第三节　盐业聚落与市镇 ············· 226
第四节　盐神与民间信仰 ············· 231

结语 ············· 236

参考文献 ············· 238

后记 ············· 250

引 言

盐业史是人类文明史的重要组成部分,也是人与自然、生态与文明复杂互动的关系史。长江口地区位于长江三角洲前缘的河海交汇地带,历史上这里有大片滩涂、草荡,独特的咸潮与淡水交混的生态环境提供了丰富的盐业资源。人们在长江口南北两岸的滩涂地带发展制盐业,长江口成为全国重要产盐地带,形成了独特的河口海岸制盐文化,延续了两千多年。

目前还没有较为系统的专门介绍该地区盐业史的著作。历史上长江口地区是一个扇形大三角洲区域,包括以扬州—镇江为顶点,北到第一代长江入海口北翼的海安,南到金山嘴之间的范围。以往盐业史多以政区或盐区为范围,但长江口长期是淮盐与浙盐区的交汇地带,故本书主要以地理单元为界,涉及行政范围包括今天北岸的南通、泰州、扬州市,以及南岸的上海、苏州市。河口海岸地区的海盐生产是古代盐业比较特殊的人类活动,生态环境存在高动态性,人类制盐活动也长期处于动态变迁之中,其中包含的景观变化是了解该区域历史文化的重要方面。在学科研究日益交叉的背景下,盐业史本身不只是经济史,实际上也是生态史、环境史、制度史。盐场的生态环境、产销制度等都是与盐业史密不可分的方面。

本书以长江口北部的南通市、南部的上海市为主,综合利用原始文献、已有研究资料,以历代长江河口段、南北沿岸盐业为重点,梳理长江口盐业发展的基本过程及主要脉络。盐业是长江口沿岸的基础产业,航运、棉纺织、农垦等行业在此基础上逐渐发展起来。汉代以来,传统的食盐专卖制度下,长江口地区灶户、制盐、运销、课赋、缉私等要素变迁纷繁复杂,内容庞杂而彼此交织。特别是宋元以后,这里长期分属淮盐与浙盐区,盐区与政区隶属沿革复杂,加上地处河口海岸的沙洲滩地坍涨多变,咸淡水交混迁移变化,导致这里的古代盐业的产运销体制、生产关系等历经迭易,也呈现了复杂多样的发展变迁图景。

作为早已消亡的人文景观,长江口地区两千多年的人类盐作史,是该地区人与自然互动、文化多样性与独特性的具体反映。长江口地区长期是政区与盐区交界地带和江海交汇地带,古代盐业史是长江三角洲历史文化的重要方面,也是上海市与江苏省、浙江省历史文化交汇的重要表现,对盐业史的研究有助于加深对长江三角洲地区历史文化、江南地区沿海开发的历史面貌的认识,对理解长江口地区历史人文的演变、中国古代盐作文明的区域多样性与差异性具有重要意义。

第一章

盐与人类

第一节 从自然盐到人工盐

地球是一个充满盐分的星球,一般而言,盐(salt)特指氯化钠(NaCl),是地壳中普遍存在的物质。大量的盐分在海洋、陆地以及地表生物中不停地循环。地壳中的盐分易溶于水,常被雨水带进河川,再流入大海。全球的盐业资源极为丰富,总储量超过60万亿吨,其中海洋所蕴藏的盐分就超过了40万亿吨,而每年还有约1.1亿吨的盐从陆地流入海洋。

盐是人类生存的必需品。现代医学研究表明,人体离不开盐分,摄入适量的盐可以提高人体免疫力,对于保持人体内的水盐平衡,实现生命活动的正常进行,维持人体健康有重要意义。正常人体内钠的总含量为90—105克,大部分以氯化钠形式存在于细胞外液,小部分存在于细胞内。为维持生命,机体内需要恒定的渗透压,钠离子是保持人体细胞外液渗透压和容量的重要成分。盐在人类文明发展中扮演了关键角色。尽管地球的盐资源分布广泛,但要稳定获得食盐并不容易。人类从发现、利用自然盐,再到生产人工盐,经过了漫长的发展过程。

人类食用盐的历史可追溯至远古时代,在人类历史发展的第一阶段,即以百万年计的旧石器时代,依靠采集与狩猎维系着人类的生存繁衍,远古先民往往"食草木之食、鸟兽之肉,饮其血,茹其毛"①,尚不知何为咸味,人体盐分主要通过肉食获取。新石器时代特别是农耕时代的到来,人类开始种植谷物,由肉食为主转变为以粮食为主,难以获得必要的盐分,不得不从自然界中去寻找。

从史前开始,盐就成为人类生活中的重要物质。某种程度上,作为矿物,盐是人类唯一能够食用的岩石。最初人类对盐卤的发现和利用,与动物一样,也是出自生理的本能。自然生成的池盐和海盐,以及露出地表的岩盐,自然溢流外泄的盐泉和随地可得的土盐,只要在生成这些天然盐的地域内有人类活动,盐总会或迟或早被发现。野生动物与自然的关系更为密切,动物饮泉舐盐,是自然盐的最初发现者。人类结束了茹毛饮血的生活,失去了原先主要从禽兽血肉中汲取的盐分,必须寻找新的补充来源。因此当人类进步到以谷物为主要食物时,食盐便成为生活的必需品。史前人类在动物舐食之处会发现天然盐的踪迹,那里往往成为古代人类最初定居的适宜之地。如北美洲的水牛在伊利湖附近的舐食之处,后形成一座城镇,即布法罗;中国重庆巫溪猎人在狩猎时,遇见白鹿在山洞饮泉,盐泉被发现②,后来人们在此地引泉煎盐,形成宁厂镇。当自然盐不能满足需求,人类为稳定获取食盐,开始探索如何生产盐。凡是有古代先民活动的海滨和有盐湖、岩盐、井盐、土盐的地域内,都有可能在很早就开始了发现和食用盐的历史。

最初的人工盐表现为采集型,或利用简单原料进行初步生产转化,主要是焚薪取盐、碱土盐。例如生活在热带雨林中的玛

---

① 《礼记》第七《礼运第九》。
② 《舆地纪胜》卷一八一《夔州路》。

雅人,懂得如何从植物中提炼盐,虽然植物盐通常是氯化钾,而不是氯化钠,但他们会烧掉一些特定种类的棕榈叶和绿草,将灰烬浸泡在水中,然后蒸发成盐。那些遍布美洲和非洲、居住在森林中与世隔绝的人往往都用此种方法。在古代中国也有焚薪成盐的做法,例如《晋书·东夷传》记述古代东北肃慎氏,人们"烧木作灰,取汁而食之"。明代广西少数民族地区无盐可食,也采用这种传统的方法。《粤西诗载》说:"山深路远不通盐,蕉叶烧灰把菜腌。"这种获取食盐的方法与东北肃慎氏和美洲玛雅人几乎一模一样。① 原始的焚薪成盐的方法在中国西南地区也普遍使用,例如《华阳国志》载西南"积薪焚之",即"夷有盐井,积薪以池水灌之,而后焚之成盐",《益州记》的"井水泼炭","越嶲先烧炭,以盐井水泼之,刮取盐"②。除了焚薪取盐外,初加工的食盐还有土盐,也称"碱盐",一般多为盐碱地所产,味道比较苦涩,多为食用盐的替代品。据《后汉书·西南夷传》记载,汶山郡(四川茂汶一带)"地有咸土,煮以为盐,麋羊牛马食之皆肥"③。

随着生产技术的发展,人类获取食盐的方法逐渐成熟,食盐种类多样。从来源看,一般包括海盐、湖盐、井盐和矿/岩盐四大类。海水晒制的是海盐,盐湖开采的是湖盐,通过凿井、掘取地表浅部或地下卤水制取的盐称为井盐。海盐是主要的盐类,海水中溶解着大量的盐类,是制盐的重要来源。在大多数海区,海水的含盐量为35‰。人类很早就利用海水制盐,海盐业在许多沿海国家都是古老的海洋产业。例如中国宁波大榭史前海盐

---

① 王仁湘、张征雁:《中国滋味·盐与文明》,辽宁人民出版社,2007年,第3—4页。
② 〔唐〕虞世南辑:《北堂书钞》卷一四六《酒食部》,清光绪十四年(1888)南海孔氏三十有三万卷堂景宋刻本。
③ 《后汉书》卷一一六《南蛮西南夷传》。

业、商周时期渤海湾西南沿岸的海盐业,公元9世纪法国盖朗德地区的海盐业,以及中世纪英国东南部沿岸的海盐业等。此外矿盐或岩盐是通过开采与加工岩盐矿床得到的盐分,岩盐有时与天然卤水盐矿共存,也被称为井矿盐。著名的盐矿如波兰克拉科夫盐矿①、罗马尼亚萨利纳图尔达盐矿②。中国岩盐产地多集中在西北和西南区域,如新疆、西藏、云南境内。《水经注·江水》记录古代岩盐生产:"朐忍县(重庆云阳)入汤口四十三里有石,煮以为盐。石大者如升,小者如拳,煮之,水竭盐成。"中国古代井盐生产大致出现于战国时期的巴蜀地区。秦昭王时蜀郡守李冰在治水的同时,勘察地下盐卤分布状况,始凿盐井取卤煮盐。在木、水、土、石中,古代采用很简单的方法,就可以得到人们需要的盐。③ 随着时间的推移,制盐技术不断进步。从早期的收集地表浅层卤水制盐到后来逐渐挖深钻井、取卤制盐,特别是在四川自贡④、云南中部等西南地区的盐井,技术进步使得井盐生产效率大大提高。

人类在长期寻找盐、生产盐、买卖盐的过程中开展交流,盐也成为最早进行交易的国际商品之一,也是古代最早的产业之一。同时对盐的搜寻在上千年中一直是对工程师们的一项挑战。人类构想的许多伟大的运河、海堤、道路等大型公共工程就是为运盐而产生的,遗留至今的主要通衢大多是当时修建的盐业贸易路

---

① 指维利奇卡盐矿(Kopalnia soli,Wieliczka),位于波兰克拉科夫附近,从13世纪起就开采盐,现今已基本停产。盐矿最浅处在地下64米,最深处在地下327米。1976年维利奇卡盐矿被列为波兰国家级古迹,1978年被联合国教科文组织列为世界文化遗产,2013年更名为"维利奇卡和博赫尼亚盐矿"。
② 位于罗马尼亚克鲁日县的图尔达,从中世纪至20世纪早期一直产盐。
③ 王仁湘、张征雁:《中国滋味·盐与文明》,第3—4页。
④ 自贡盐井位于中国四川自贡,历代盐工在自贡先后钻井13 000多口,有的井深达1 000米。

线。例如玛雅地区不同城邦之间会进行贸易,低地地区会以食盐和可可豆与高地地区交换黑曜石和碧玉。[①] 此外,还有14世纪廷巴克图成为西非黄金贸易与撒哈拉食盐贸易的中心,以及中国古代修建了大量的运盐河。

盐在古代日常饮食文化中扮演着重要角色。早在夏代中国就有关于食用盐的记载,商周时期盐是调味品,咸味被列为"五味"之一。在西方国家的日常饮食中,盐也是不可或缺的调料。盐还经常被用于烘托食品的美味,它不仅为食物提供了基本的咸味,还延长了食品的保存期限。人们通过腌制、熏制、干燥等方法利用盐保存食物,至今这些传统的食品制作方法仍然在许多国家和地区沿用。同时,盐不仅是一种重要的调味品,也被用于医疗和保健。例如在罗马帝国时期盐被用来治疗眼疾和皮肤疾病,中国古代常用盐来治疗咳嗽、哮喘和肠胃疾病等。不仅如此,盐还是国家礼仪的象征,是国家祭祀的重要用品,这样的习俗甚至沿袭到现代,一些国家还会通过赠送盐来表示友好和亲善。可见,盐不仅是人类饮食中不可或缺的调味品,而且在人类历史和文化发展中扮演了至关重要的角色。

盐的发展史伴随着人类的发展史,推动了人类历史进程。几千年来盐都代表着财富。正是由于食盐的重要性,它代表了珍贵物品或非常有价值的事物,因此在古代食盐往往是被严格控制,并且是价格昂贵的稀缺商品,被称为"白色黄金"。在古代控制了食盐供应,很大程度上就相当于控制了粮食,从而对一个地区产生了重要控制力。从古埃及到中国,再到古罗马,盐的生产和使用对当地经济、文化产生了深远的影响。例如,古罗马帝国通过

---

① [加]潘妮·拉古德(Penny Lecouteur)、[美]杰·布勒森(Jay Burreson)著,程来飞、吴莉译:《拿破仑的纽扣:改变历史的16个化学故事》,北京理工大学出版社,2007年。

控制食盐贸易来维持其商贸中心的地位;在古代中国的春秋战国时期,各诸侯国为了争夺盐湖和盐路而展开多次战争;在美国也出现过很多次盐业战争。加勒比的盐商在他们住宅的地下室里储存盐,中国、罗马、威尼斯、哈布斯堡王朝以及数不清的政府对盐课税,为战争聚敛钱财。罗马帝国通过控制食盐生产和贸易积累了巨额财富,食盐甚至成为士兵的工资支付方式,因为盐经常被作为流通货币来使用。[①] 此外,食盐还常常是国家的重要税收来源和军事战略物资。如古代中国盐业实行专卖制度,以确保政府对盐的控制和税收,在《盐铁论》中记载了桑弘羊首倡官营盐业开发及其对国家财政的重要性。总之,盐长期是作为国家战略物资被统治者严格控制,甚至到了供需过剩的近现代,盐仍然实行国家专卖。

第二节 中国古代盐业与海盐

一、中国古代盐业概述

中国是世界上盐产量最高的国家之一,盐业生产历史悠久。汉字"盐"的本义就是在器皿中煮卤。甲骨文中没有被学者考证出"盐"字,但这并不意味着当时没有反映食盐的文字。例如西周末年和东周初的金文中发现了"卤"字,该字的发现与最初使用约在商代之前,甚至在夏或夏之前的洪荒时代。据《说文》载:"盐,咸也,从卤监(咸)声。"清代段玉裁在《说文解字注》中解释:"盐,卤也。天生曰卤,人生曰盐。"[②]尽管"盐"和"卤"实际上都是同一

---

① 〔美〕马克·科尔兰斯基著,夏业良译:《万用之物:盐的故事》,中信出版集团,2017年,第10—12、20页。
② 〔汉〕许慎:《说文解字·序》。

种物质,但在古代中国人的观念中,"盐"和"卤"之间存在一些区别,即自然界的盐分往往被称为卤,一般只有经过人工制成的才能被叫作盐。

食盐历来是中国古人生活必需品,《尚书》称:"若作和羹,尔惟盐梅。"①盐乃五味之首,古称"百味之祖""食肴之将""国之大宝""生气之源"等。同时,在历朝历代中,盐税作为国家财政的主要来源,备受中央瞩目,由之而产生诸多的盐政法规、资源争夺、商贾传奇,甚至朝代更迭。

约在仰韶时期(前5000—前3000)中国古人已学会了煎煮海盐,而相传在山东渤海湾沿岸夙沙氏首先"煮海为盐"②,开创华夏制盐历史的先河,后来在沿海盐场多以夙沙氏为海盐的发明者和创始人,夙沙氏被后世尊为盐业鼻祖、"盐宗"。夏朝已有盐贡,全国划定为九州,并制定了九州贡法。九州百姓须定期向夏王朝上缴各地的特产。如《尚书·禹贡》记载,位于山东沿海的青州"厥贡盐、絺,海物惟错",食盐就是该地最为重要的贡物。商承夏制,食盐生产的规模和技术都超越了夏朝,商周时期渤海湾沿岸就有大规模的海盐生产活动。另外,甲骨文中的"卤小臣",就是此时设立的负责盐政的专职官员。周朝时有掌供应盐事务的"盐人",专门负责王室的食盐供应。《周礼》记载:"盐人掌盐之政令,以共百事之盐。祭祀,共其苦盐、散盐。宾客,共其形盐、散盐。王之膳羞共饴盐。后及世子亦如之。"③即当时在祭祀中供用"苦盐"和"散盐"。在周代,饴盐供王者膳食,形盐和散

---

① 《尚书》卷五《说命下》。
② 《世本》卷七《氏姓篇》。
③ 〔东汉〕郑玄注:《周礼注疏》卷六《天官冢宰一》,清嘉庆二十年南昌府学重刊宋本十三经注疏本。

盐用于款待宾客。①

到春秋时期,开始出现盐税,盐税成为国家的重要财政收入。由于盐是人们最基本的生活必需品,《管子·海王》有记:"十口之家十人食盐,百口之家百人食盐。"②因此盐是维持社会经济生活不可或缺的重要物资,进而成为垄断的理想对象。春秋时管仲相齐,提出"官山海"政策,开始"兴盐铁之利",对盐和铁一起实行专卖,由国家统一管理食盐的生产和销售,开中国官营盐法之始。秦国商鞅变法,控制山泽之利,也实行盐铁专卖。当时的山海之产主要是盐、铁,官府垄断经营,寓税于价,使人民避免不了征税,又感觉不到征税。③ 自此以后,食盐专卖长期延续,围绕食盐产运销的管制、征税方式等进行的政策调整日益复杂。春秋争霸时,对盐产地以及盐支配权的掌握,往往成为民族发展、霸业建立、政权更替、国家盛衰的一个重要因素。如齐国利用其地处海滨,占有丰富鱼盐资源,推行"通商工之业,便渔盐之利",国势得到了迅速发展;再如晋国得利于解池盐利,楚国得益于巫溪盐利,吴越得利于长江三角洲及沿海的渔盐之利等。④ 秦汉以后,盐业逐渐成为王朝财政经济重要来源。

汉初统治者主张无为而治,实行休养生息政策,对盐铁采取放任政策,开放民营,使经营盐铁的商人富比王侯。但后来迫于财政压力,又开始重视盐业生产,经过桑弘羊的推动,盐业成为国家专营经济,对促进财政稳定发挥了重要作用。西汉时期,全国范围的盐业生产分布格局基本成型,即西北池盐、西南井盐、东部

---

① 中华文化通志编委会编,周嘉华、王治浩撰:《中华文化通志·化学与化工志》,上海人民出版社,1998年,第258页。
② 《管子》卷二二《海王》。
③ 金人庆主编:《中国税务辞典》,中国税务出版社,2000年,第398页。
④ 俞渊主编:《盐与海洋文化》,上海三联书店,2023年,第53页。

与南部海盐。汉代朝廷在全国35处设有盐官,但整体上海盐地位不高。到唐代海盐产业快速发展,海盐产地明显增多,这是中国古代盐业生产重心的第一次大迁移,即从内陆盐产为主转移到海盐为主。

隋代废除食盐禁榷,官府放松食盐开采与经营,对盐业经济的管制较为宽松,纵民煮盐、不加管制,食盐产销免征盐税,由百姓商人承担运销。自隋初至唐前期的约120年间,为盐业的无税时代。这一时期鼓励百姓开发盐业,促进了盐产区的面积与生产规模不断扩大。唐初沿袭隋朝政策,但到开元十年(722)恢复盐铁征税制度,对盐业政策进行了多次调整,强化了盐业管理。

安史之乱后,为缓解国家财政困难,实行全面垄断的"榷盐法"。乾元元年(758)第五琦被任命为盐铁使,正式颁布盐法,规定产盐之地由官置监院,负责收盐、卖盐。刘晏又在第五琦盐法基础上对榷盐法进行了改良,将官收、官运、官卖改成了官收、商运、商卖,官府负责食盐生产、收购、储存,掌握食盐的定价权,商人负责运销。同时在全国设置了十监四场。盐监又称监院,是专卖盐的核心组织,独立于地方行政系统,其职能为生产监督、盐户管理、催征赋税和对违法行为实行监察。第五琦、刘晏的盐法改革确立食盐专卖的榷盐制,各地食盐专卖机构逐渐建立。唐代榷盐制是中国盐业史上重要的盐法制度,包括盐产管理、榷卖与招商、税额与记账、榷利的储运与入库、榷税的转归等方面。该制度实际上是汉武帝实行的政府垄断食盐产销政策的延续,其主要内容是在各盐产地设官收盐,再将盐税加入卖价,售给商人,听其运销,所过州县不再征税。榷盐制本质上就是盐业的特许生产制度。除产销政策外,还特别加大了对盐户与劳动力的控制。第五琦变革盐法时规定,所有盐户免除杂役,隶属盐铁使管理,如果盗煮私卖,以犯罪论处。这个制度为刘晏所继承。此后所有盐户单设盐籍,凡取得盐籍之人户,即不属州县,归各盐场、监、院,由盐铁机构掌管。不在盐籍的人户,严禁煮盐。

唐中叶之前,盐商纳税购盐后一般都可以自由行销。为加大盐业产销控制,唐朝中叶后开始划分行销区域,之后销界区分渐严。如唐末规定越界贩私盐判罪重至死刑,五代后唐也规定越界兴贩者皆处极刑。宋代也是如此,并详细规定各产盐区所产盐斤的行销区域(后称"引岸"),商人越界兴贩罪至处死。同时,宋代食盐生产更为丰富多样,北宋沈括在《梦溪笔谈》中详细地记录了当时的食盐产地:"盐之品至多,前史所载,夷狄间自有十余种。中国所出,亦不减数十种。今公私通行者四种。一者'末盐'、海盐也,河北、京东、淮南、两浙、江南东西、荆湖南北、福建、广南东西十一路食之。其次'颗盐',解州盐泽及晋、绛、潞、泽所出,京畿、南京、京西、陕西、河东、褒、剑等处食之。又次'井盐',凿井取之,益、梓、利、夔食之。又次'崖盐',生于土崖之间,阶、成、凤等州食之。"[1]

唐末至宋初,北方战乱频繁,大量人口南迁,长江中下游地区人口激增。伴随古代中国经济重心东移南迁,唐宋以后海盐的快速发展,全国盐业重心出现第二次大迁移,即从北方渤海南岸、山东沿岸的海盐产区迁移到淮河以南的南方淮浙海盐产区,这是中国古代盐业发展史的重要转变,标志着中国古代盐业格局从内陆井盐、池盐为主转变为最近一千年的海盐为主。

宋以后,中国东部沿海开发加快,海盐产业逐渐规模化,盐税在政府财政收入中占有十分突出的地位,"国家经费,惟赖盐课"[2],

---

[1]〔宋〕沈括:《梦溪笔谈》卷一一《官政一》。
[2]《金史》卷四九《食货志四·盐》。

"国之所资,其利最广者莫如盐"①。元代设立盐运司,管理食盐生产和销售,制盐业成为官府垄断的手工业部门。全国共设两淮、两浙、山东、福建、河间、河东、四川、广东、广海9处盐运司,分辖160多处盐场,其中两淮规模最大,"国家经费,盐利居十之七八,而两淮盐独当天下之半"②。

明清时期产盐地遍布全国,分布格局基本稳定。如《明史·食货志》概述了当时产盐区及生产方式,"盐所产不同。解州之盐,风水所结。宁夏之盐,刮地得之。淮、浙之盐,熬波。川、滇之盐,汲井。闽、粤之盐,积卤。淮南之盐,煎。淮北之盐,晒。山东之盐,有煎有晒。此其大较也"③。明代宋应星对盐业分类总结为六类:"凡盐产最不一,海、池、井、土、崖、砂、石,略分六种",并认为海盐生产占主要地位,"赤县之内海卤居十之八,而其二为井池土碱,或假人力,或由天造"④。清初战乱频繁,人口凋敝,盐业生产出现极大困难,出现了产盐灶丁减少、制盐设备损坏、承销盐商流散等问题。经过清代前期的整顿与恢复,到清代中叶,全国盐业生产达到历史顶峰,特别是沿海的淮盐生产,规模庞大。

历史上中国人食盐的地理分布,沿海多食海盐,西北多食池盐,西南多食井盐。其中海盐以淮盐为上,池盐以河东解池盐居首(图1-4),而井盐则以自贡为最(图1-2、图1-6)。在生产工具上,主要有商周时期用陶器煮盐(图1-1),到汉唐时期采用牢盆(图1-3),宋元时期用盘铁(图1-5),明清时期转为锅䥕(图1-7),多由官铸造。此外,汉唐时期有盐官、司盐都尉、盐监等

---

① 《元史》卷九四《食货志二·盐法》。
② 《元史》卷一七〇《郝彬传》。
③ 《明史》卷八〇《食货志四》。
④ 〔明〕宋应星撰:《天工开物》卷上《作咸第五》。

图 1-1 商周渤海沿岸制盐盔形器
（山东大学博物馆藏品）

职官主要负责盐税管理，但尚未有盐场建置。随着盐业的发展与盐场的扩建，宋以后开始在盐场设立管理机构。宋代盐场设有催煎官，元代设有司令，明代以后为盐课司。总之，自商周到明清，中国古代盐业发展的基本趋势是从以内陆的井盐、池盐为主，到唐宋以后转为以海盐为主，海盐经济在中国古代盐业中占据突出地位。

图 1-2 汉代井盐生产画像砖拓片（四川省博物院藏品）

第一章 盐与人类 015

图1-3 牢盆（江苏盐税博物馆藏品）

图1-4 北宋苏颂《图经本草》中所载池盐图

图 1-5　煎盐盘铁（中国海盐博物馆藏品）

图 1-6　四川井盐（自贡市燊海井景区官网图片）

图 1-7　煎盐锅鐅（中国海盐博物馆藏品）

二、中国古代海盐概述

中国海岸线漫长,相比内陆有限的盐产地分布,沿海地区则广泛分布着可以利用的盐业资源。其中,气候适宜的平原海岸是煮海制盐的理想区域,有平坦滩涂、丰富的薪柴资源。这类平原海岸主要分布于杭州湾以北的沿海地带,包括辽东湾沿岸、渤海湾与莱州湾沿岸,连云港以南的苏北沿岸,以及长江口与杭州湾沿岸。特别是废黄河口以北的平原海岸,滩涂面积大,降水量小,蒸发量较大,更有利于盐业生产,长期以来是我国海盐的重点产区。

沿海地区制盐历史悠久,人类很早就懂得利用滩涂资源制盐。原始社会末期,沿海先民便开始"煮海为盐"。《世本》载:"夙沙氏始煮海为盐。"[1]《说文解字》载:"古者宿沙初作煮海盐。"[2] 从山东渤海沿岸夙沙氏开始,我国"煮海为盐"的历史至少有四千多年了。此外,宁波大榭遗址中首次发现了我国沿海地区距今4 400—4 100 年前的史前海盐业遗存。

商周时期,渤海湾南岸以及山东沿海盐业生产规模更大。[3]《尚书·禹贡》载:山东青州"海滨广斥……厥贡盐絺"[4],表明渤海沿岸已成为大规模煎盐生产地区。到春秋战国时期生产海盐的地区更普遍,齐、燕、楚的海盐生产都开始见于文献记载。《管子·地数》载:"齐有渠展之盐,燕有辽东之煮。"[5] 其中齐国的海盐

---

[1]《世本》卷七《氏姓篇》。
[2]〔东汉〕许慎:《说文解字》卷一二上。
[3] 崔剑锋、燕生东、李水城、党浩、王守功:《山东寿光市双王城遗址古代制盐工艺的几个问题》,《考古》2010 年第 3 期;燕生东:《殷墟时期渤海南岸地区盐业生产性质》,《东方考古》第 9 集。
[4]《尚书》卷三《禹贡一》。
[5]《管子》卷二三《地数》。

业最发达,管子认为齐国是海洋之国,必须开发和垄断海洋资源才能富强,"海王之国,谨正盐策"①,海洋盐业成为国家依赖的主要经济活动,"伐菹薪煮沸水为盐,正而积之三万钟……北海之众毋得聚庸而煮盐。然盐之贾(价)必四十倍,君以四十之贾,修河济之流,南输梁、赵、宋、卫、濮阳"。可见春秋齐国海盐生产规模已相当大,可供应梁、赵、宋、卫诸国。② 另外,位于东部滨海的吴国盐业也颇具规模。《史记·货殖列传》云:"夫吴自阖闾、春申、王濞三人,招致天下之喜游子弟,东有海盐之饶,章山之铜,三江五湖之利,亦江东一都会也。"③

汉代海盐产地主要集中在以山东沿岸为中心的北方沿海地带,共设置18个盐官,大部分在淮河以北。长江口以南只有3处,山东沿岸共12处。④ 唐宋以后,古代经济重心东移南迁,海盐经济快速发展。沿海逐渐形成了辽宁、长芦、山东、两淮(江苏淮南、淮北岸段)、两浙(上海与浙江沿海)、福建以及两广(广东、广西沿海)七大盐区。根据地理位置,又可以分为北方盐区(辽宁、天津、河北、山东、淮北)、东部盐区(淮南、浙江)、南方盐区(福建、两广、海南),这些盐区所产海盐成为历代王朝社会经济的重要支撑。⑤

"煮海为盐"泛指海盐生产,但一般认为并非直接煮煎海水产盐。因为海水中的盐含量较低,要使之饱和结晶需要耗费大量燃料,并不经济。为提高生产效率,古人在长期的生产实践中,懂得了

---

① 《管子》卷二二《海王》。
② 《中华文化通志》编委会编,周嘉华、王治浩撰:《中华文化通志·化学与化工志》,第259页。
③ 《史记》卷一二九《货殖列传》。
④ 郭正忠主编:《中国盐业史·古代编》,人民出版社,1997年,第31—35页。
⑤ 鲍俊林、高抒:《13世纪以来中国海洋盐业动态演变及驱动因素》,《地理科学》2019年第4期。

制盐先制卤,即通过采用先制卤、再煮盐的方法获取食盐,更为有效。一般是通过充分利用自然盐卤,再人工转化为饱和度较高的人工卤,继而进一步煎盐、结晶成盐。因此,古代海盐生产条件十分艰苦,煮海制盐的各个环节和各道工序基本依赖人力完成(图1-8)。"灶丁摊晒盐场,朝往暮归。冱寒时,海飙速烈,头面皴裂。酷暑聚棚煎炼,火气熏烁,立赤日中反觉清凉,掘沙得水,掬饮辄尽。"①

图1-8 北宋苏颂《图经本草》中所载海盐图

历史时期沿海各盐场因地制宜,演化出不同的制盐方法,"或刮地,或风其水,或汲于井,或熬其波"。整体上全国海盐生产技术可以分为淋卤煎盐、淋卤晒盐与晒卤晒盐三个阶段。传统海盐生产技术以淋卤煎盐方法最为普遍。沿海海水盐度一般为2—3波美度,需要通过一定的方法浓缩海水。为提高生产效率,煎盐

---

① 光绪《南汇县志》卷二〇《风俗志》。

生产工艺分为先制卤与后制盐两个必要的环节,通过收集滨海高盐分的沙土,再用海水浇淋,以获得较高浓度的卤水(20波美度以上的高级卤),一般等到接近饱和点(25—26波美度),再把浓卤转入金属锅盘中进行煎熬成盐。随着生产技术发展,煎法逐渐向晒法转变。明代中后期福建南部沿岸开始有淋卤晒盐。至19世纪后期,全国大部分海盐区已改为晒法生产,并在20世纪60—70年代向塑苫晒盐转型。① 此外,海南西部儋州沿岸在9—12世纪便可能存在晒盐活动②,这里是中国目前现存最早、保留最完好的原始晒盐的古盐场。

自唐代以后,全国已形成海盐经济重心在两淮、两淮盐业重心在淮南的整体格局。③ 江苏海岸地区很早就有制盐活动,盐业开发长期受到中央朝廷的重视。以废黄河为界,历史时期江苏海岸包括淮北、淮南两个盐区,统称为两淮盐区。西汉时期(前2世纪)在古射阳县(在今宝应县射阳湖镇)东部滨海地带设县,因遍地皆为煮盐亭场、运盐河道,故称盐渎县;东晋安帝义熙年间更名为盐城。宋代淮南包括海陵、利丰二监,管16个盐场。到明清时期,两淮盐区有23—30个盐场,分属淮南泰州、通州以及淮北海州三个分司,所产盐通称"淮盐"。清代两淮盐区产量占全国年产盐总量的33%,占盐课收入的40%—60%,其中淮南盐区盐产规模又占到两淮总数80%以上。④

---

① 鲍俊林:《中国古代海盐生产技术的发展阶段及地方差异》,《盐业史研究》2021年第3期。
② 崔剑锋、李水城:《海南省儋州洋浦古盐田玄武岩晒盐工艺的初步调查》,《南方文物》2013年第1期。
③ 鲍俊林、高抒:《13世纪以来中国海洋盐业动态演变及驱动因素》,《地理科学》2019年第4期。
④ 鲍俊林:《15—20世纪江苏海岸盐作地理与人地关系变迁》,复旦大学出版社,2016年,第74—75页;鲍俊林、高抒:《13世纪以来中国海洋盐业动态演变及驱动因素》,《地理科学》2019年第4期。

第二章
长江口变迁与历代盐场分布

第一节 长江口自然环境

长江口位于长江三角洲的前缘地带,是长江与东海的交汇之处。广义的长江河口区包括从安徽大通至口外海滨的范围,一般分为三段:近口段(大通—江阴)、河口段(江阴—拦门沙滩顶)和口外海滨段(拦门沙—30米等深线处)。狭义的长江口也存在多种划法,但一般而言,现代长江口主要是指从江苏江阴鹅鼻嘴起至入海口鸡骨礁止,全长约232千米。①

长江口平面呈喇叭形,窄口端江面宽度5.8千米,宽口江面宽度90千米。长江口的较大支流有黄浦江、浏河、练祁河等。长江口是一段由岛屿、沙洲分割的多支汊河段,总体上是三级分汊、四口入海的基本形态,主要由北支、南支、北港、南港、北槽、南槽构成。目前北支已处于萎缩状态,长江口绝大部分径流从南支经北港、北槽与南槽入海。②

长江口地区气候属亚热带季风气候,温和湿润。年均气温约15℃。7月最热,1月最冷。降水丰沛,年平均降水量1 149毫米,

---

① 《上海通志》编纂委员会编:《上海通志》(第1册),上海人民出版社、上海社会科学院出版社,2005年,第524—525页。
② 《上海通志》编纂委员会编:《上海通志》(第1册),第524—525页。

70%降水集中在4—9月。年均日照时数1 930小时。4—8月盛行东南风,11月至次年2月盛行西北风。夏秋季节热带气旋活动是长江口地区常见的重要气候现象,风力常达七八级,阵风10—11级,浪高约7米。西太平洋副热带高压静止锋稳定在长江下游及上海附近时,形成多雨、闷热、潮湿的梅雨天气。

长江口径流巨大,大通站最大洪峰流量92 600立方米/秒,最小枯水流量4 620立方米/秒;最大年径流量13 600亿立方米(1954年),最小年平均径流量6 760亿立方米(1978年),多年平均流量29 300立方米/秒,年径流总量9 051亿立方米。径流有明显的洪、枯季变化,5月显著增大,5—10月径流量占年径流量的71.7%。

长江口地区输沙规模巨大。据大通站统计,长江年均含沙量0.486千克/立方米,最大年均含沙量0.697千克/立方米(1963年),最小年均含沙量0.28千克/立方米(1994年)。年最大输沙量6.78亿吨(1964年),最小输沙量2.39亿吨(1994年),平均输沙量4.33亿吨。洪水季6个月输沙量占年输沙量的87.2%,枯水季6个月占12.8%。7月输沙量最多,占全年21.9%。

长江口属于河海交汇地带,年平均盐度为15.4‰,盐度分布具有一定规律性。沿海水域盐度南、北高,中间低,低盐舌由长江口向东伸展。表层盐度在长江南支长兴岛以西为0.13‰—0.17‰,北支灵甸港约为0.14‰,北支口约为10‰以上。丰水年盐度小,枯水年盐度大,浏河口可达1‰,堡镇、南门记录最大盐度分别为21.32‰、8.67‰。北支径流量小,大潮期盐度大于小潮期;杭州湾一带盐度南高北低,上下层盐度分布基本均匀。

目前长江口地区1—3.5米高程的滩涂面积约有347平方千米。①

---

① 章敏、吴文挺、汪小钦等:《基于潮汐动态淹没过程的长江口潮滩地形信息反演研究》,《地球信息科学学报》2022年第3期。

其中,崇明东滩、九段沙与江心沙洲是主要分布地,三者约占长江口地区滩涂总面积的80%。① 长江口地区目前拥有崇明东滩、九段沙国家自然保护区、崇明东滩国际重要湿地,以及长江口中华鲟自然保护区。此外,2024年7月26日,第46届联合国教科文组织世界遗产委员会会议上,中国黄(渤)海候鸟栖息地(第二期)通过评审,上海崇明东滩候鸟栖息地列入《世界遗产名录》②,是长江口地区首个世界自然遗产之地。

第二节　长江口的历史演变

长江口是一个非常活跃的入海口,海陆变迁十分显著。这一地区绝大部分都是低平的冲积平原,历经多次海退、海侵、主泓改道、沙洲涨坍等变化,是长江和东海长期相互作用下的产物。整体上,长江口的发育在南北沿岸存在一定的差异(图2-1)。北岸自扬泰冈地开始,不断有沙洲涨出,向北并陆;南岸自上海地区冈身地带开始,滩涂不断扩张。③

距今约2万年前的晚更新世,受冰期影响,全球冰盖扩张,气温降低,海平面下降,中国东部海岸线在海平面以下约120米的东海大陆架。晚更新世末,古长江三角洲前缘界限可抵125°30′E附近,至今东海大陆架还保留着长江古河道遗址,并延伸至日本宫古岛北侧。冰期以后气温升高,海平面上升,陆地渐为海水侵没。在全新世随着海面整体持续上升,古长江口岸线不断退缩。早全新世,海

---

① 黄沈发、苏敬华、阮俊杰、谭娟、熊璇:《上海滩涂湿地生态调查与评估》,中国环境出版集团,2019年,第198—199页。
② 澎湃新闻,2024年7月26日,https://www.thepaper.cn/newsDetail_forward_28223013。
③ 陈吉余、恽才兴、徐海根、董永发:《两千年来长江河口发育的模式》,《海洋学报》1979年第1期。

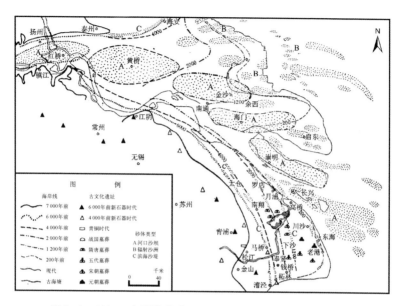

图 2-1　长江三角洲岸线变迁、砂体类型与古文化遗址分布图

资料来源：选自严钦尚等：《长江三角洲现代沉积研究》，华东师范大学出版社，1987 年，第 265 页。

岸线退至今启东、南通至东台梁垛一带，古长江口即在丁堰—白蒲一线入海。① 中全新世海侵达到高峰，海岸线退至高邮—扬中一线，长江口北岸地区即今南通市境除狼山等外均为大海。直到距今约 6 000 年海平面变化才转为稳定。海岸线结束了漫长的后退之后，近 6 000 年又出现扩张过程。在长江和潮汐的共同作用下，泥沙在长江口沉积，渐渐露出水面，形成沙嘴、沙洲。沙洲与内陆之间又因泥沙不断淤积而并接，海岸线随之东移。② 距今 6 000—5 000 年，三角洲大部分地区成为浅海、潟湖、沼泽和滨海低地。长江口在镇、扬以下呈喇叭状，口外一片汪洋，以后在波浪作用下，逐渐

---

① 凌申：《全新世以来苏北平原古地理环境演变》，《黄渤海海洋》1990 年第 4 期。
② 钱荣贵编：《江苏文库·江苏地方文化史·南通卷》，江苏人民出版社，2022 年，第 3 页。

堆积了江北的古沙嘴和江南的古沙堤,形成三角湾(图2-1)。

2000年前,长江在今扬州、镇江附近入海,河口宽阔,称海门。河口段起点位于扬、镇之间江中沙洲(瓜洲),向东呈喇叭形出海。北岸沿今江苏省泰兴市北部、如皋市石庄以北、南通市白蒲直达掘港。南岸江阴市以下沿今横泾冈和下沙沙带之间的上海市区进入杭州湾。长江径流挟带泥沙不断堆积,形成河口沙洲。沙洲并岸的结果是两岸逐渐缩狭,河口向东延伸(图2-2、图2-3)。3世纪,长江河口延伸至江阴,潮流界亦在镇江、江阴一带。江阴以下江面宽阔,多汊并存,江流主泓游移不定。唐武德元年(618),崇明岛雏形出露水面,河口逐渐分为南、北两支。14世纪以后,河势趋稳定,主泓从北支入海达300余年。16世纪前,长江口南岸边滩向外淤涨,岸线大部分在今岸线之外。17世纪,长江主泓从北支移向南支,南岸福山至黄家湾江岸坍没。其后,南岸开始修建海塘,遏制江流、潮汐、风浪对江岸的冲击和侵蚀,

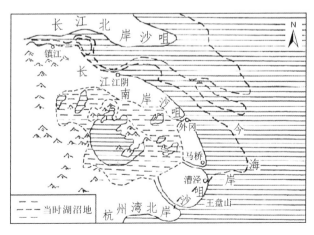

图2-2 六千年前长江口南北沙嘴分布示意图

资料来源:据尚思棣等:《上海地理浅话》(上海人民出版社,1974年,第11页)改绘。

图 2-3 先秦时期的长江口形势示意图

资料来源：选自谭其骧：《中国历史地图集》(第一册)，地图出版社，1982 年，第 45—46 页。

南岸逐渐稳定。19 世纪后期，长兴、横沙诸岛出水，南支进一步形成南港、北港分汊形态。长江主泓在南、北港交替摆动，叠为主次。九段沙形成后，南港分为南槽、北槽，形成今天三级分汊、四口入海的河口形态。①

总之，过去两千年长江口的演变在南北沿岸表现出很大差异，长江口北岸沙嘴的伸展以河口沙洲并陆为主，经历了从扬泰冈地到通州沙嘴的变迁，基本上是自西北向东南逐个合并沙洲而

---

① 《上海通志》编纂委员会编：《上海通志》(第 1 册)，第 524—525、583 页。

成;整体上如东至如皋海安为第一代长江口北岸,三余湾为第二代长江口北岸、今北支为第三代长江口北岸。南岸以冈身东部平原扩张为主,经历了从福山—金山冈身地带到浦东平原的变迁。长江口南北沙嘴的延伸、扩张塑造了今天长江口的基本形态。

一、扬泰冈地与长江口北岸的演变

长江口北岸地貌扩张从扬泰冈地(古沙嘴)开始。长江泥沙由于经年累月的海潮顶托作用,不断沉积,约6 000年前形成了扬泰古沙嘴,东西长约100千米,南北宽约25千米,北至里下河,南临长江边,西起江都,东至海安李堡。其地势中间高,东西长,形似分水脊。今南通西北部如皋、海安一带即为扬泰古沙嘴东段前缘。[①] 20世纪70年代,海安西北部青墩遗址被发现,出土了大量新石器时代墓葬以及生产、生活用品,说明至少在距今五千多年以前,这一带已经成陆,而且已成为人类聚居活动的地方。[②] 同时,由于地球自转和东北合成风的作用,接近北岸的水流较缓,利于泥沙沉积,汉代已产生如东古沙洲群。汉代以后到公元11世纪,这里先后有扶海洲、胡逗洲、东布洲等沙洲与大陆连接,18世纪至20世纪初又有一批沙洲连上了大陆。大致经过四次大规模的沙洲并接,长江口北岸大平原基本形成。

1. 扶海洲的并接。扬泰古沙嘴成型之后,东汉时期在扬泰古沙嘴以东海域涨出一片沙洲,史称"扶海洲",在今如东县境内,掘港处于扶海洲的东端。扶海洲原是海中浅沙群,约在春秋战国时扩大为沙洲。扶海洲与扬泰古沙嘴之间有一条夹江。这条古夹江,从丁堰开始向北到如皋东北,再到海安角斜出海。4世纪末5

[①] 钱荣贵编:《江苏文库·江苏地方文化史·南通卷》,江苏人民出版社,2022年,第3页。
[②] 南京博物院:《江苏海安青墩遗址》,《考古学报》1983年第2期。

世纪初,扶海洲与扬泰冈地并接,成为长江入海口北岸的新沙嘴。这是汉代以来南通市境第一次沙洲大连陆。扶海洲连陆后,如皋境域向东推进到今如东县掘港以东,长江入海口北岸线由白蒲东延至掘港以东。① 扶海洲并陆是北岸扬泰古沙嘴的第一次延伸(图2-4)。扶海洲与扬泰冈地连接为长江口北岸新的古沙嘴,使北岸古沙嘴的东部尖端延伸至今如东县长沙以东。这也是古长江口的第一代北岸。

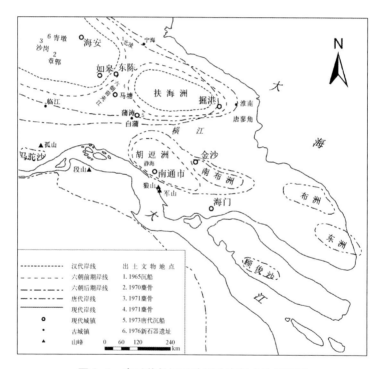

图 2-4　唐以前长江口沙洲分布与成陆示意图

资料来源:转引自钱荣贵编:《江苏文库·江苏地方文化史·南通卷》,江苏人民出版社,2022 年,第 4 页。

---

① 中共南通市委宣传部、中共南通市委外宣办编:《江海南通·地理篇》,外文出版社,2015 年,第 42 页。

2. 胡逗洲、南布洲的并接。约在南朝梁或稍前时期,扶海洲南面海中涨出一片沙洲,史称"壶豆洲",又称"胡豆洲""胡逗洲"。《太平寰宇记》描述了唐五代时期胡逗洲的基本情况:"胡逗洲,在(海陵)县东南二百三十八里海中。东西八十里,南北三十五里。上多流人,煮盐为业。梁太清六年,侯景败走,将北赴此洲。"①此时胡逗洲大体相当于今南通市崇川区、港闸区及通州区的西北部。不久胡逗洲东侧又涨出"南布洲",大体相当于今通州区金沙镇一带。《舆地纪胜》载:"南布洲,旧是渺然大海,其中涨沙复为布洲场,今为金沙场。"②扶海洲并连后的扬泰冈地,与胡逗洲之间形成一条长江北泓,即横江。这条古横江也是当时长江主要入海口,流经今石庄、白蒲、刘桥、石港、掘港等地,至三余海湾入海,形成第二代长江口北岸(图2-4)。唐末天祐年间,古横江逐步淤塞,南布洲与胡逗洲并接,后又与大陆涨连③,一同与北岸古沙嘴并接,是为北岸古沙嘴的第二次延伸。

3. 唐末通吕沙脊的形成。在胡逗洲东南海域中渐渐涨出了诸多沙洲,面积较大者有"东洲""布洲"。"东布洲"在胡逗洲东约100千米的海中,由"东洲"和"布洲"涨接而成,大体相当于今启东吕四以东以南一带,两个沙洲较为接近。宋代文献中对这些沙洲有不少记载。《舆地纪胜》载:"东布洲,元是海屿沙岛之地,古来涨起,号为东洲,忽布机流至沙上,因名布洲。既成平陆,民户亦繁。"④东洲与布洲宋代前已涨接,涨接后称"东布洲"。⑤ 后梁开平元年(907),"东布洲"延伸成东西长约150千米、南北宽约40千

---

① 《太平寰宇记》卷一三〇《淮南道八》。
② 《舆地纪胜》卷四一《通州》。
③ 钱荣贵编:《江苏文库·江苏地方文化史·南通卷》,第5页。
④ 《舆地纪胜》卷四一《通州》。
⑤ 海门市地方志编纂委员办公室编:《海门市志·大事记》,方志出版社,2014年,第12页。

米的"通吕水脊"(或称通吕沙脊,今南通唐闸附近至启东吕四一带)。宋庆历、皇祐年间,即公元 11 世纪中叶,"东布洲"与通州大陆并接。①"东布洲"并接大陆后,由于长江主流移向北泓,海门县境几近坍没,民户所剩无几。明中期起,县治先后迁至余中场、金沙场、永安镇、兴仁镇。② 东布洲与陆地相接后,长江口北岸沙嘴已延伸至现今江苏省启东市吕四港镇。五代十国时,在当时东布洲最东端的吕四港镇附近,设海门县。通吕沙脊形成是长江口北岸沙嘴的第三次成陆、延伸。但自 14 世纪起,长江主流移向北支入海,致使长江口北岸大片坍塌,海门县治数次向内陆迁徙,至清康熙五十年(1711)左右,海门由宋代的一个县变成只剩吕四场一角之地,最终废县为乡,并入通州,即静海乡。

4. 启海平原的形成。清初随着长江主泓南倾,北支日趋缩窄,进入衰退期,长江口北岸因径流减少再次淤积涨出数十个大小不等的沙洲,绵亘百余里,统称为海门群沙。到乾隆年间海门群沙靠岸,清廷在茅家镇设江苏省海门直隶厅,即今海门市。道光年间海门以东又出现启东群沙,由惠安沙、杨家沙和永丰沙等 13 个沙洲组成,因属近邻崇明县管辖,亦称崇明外沙。光绪年间启东群沙并岸,廖角嘴移至今寅阳附近,至宣统二年(1910)这些沙洲全部涨接,形成现在的启海平原。由此长江口北岸沙嘴已延伸到寅阳镇附近。这是汉代以来长江口北岸沙嘴第四次成陆、延伸。至此,今日北部三角洲面貌基本形成。

5. 三余湾的淤积。唐朝末年,通吕沙脊和北岸沙嘴涨接,封闭了原来长江支泓古横江。横江口近海处,水比较深,泥沙淤积缓慢,于是形成一个马蹄形海湾(三余湾)。这为南通先民发展制

---

① 参见中共南通市委宣传部、中共南通市委外宣办编:《江海南通·地理篇》,第 103—104 页。
② 钱荣贵编:《江苏文库·江苏地方文化史·南通卷》,第 6 页。

盐生产提供了得天独厚的优越条件。它的西北侧为原来横江的北岸,南侧即通吕沙脊的北缘。以今掘港、马塘为北缘,金沙、吕四为南缘,石港为西顶点,留下一个开口向东的马蹄形海湾,俗称"北海"。因在海湾南缘自宋元以来设有余西、余中、余东三处盐场,因此一般通称为三余湾。宋代以后,历次修筑的捍海堤的堤线实际上就是这个海湾的轮廓。三余湾自宋代至清代一直为淮盐的重要产盐地,也是宋元以后长江口北岸重要盐产聚集地。[①]元末以来,黄河夺淮入海带来大量泥沙,江苏海岸迅速淤积,三余湾也逐渐淤浅。最终在20世纪初废灶兴垦过程中这里完全变成陆地,形成三余湾平原(图2-5)。

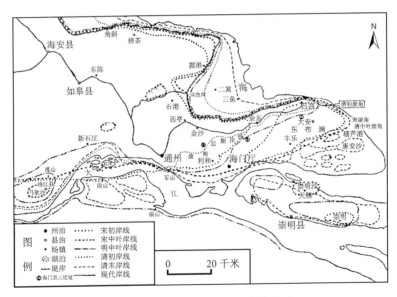

图2-5 宋至清代南通地区岸线变迁

资料来源:选自陈金渊:《南通地区成陆过程研究》,《历史地理》(第3辑),上海人民出版社,1983年,第31页。

[①] 《南通盐业志》编纂委员会主修,张荣生编撰:《南通盐业志》,第75页。

至此,历史上的长江北岸古沙嘴大致相当于今海安市、如皋市,扶海洲大致相当于今如东县,胡逗洲大致相当于今南通市城区和通州区,启海平原大致相当于今海门市和启东市。

二、南岸的变迁

长江口南岸的变化以冈身地带为起点,不断向东扩张,形成了大面积的滨海平原,同时局部岸段也存在多次淤蚀变化。

1. 冈身地带的形成。全新世以来,距今 1 万年左右海面上升至 -40 米位置,长江和钱塘江谷地遭受浸淹,成为早期溺谷。距今 9 000 年海面已上升至 -25 米左右,今上海东部地区开始沦为滨岸浅海。至距今 7 000 年前后长江口后退至今镇扬一带,形成一个向东开放的喇叭形河口湾,上海绝大部分地区被内侵海水淹覆。在沿岸流、潮流和波浪的共同作用下,长江三角洲南岸自江苏常熟福山一带,向东南方向形成数条近于平行的密集的贝壳沙带,经太仓、嘉定、闵行、奉贤,并延伸至上海南部的漕泾、柘林一带海边(图 2-1)。其再向南的延伸段,今已沦没于杭州湾之中。① 这些沙堤大多在 6 000 年前至 3 000 年前之间形成,地势相对较高,俗谓之"冈身"。北宋郏亶《水利书》和朱长文《吴郡图经续记》均有冈身的相关记载。南宋绍熙《云间志》有详细记述:"古冈身,在(华亭)县东七十里,凡三所,南属于海,北抵松江(指今吴淞江,即苏州河),长一百里,入土数尺皆螺蚌壳,世传海中涌三浪而成。其地高阜,宜种菽麦。"常熟福山—上海金山冈身地带东西宽度仅 4—10 千米,其形成过程历时长达四千年之久,这一时段海面相对稳定。②

2. 冈身以东的滨海平原扩张与新沙带。唐初冈身以东约 20

---

① 张修桂:《上海地区成陆过程概述》,《复旦学报(社会科学版)》1997 年第 1 期。
② 张修桂:《上海地区成陆过程概述》,《复旦学报(社会科学版)》1997 年第 1 期。

千米地带已经成陆。今浦东花木、周浦、下沙、航头一线存在一条北北西向的断续沙带,即下沙沙带,与宝山境内盛桥、月浦沙带,共同构成一条平行于西部冈身地带的古海岸线。下沙沙带的存在表明,距今三千年来冈身以东地区成陆过程,又有一个较长时段,海岸线稳定在下沙沙带一线上。冈身以东至下沙沙带之间的上海中部地区,自西向东当先后成陆于距今 3 000 年至 1 700 年的时段之内。从东晋初年至唐开元年间,上海东部海岸基本稳定在下沙沙带一线上。冈身地带至下沙沙带之间的上海中部地区,平均宽度为 17 千米。到宋代海岸已抵里护塘,即川沙、南汇、大团一线。[1] 两宋时期上海东部地区因长江泥沙不断补充堆积,岸线处于相对稳定状态,从而在当时海岸形成一条滨岸沙带,今里护塘故址的祝桥、惠南间,尚有此海岸沙带的残迹。北宋皇祐年间,华亭县令吴及在华亭筑堤百余里,以保障县境安全、发展经济。自明万历十二年(1584),在其东侧创筑外捍海塘(后称"钦公塘")之后,吴及海塘又被称为内捍海塘、老护塘、里护塘。此海塘以西的上海浦东中部地区,在距今 1 000 年前的北宋初期已经成陆。浦东中部地区东西宽度约 15 千米,成为全新世开始以来上海成陆过程最快的区域。但从宋元以后浦东沿岸扩张速度略有放慢,并形成了新的沙带。东、西沙带是一南向分汊状沙带,北起白龙港,向南经军民至马厂为西沙带,约距今 600 年。吴及海塘至西沙带海岸之间的陆地,成陆于距今 1 000 至 600 年前。西沙带以西地区虽成陆于 600 年前,但因地势低下,潮灾威胁严重,万历十二年(1584)新创外捍海塘。西沙带以东的滨海地带,其间虽有东沙带海岸的暂时停顿,但都是近 600 年来发育形成的浦

---

[1] 张修桂:《上海地区成陆过程概述》,《复旦学报(社会科学版)》1997 年第 1 期。

东平原。① 清雍正十一年(1733)南汇知县钦连重修,外捍海塘故称"钦公塘"。明中期至雍正年间发生崩坍,乾隆以后逐渐稳定,唯南汇嘴继续向海伸展。冈身以东滨海平原在成陆初期尚属滨海湖沼平原,地势低下,潮灾威胁严重,此时人类活动仍局限在冈身以西,大规模开垦活动尚未进入冈身以东滨海平原(图2-6)。

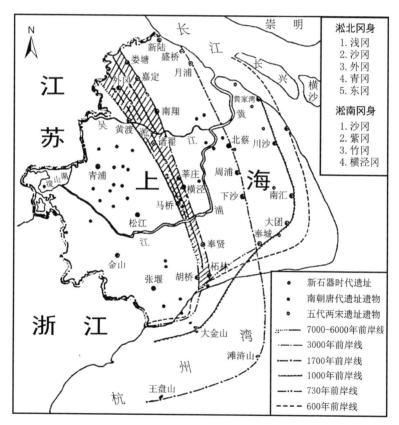

图2-6 上海市大陆岸线变迁

资料来源:选自张修桂:《上海地区成陆过程概述》,《复旦学报(社会科学版)》1997年第1期。

---

① 张修桂:《上海地区成陆过程概述》,《复旦学报(社会科学版)》1997年第1期。

3. 宝山到川沙沿岸坍蚀。元明时期,长江口众多拦门沙洲迅速扩大、合并,形成崇明岛主体,长江河口段过水断面随之缩窄,加以长江水流在科氏力作用下南偏,导致江流对长江南岸冲刷加剧,造成长江南岸太仓到川沙段不断内坍。明洪武十九年(1386)在宝山故城东北一里创筑吴淞所城,城距海岸三里,城外筑海塘工程护卫。其后岸线内坍南移,至嘉靖初城北陆地、海塘全部坍没,吴淞所城东北角也被蚀入海。嘉靖十七年(1538)遂于旧城西南一里另筑吴淞所新城,故址即今宝山故城。万历八年(1580)宝山附近塘岸决去二十余里,至四十八年宝山连同山基尽入于海,宝山堡城的东北角也遭冲坍。其后宝山堡城及附近的海塘也全部入海,至明末清初,旧城全部沦没,黄姚镇及其附近的顾泾港也均已坍没入海,岸线已逼近今岸线。有明一代,宝山城附近岸线南移2千米以上。清初以来,内坍的岸线基本控制在今宝山故城一带。宝山城西北岸线的坍进也相当显著。今石洞口岸线之北的江中,宋代黄姚镇在立场建镇之初,江岸在镇外若干距离,其间并有海塘兴筑卫护。明代中叶岸线显著南移,"旧塘之迹,没入海中数里"。清康熙八年(1669),岸边的清浦城也遭沦没,三十三年,遂于清浦城西北二里另筑江东宝山城。故址即今高桥老宝山城。此后,江东岸线虽略有内坍,但因海塘屡加修缮增筑,在塘外滩地蚀尽、塘岸陡立的情况下,岸线基本稳定在今岸线。[1]

4. 上海南部沿岸的变化。上海南部沿岸即杭州湾北岸,东晋初年以前从下沙沙带海岸向南延伸,进入今杭州湾水域的滩浒山,然后转向西南经王盘山至今浙江海盐的澉浦一带。东晋以后,由于杭州湾动力条件发生重大变化,杭州湾北岸在西北向海

---

[1] 张修桂:《龚江集》,上海人民出版社,2014年,第259页。

潮流顶冲之下,岸线逐渐向北退缩,岸边滩浒山的滩虎关、王盘山的濮伏关最先沦海(图2-6)。随后陷海的有滩虎关西北的大纡镇、濮伏关东北的临海镇,以及当时岸线之内的一系列盐场、盐亭、盐坊和寺庙。南朝后期,后退的岸线已距大金山不远,然后东北延伸,与当时处于相对稳定的下沙沙带海岸相接。唐末五代,杭州湾北岸继续内坍。后晋天福三年(938)以前大金山已屹立于海岸线上,取代东晋时期王盘山、滩浒山的地位,成为当时杭州湾北岸的重要门户。自唐末五代至南宋初期的300年间,杭州湾北岸西南段始终稳定在大金山左右。北宋初期杭州湾北岸岸线,东北起自南汇大团和四团,然后转向西南,经大金山南麓,西与海盐县岸线相接。两宋时期上海地区海面相对上升,上海南部的杭州湾北岸,受海侵严重影响,岸线则发生全线崩溃内坍。大小金山在南宋淳熙年间沦入海中。明代以后随着海塘的兴筑,塘外滩地有所扩展。明代中期杭州湾东北段岸线随上海东南汇嘴的延伸而继续外涨南移。清乾隆初期,杭州湾东北段岸线已南移至今奉贤随塘河一线。清末光绪年间,杭州湾北岸东北段和西南段的卫南岸线继续南移至今岸线附近。①

长江口南岸冈身以东滨海平原总体上的扩张演变,很大程度上与人工筑堤圈围、促淤是分不开的,向海迁移筑堤的过程反映了潮滩不断扩张。从唐开元元年(713)古捍海塘的重筑至宋乾道八年(1172)里护塘的兴筑,其间相隔459年,陆地向外伸展16千米,年平均伸展34.85米。从里护塘的兴筑至明万历十二年(1584)外捍海塘的兴筑,间隔412年,向东延伸,南北平均为1.4千米,年平均延伸3.4米,伸展速度较缓。从1584年至1884年彭公塘兴筑,间隔300年,再向东延伸约7.2千米,年平均伸展24.3

---

① 张修桂:《上海地区成陆过程概述》,《复旦学报(社会科学版)》1997年第1期。

米,延伸速度有所增加。自彭公塘兴筑后,先后又筑李公塘、袁公塘,直至1949年筑人民塘,其间岸滩又向东南延伸3.14千米,年均伸展48.3米,速度进一步加快。总之,长江口南部沿岸潮滩淤涨的总趋势表现为不断向东、东南伸展,自唐开元元年(713)重筑古捍海塘至1985年兴筑八五塘,滩涂已向东伸展约30千米,围垦面积共约90万亩。①

5. 崇明岛与河口沙洲。除前面提到的早期与北岸沙嘴并陆的沙洲外,唐以来,主要是崇明岛及其附属沙洲的演变,形成长江口的沙岛系统。崇明岛位于上海市北部长江口,唐武德年间长江口出露西沙、东沙,即崇明岛雏形。五代时在西沙曾设崇明镇,宋代先后在东、西沙的北面涨出了姚刘沙与三沙。元至元年间曾设崇明州于姚刘沙,明洪武二年(1369)改县,因沙滩涨坍,曾五迁其治。后因长江主泓摆动,东沙、西沙逐渐坍没,但在西沙北又涨出平洋沙、长沙及吴家沙等十余个沙洲。明末清初平洋、西阜、平安等沙岛先后与本岛相连成一岛。明嘉靖至清康熙年间,姚刘沙和三沙等相继坍没,长沙逐渐扩展,至明万历初年与吴家沙、向沙等相连。受沙洲坍涨影响,万历十一年(1583)崇明县治又迁至长沙,至此崇明主岛形成相对稳定的岛核。到清乾隆时崇明沙洲与周围南沙、平洋沙合并为一沙洲,今崇明岛的基本轮廓形成。18世纪中叶长江主泓南偏,崇明岛南岸日益遭受冲刷,光绪二十年(1894)加固堤防才制止了南坍。民国十七年(1928)崇明外沙设县分治,称为启东县。同时,崇明岛周围还有不少沙洲,也是长江口拦门沙洲的组成部分。长兴岛由原鸭窝沙、石头沙、瑞丰沙、潘家沙、金带沙、圆圆沙等6个沙洲合并而成。鸭窝沙于清顺治元

---

① 薛振东主编,上海市南汇县县志编纂委员会编:《南汇县志》,上海人民出版社,1992年,第241页。

年(1644)出露水面。民国十年(1921)《宝山县续志》称长兴沙,1958年改称长兴岛。20世纪中后期,除了横沙岛外,崇明以南的各沙洲经人工围堤促淤互相连接,最后合为长兴岛。此外崇明岛东南的铜沙浅滩是长江口相对较弱的缓流区,它包括现横沙岛,横沙东滩和九段沙的前身。横沙岛是上海第三大岛,在清道光年间露出水面,清咸丰年间始成沙洲,光绪十二年(1886)以后开始围垦,宣统元年(1909)在岛上设置横沙乡。① 九段沙在20世纪70年代以后基本成型,位置相对稳定,九段沙的各沙体逐渐连成一体。

第三节 长江口的盐业资源

古代海盐生产离不开滩涂、海水与荡草资源。长江口地区是江海交汇地带,地势开阔、平坦,滩涂与荡草资源十分丰富,近岸海水有一定盐度。但同时长江口滩涂扩张、沙洲坍涨、淡水下移的变化,对盐业资源的分布产生重要影响,引发不同时期成盐岸线的变化。从长江口历史时期自然环境与盐业资源分布来看,整体上江北沿岸的制盐条件比江南沿岸更为优越。

长江三角洲北翼东濒黄海,南临长江,位于江海交汇之处。远古时代本是一片汪洋,在数千年"沧海桑田"的成陆过程中,古代通州沿岸形成了广阔的滩涂和丰富的荡草,加之气候温暖适宜,为滩涂制盐提供了极为有利的条件。《宋史·食货志》谓江北淮盐之盛:"盖以斥卤弥望,可以供煎烹;芦苇阜繁,可以备燔燎。"②沧海桑田的历史变化为古代长江口北岸通州地区制盐业的产生、发展和兴盛,提供了广阔的滨海滩涂和丰富的草荡资源。

---

① 邹逸麟、张修桂、王守春编:《中国历史自然地理》,科学出版社,2013年。
②《宋史》卷一八二《食货志》。

这里的沿海滩涂和沙洲一般是坡度缓降,表面平坦光洁,海拔不高,潮汐可到,因而卤气易升,适宜于构筑亭场摊灰淋卤。千百年来,为历朝历代的"流人""游民"和"灶户""煎丁"提供了以盐为业的用武之地。汉唐以来,历宋元明清各代,通州沿岸滩涂、沙洲一直都是淮南重要的产盐区。①

大量的开敞滩涂是非常好的传统海盐生产的土地资源。南通近岸海涂至今仍在按照历史上成滩、成洲、成陆的规律向外推进。这些滩涂不仅是古代重要产盐资源,在现代盐业发展中也是重要土地资源。1980—1982年江苏省海岸带和海涂资源综合考察队调查,南通沿海拥有海涂145万亩,约占全省海涂面积的五分之一;其中平均高潮位以上16万余亩,平均高潮位以下尚有近130万亩。这些滩涂中的一部分,是铺设盐田、新建盐场潜在的滩地资源。②

海盐生产以海水为基本原料,海水盐度高低对盐产量具有重要影响。古代长江口形势与今天存在较大差异,咸水控制的岸线较多,盐渍土广泛分布于南北岸诸沙洲及滩涂地带,为传统煎盐生产提供了重要的盐土资源。根据现代的情形,在长江口近岸海水平浅,含盐度由南向北逐渐递增。一般纳潮海水在2—3波美度,每一立方米2.5波美度海水可产盐12千克左右。每产1吨盐需用海水约100立方米,连同渗透损失,常需用200立方米左右。长江口近海海水盐度随季节稍有变化。③冬季盐度最高,为3波美度左右;春季,在长江口因入海水量增加,盐度降低为2.5波美度左右,甚至出现小于2波美度的低值区,夏季因受大量降雨和

---

① 《南通盐业志》编纂委员会主修,张荣生编撰:《南通盐业志》,凤凰出版社,2012年,第78页。
② 《南通盐业志》编纂委员会主修,张荣生编撰:《南通盐业志》,第78页。
③ 陈吉余:《上海市海岸带和海涂资源综合调查报告》,上海科学技术出版社,1988年,第31页。

长江排洪、淡水大量流注入海的影响,盐度普遍降低,长江口附近最低,为1.2—1.8波美度;秋季盐度分布较为均匀,南通沿海一般均为2.5波美度左右。①

"办盐全赖海潮。"②盐作活动离不开利用潮汐,纳潮目的在于获取盐度较高的优质海水,以便更有效地制卤。传统的滩涂煎盐主要是自然纳潮,一般多利用上涌海潮沿着引潮沟自然浸满摊场,再布满草灰,经过日晒,析出盐霜,收取富含盐霜的卤土,复灌淋海水得到浓度较高的卤水。因此,纳潮是借助潮汐推力将海水输送上达较远的摊场,充分利用潮汐能获得外海较高盐度的海水。③长江口沿岸规律的潮汐运动为传统制盐提供了纳潮动力,便于获取咸水,掌握生产节奏。例如南通沿海潮汐每日涨落两次,为半日潮。受东风、北风、东北风影响时,潮位高,风浪大,来潮时间也常提前。一年之中以秋汛为较大。潮汐现象给盐业生产带来便利。在煎盐生产时期,盐民开沟引潮,浸灌亭场,晒灰淋卤,然后熬卤为盐。④据嘉庆《如皋县志·盐法》记载:"潮汐上半月以十三日为起水,至十八日止;下半月以二十七日为起水,至初二日止。潮各以此六日大满,场皆没。自初二日、十八日以后,潮势日减,则场可以次而晒也。"⑤

滩涂土质对制盐分布具有重要影响。整体上长江口北岸的南通地区以及崇明等沙洲土壤偏沙、南岸的浦东地区偏壤土。长江口沿岸地貌几乎全为冲积海积平原,成土母质主要是长江、黄河、淮河从上游携带的泥沙以及由沿海洋流搬运来的泥沙,以粉

---

① 《南通盐业志》编纂委员会主修,张荣生编撰:《南通盐业志》,第76页。
② 〔元〕陈椿:《熬波图》,"坝堰蓄水"。
③ 鲍俊林:《15—20世纪江苏海岸盐作地理与人地关系变迁》,复旦大学出版社,2016年,第101—102页。
④ 《南通盐业志》编纂委员会主修,张荣生编撰:《南通盐业志》,第76页。
⑤ 嘉庆《如皋县志》卷七《盐法》,清嘉庆十三年刊本。

砂淤泥质滩涂为主。这里的土壤类型多属于盐土类中的滨海盐土亚类。例如如东县北坎以北到海安旧场质地多为沙—轻壤,以沙性滨海盐土为主;北坎以南为轻—中壤,以壤性滨海盐土为主。南通海滨滩涂土壤盐分含量多,表层 1 米土层土壤平均含盐量都在 6‰以上,同时沙性较重,土壤的毛细管作用显著。这些特点对于摊灰淋卤十分有利,历代都有大量煎盐业发展。但沙土也容易崩塌,土壤黏性较差,结构较松,渗透量较大。例如明邵潜《州乘资》中有言,"通土皆浮沙,易于崩圮"①,就是对长江口北岸土质的恰当描述。②

　　滩涂演替引发土壤淡化、荡草分布变化,适宜制盐的位置也随之变化。自陆向海,淤涨滩涂在地貌上一般主要分为草滩带、盐蒿滩带以及光滩带三个主要类型,呈现有规律的生态环境演替。板沙滩逐渐向浮泥滩、光滩、盐蒿滩、草滩演替。在自然状态下,承前启后,循序渐进,不可超越或逆转。③ 草滩带一般位于大潮高潮位以上,组成物质最细,一般为黏土和极细粉砂,滩面平坦,植被生长茂密;盐蒿滩带,位于平均高潮位和大潮高潮位之间,只有先锋植物盐蒿草能够适应生长④;光滩则位于中潮位至大潮低潮位,无植被分布,低潮时地面出露。⑤ 滩涂或沙洲从海中涨出后,土壤进入自然脱盐过程。初成之土,含盐本多。随着海涂继续淤涨,海势东迁,咸潮不到,含盐减少;加之雨水冲刷,霜露润泽,久经岁月,土中盐质渐渐失去,海滨杂草渐渐生长。最初是长不及寸的红色蒿子草,其后是绿色蒿子草,再后是芦草、鞭毛草、

---

① 民国《南通县图志》卷五《赋税志》。
② 《南通盐业志》编纂委员会主修,张荣生编撰:《南通盐业志》,第 78—79 页。
③ 陈邦本、方明等:《江苏海岸带土壤》,河海大学出版社,1988 年,第 16 页。
④ 陈吉余主编:《中国海岸带和海涂资源综合调查专业报告集·中国海岸带地貌》,海洋出版社,1996 年,第 36—37 页。
⑤ 沈永明:《江苏沿海淤泥质滩涂景观生态特征及其演替》,《南京晓庄学院学报》2005年第 5 期。

獐毛草,最后是白茅草或芦苇。草类的生长繁衍,使土壤有机质含量增加,物理性状改善,加快了盐分淋洗的速度;盐分的降低反过来又促进了海滩草类的生长。一些在滩涂、沙洲淤涨并接过程中自然形成的湖泊、洼地,由于土质较好,草类生长茂盛,形成一处处产草量十分丰富的大草荡。① 海涂上不同的滩涂分段提供了不同的生产资源,适合制盐集中在濒海地带。例如清初叶梦珠在《阅世编》中对松江府滨海滩涂有详细描述:"濒海斥卤之地,沮洳芦苇之场,总名曰荡,不在三壤之列。明兴,并给灶户,不容买卖,俾刈薪挹海以煮盐。……其后沙滩渐长,内地渐垦。于是同一荡也,有西熟、有稍熟、有长荡、有沙头之异。……惟沙头为芦苇之所,长出海滨,殆不可计。葭苇之外可以渔,长荡之间可以盐。"②

荡草对于传统滩涂制盐十分重要,"煮海之利,以草为本"③。清代灶户煎卤,约用草十束(200斤左右)可成盐一桶(约200斤)。中华人民共和国成立初,淮南盐民煎盐1担,如用24度卤,平均需烧草130斤。卤度越低,烧草越多。草的产量年有丰歉,草价因而有低昂,盐的产量、成本随之消长,所以煎盐必先蓄草。盐场草荡所产新草有白草、红草和芦苇,以火力论,白者胜,红者次,芦苇又次。一些大草荡因产草丰足,成为柴草集散地,进而演变为小集镇,遂以草名或荡名作为集镇或村庄的名字,例如如东县的苴镇、芦荡、冯荡等。清末通州地区还有张奚荡、黄连荡、金陵荡、丁荡等。每届秋末冬初,风寒草枯,灶户来到长得高可没膝的草荡中斫砍捆缚,然后车载船装,牛拉人担,运积于官所,以备来年一岁煎盐之需。④ 为保证煎盐的草源供应,历代王朝对草荡实行极严格的管理,申令荡地

---

① 《南通盐业志》编纂委员会主修,张荣生编撰:《南通盐业志》,第79页。
② 〔清〕叶梦珠:《阅世编》卷一《田产二》。
③ 光绪《重修两淮盐法志》卷一五《图说门》。
④ 《南通盐业志》编纂委员会主修,张荣生编撰:《南通盐业志》,第79页。

归官府所有,只许蓄草供煎;并订立峻法,严禁开垦草荡和贩运荡草。例如明万历四十四年(1616)户部尚书李汝华奏称:"荡即产金,金不能烧灰淋卤;租即充帑,帑不能煎卤成盐。"①

总之,随着长江口不断扩张,海边滩涂不断扩大,盐业资源的分布也随之变化。在涨潮时海水不及的近海滩涂上,经过整平压实,一般就是理想的制盐场地。同时,在大片滩涂中,到处生长着高秆芦苇、獐毛草和白茅草,还有盐蒿及矮秆等杂草,是取之不尽的天然煮盐燃料。但江海交汇的动态环境导致成盐岸线存在复杂的迁移变化,盐场分布也随之变化。

第四节 历代盐场地理分布

历史时期长江口是一个高度变化的河口三角洲,沙洲的淤涨侵蚀、土壤盐度的咸淡变化,推动长江口地区历代盐产地空间分布的持续变化。长江口地区古代产盐地主要分布在北岸与南岸沙嘴或沙洲上,形成了北岸南通与南岸上海两个历史产盐区域,宋以后长期分属两淮与两浙盐区管理(图 2-7)。

长江口沿岸自春秋战国时期吴国开始,东部滨海制盐已颇具规模,"吴郡沿海之滨有盐田,相望皆赤卤"②。《史记·货殖列传》载:"夫吴自阖闾、春申、王濞三人,招致天下之喜游子弟,东有海盐之饶,章山之铜。"③先秦到汉唐时期,长江口地区制盐中心以北岸为主,古盐场先后分布在海陵、如皋、通州一带。宋元时期长江口地区制盐中心转为南岸,分布在南汇、奉贤一带。明清时期又重新回到北岸。

---

① 光绪《重修两淮盐法志》卷一五四《杂记门》。
② 光绪《重修两淮盐法志》卷一一《沿革门》。
③ 《史记》卷一二九《货殖列传》。

图 2-7　明清时期长江口盐区分布示意图

一、江北古盐场

北岸古盐场的地理分布及迁移比较显著。汉代产盐地主要分布于古海陵沿岸（古泰州东部，今如皋、海安），先后属广陵盐官、司盐监、海陵监管辖（表 2-1）。唐代随着三余湾的形成，盐场分布从古海陵一带迁移到三余湾、通吕沙脊，此后，宋至清末长江口北岸通州盐区长期集中在三余湾，先后属利丰监、通州分司管辖。直到 20 世纪中叶，向南迁移到启东东部沿岸（图 2-8、图 2-9）。

先秦到汉代，长江口北岸产盐地分布在古海陵（今泰州）沿岸，古海陵位于江淮沿海之间，沿岸滩涂适宜制盐，是先秦至汉初吴国重要产盐地。此时还没有出现盐场名称或具体建置。先秦汉唐时古海陵与如皋沿岸是长江口北岸第一代产盐带，前后延续

表 2-1　长江口地区历代盐业机构及隶属关系

年代	江北			江南		
	隶属盐区	分管机构与治所	下属盐场	隶属盐区	分管机构与治所	下属盐场
先秦						
汉		广陵盐官			司盐都尉（南沙，今常熟）	
三国		司盐监（扬州、广陵）				
唐		海陵监（海陵）	8场：（南）丰利、如皋、东陈、角斜、栟茶、丰利、掘港、马塘		嘉兴监（嘉兴）	1场：徐浦场
五代		海陵监（海陵）	7场：掘港、东陈、马塘、丰利东、丰利西、栟茶、永兴		嘉兴监（嘉兴）	1场：浦东
北宋	提举淮南东路常平茶盐司（扬州海陵）或泰州海陵	海陵监（如皋）利丰监（通州）	4场：角斜、栟茶、丰利、掘港 8场：西亭、利丰、永兴、丰利、石港、利和、金沙、余庆	提举浙西常平茶盐司（苏州）	华亭监（华亭）	3场：浦东、袁部、青墩 岑山、大场、江湾、黄姚

续 表

年代	江北			江南		
	隶属盐区	分管机构与治所	下属盐场	隶属盐区	分管机构与治所	下属盐场
南宋	淮东提举盐事司（泰州）	海陵监（如皋）	角斜、栟茶、掘港、东陈、丰利东、丰利西、马塘			
		利丰监（通州）	金沙、余庆、西亭、丰利石港、永兴、吕四港	浙西提举盐事司（苏州）	华亭监（华亭、下沙）	下沙（下沙南、下沙北、大门、柱浦分场）；青村（青村南、青村北分场）；浦东（浦东金山、遮山、柘湖、横浦分场）、袁部（袁部、六鹤、横林、蔡庙、戚浆分场）；南跄、江湾场、天赐、清浦
元	两淮都转运盐使司（扬州、泰州）	通州分司（通州）	吕四、余东、余中、余西、金沙、西亭、石港、马塘、掘港、丰利、栟茶、角斜	两浙都转运盐使司（杭州）	浙西盐司（华亭、下沙）	下沙头场、青村、袁浦、江湾、黄姚、盘、清浦、浦东、横浦
明	两淮都转运盐使司（通州、扬州）	通州分司（通州、石港）	丰利、掘港、西亭、马塘、石港、金沙、奈西、余东、余中、吕四	两浙都转运盐使司（杭州）	松江分司（初置下沙，正统二年迁至袁新场）	下沙头场、下沙二场、下沙三场、横浦、浦东、袁浦、青村、天赐场［成化十八年（1482）置，隆庆年间裁］、清浦场（明中叶后墩荡坍没，水淹并不产盐）

续 表

年代	江北			江南		
	隶属盐区	分管机构与治所	下属盐场	隶属盐区	分管机构与治所	下属盐场
清	两淮都转运盐使司（扬州）	通州分司（通州）	北五场（丰利、马塘、掘港、石港、西亭）、南五场（金沙、余西、余中、余东、吕四）	两浙都转运盐使司（杭州）	嘉松分司（杭州）	下沙头场、下沙二场、下沙三场、横浦、浦东、袁浦、青村、崇明场[乾隆四年（1739）在天赐场余址复设，改名崇明场]
民国	两淮盐务管理局（扬州）	通州分司（通州）	吕四、余中、北坎、直镇、丰利、样茶、角斜	两浙盐务管理局（杭州）	嘉松分司（杭州）	袁浦
20世纪后期		南通盐区	南通、海门、三甲、东元东、黄海			袁浦、奉贤

说明：1. 根据纽熙《云间志》《元典章》《明会典》、盐法考》、正德《松江府志》、嘉靖《两淮盐法志》，万历《通州志》，崇祯《重修两浙鹾志》，嘉庆《松江府志》，嘉庆《重修两浙盐法志》，光绪《重修两淮盐法志》，民国《南通县志》，清华大学研究院主编：《朱右白文存》《江苏盐业史》《南通盐业志》，郭正忠《中国盐业史（古代编）》，唐仁粤《中国盐业史（地方编）》，吉成名《中国古代食盐产地变迁》以及《南通盐业志》等整理。2. 元明清时期盐场按照"总司—分司—盐场"三级机构的管理体制，其中两淮都转运盐使司简称两淮盐运司，两浙都转运盐使司简称两浙盐运司；两淮盐务管理局即两淮盐运司，两浙盐务管理局即两浙盐运司，管辖范围即两浙盐区。3. 南末各场包括今天南通市域、江南包括今上海与苏州市域。4. 江南代表崇山、大场、江湾、黄姚场。方志记载不详，只有场名。5. 本表长江口的江北范围包括今天南通市域，江南包括今上海与苏州市域。6. 历代各场多有裁复变动，表中数量仅为合计数。

了约 1 300 年。随着长江口北岸沙嘴从扬泰冈地向东南扩张,长江口北岸盐场随之从古海陵向东南沿岸迁移。特别是晚唐以来长江泥沙积年淤垫,三余湾逐步形成,成为长江口北岸新的产盐带。从先秦汉唐时期的古海陵与如皋沿岸,到唐末宋初转移到三余湾沿岸,这是长江口北岸古盐场的第一次迁移,并维持到清末;三余湾作为长江口北岸第二代产盐带存在了约 1 000 年。清末民初三余湾沿岸旧盐场逐渐废弃,到 20 世纪后期新盐场主要分布在启东沿海,这也是长江口北岸产盐带的第二次迁移。因此,20 世纪以来近百年里长江口北岸盐场集中分布在启东沿海地带,是长江口北岸第三代产盐带(图 2-8、图 2-9)。

图 2-8 历代长江口产盐带与盐场分布、变化示意图

说明:历史产盐地、盐场分布根据表 2-1 编绘,并参考叶树勋选编,清华大学国学研究院主编:《朱右白文存》,第 530—547 页。20 世纪后期盐场根据现代资料补充。底图选自《长江三角洲地区地图》(自然资源部监制),审图号 GS(2020)3189 号。图中市(区)、县均为今名。

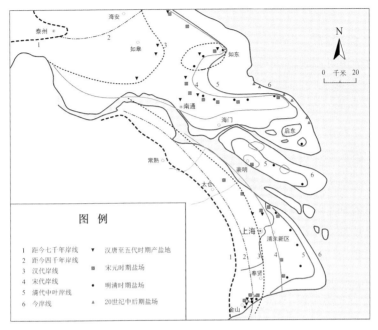

图 2-9 历代长江口岸线与盐场分布综合示意图

说明：历代盐场根据表 2-1，历史岸线参考严钦尚、许世远等《长江三角洲现代沉积研究》（华东师范大学出版社，1987 年，第 265 页）、陈金渊《南通地区成陆过程研究》（《历史地理》第 3 辑，上海人民出版社，1983 年，第 31 页）、张修桂《上海地区成陆过程概述》（《复旦学报（社会科学版）》1997 年第 1 期）编绘；底图选自《长江三角洲地区区域图》（自然资源部监制），审图号 GS(2020)3189 号。

经过宋元时期的盐业发展，明初长江口北岸通州分司共 10 场。通州分司（先治州城，正德年间移至石港场）辖有两淮盐区的"上十场"，即丰利、掘港、马塘、吕四、余东、余中、余西、金沙、西亭、石港十场，各盐场环绕三余湾分布。另外还有崇明天赐场，一度归通州分司兼领。清前期长江口北岸通州各盐场继续发展，通州分司设十场，包括南五场（金沙、余西、余中、余东和吕四）、北五场（丰利、马塘、掘港、石港和西亭）。清代后期到民国年间，三余湾逐渐淤积，产盐带萎缩。民国年间经过裁废合并，原三余湾一带的旧盐场不断减少,民国三十一年(1942)丰掘场和余中场合并为余丰总场。1949年年初南通各场合并为如东、通东二场。20世纪中叶以后继续推进兴垦废灶,煎盐分布带进一步萎缩。20世纪60年代后,煎盐场逐步消失,所余人员并入新建的滩晒盐场。[①]到20世纪80年代南通市共有如东、启东、南通和海门4家全民所有制盐场,黄海、南通(集体)、东元和三甲4家集体所有制盐场[②],主要分布在启东沿海地带。

丰利场,唐代煎盐亭场,隶属海陵监(治海陵,今泰州市),或称北丰利场,南唐至北宋初年正式建场,隶泰州海陵监(驻如皋),为其"南四场"之一。元至元十四年(1277)隶两淮都转运盐使司(治泰州)。明洪武初年隶属两淮都转运盐使司通州分司(先驻州城,后驻石港场),常列于"上十场"之首。清代沿而未改。民国元年(1912)并入掘港场,组成丰掘场,场署设在掘港,隶属两淮盐运使司通属总场。丰利场区在唐代属海陵县。南唐保大十年(952)属泰州如皋县。清雍正二年(1724)属通州如皋县。民国元年(1912)立为丰利市,属如皋县。1945年以后属如东县。[③]

如皋场,唐代煎盐场。如皋古为滨海沼泽地带的一块高地,东面即大海,隔夹江与扶海洲相望。如皋附近地区因滨海而利于产盐。扶海洲并接大陆前,以如皋为中心分布着蟠溪、东陈等一些煮盐地。蟠溪(今如皋城东约5千米)在汉初可能已经发展成规模较大的盐场,成为长江口北岸见于史籍最早的煮盐处。扶海洲并陆后,环绕如皋有角斜、栟茶、丰利、掘港、马塘等煎盐

---

① 南通市地方志编纂委员会编:《南通市志》(中),上海社会科学院出版社,2000年,第927页。
② 南通市地方志编纂委员会编:《南通市志》(中),第929页。
③ 《南通盐业志》编纂委员会主修,张荣生编撰:《南通盐业志》,第116—117页。

亭场。因盐产发达，唐太和五年(831)遂析海陵县东境5乡置如皋场。其后，五代设置如皋镇、如皋场。其时如皋场当为买纳场，负责收买贮运滨海各催煎场的盐斤。如皋场于南唐保大十年(952)升为如皋县。宋代仍设如皋买纳场。至清乾隆年间，如皋东北沿岸还产煎盐。清末民初，李堡场尚有亭灶251副，产盐颇旺。①

利丰场，唐代煎盐亭场。《太平寰宇记》称为"古之煎盐之所"，建场时间不迟于五代。场治地点在狼山以西、通州州治以南四里。因在狼山附近，一称狼山盐场。北宋太平兴国八年(983)利丰监移治于此。本场在北宋初为通州利丰监所属八场之一。②

永兴场，唐代煎盐亭场，五代杨吴时已建场。场治地点在今通州区陈桥乡附近(1971年在南通县陈桥公社第九大队出土《唐东海姚徐夫人墓志》可证)。本场在北宋初为通州利丰监所属八场之一。南宋绍兴年间并入石港场，组成石港永兴兴利场。③

丰利场，与如皋境内的北丰利场同名，一般称为南丰利场，也是唐代煎盐亭场。五代或北宋初建场。北宋初为通州利丰监所属八场之一。南宋绍兴年间并入西亭场，组成西亭丰利场。北宋时丰利场治在距西亭场不远的地区。通州区平潮、刘桥一带在南北朝和唐代为胡逗洲的西北部边缘，即在古横江南岸，因古横江东通大海，有煮盐之利。北宋时丰利场约在今通州区刘桥一带。古横江在唐末宋初已渐淤积为小江，南宋时更淤积缩狭为夹泓导致丰利场盐产日少，于是裁场，并入西亭场。清康熙《通

---

① 《南通盐业志》编纂委员会主修，张荣生编撰：《南通盐业志》，第150页。
② 《南通盐业志》编纂委员会主修，张荣生编撰：《南通盐业志》，第151页。
③ 《南通盐业志》编纂委员会主修，张荣生编撰：《南通盐业志》，第151页。

州志》载州治西北四十里有丰利寺,宋隆兴中僧福惠建,当为该场遗迹。①

利和场,唐代为煎盐亭场。五代或北宋初建场。其地原属南布洲(今金沙一带),系六朝时生成的江口沙洲,与西边的胡逗洲隔水相望,四面环海,有煮盐之利。唐代南布洲与胡逗洲涨接。北宋初为通州利丰监所属八场之一。北宋庆历年间胡逗洲又与东面的海门岛(东布洲)涨接。利和场因陆地东延,只有南面临江,失去煮海之利而裁场为镇。利和场治的具体地点,约当今观音山以东,金沙、余西以南,西距通州州城 50 里。明末清初因海平面上升引起通州南部江岸大面积崩削,至清康熙年间利和镇坍没入江。从唐代至清初,利和在历史上存在了 800 余年。②

余庆场,其地原属南布洲。南布洲(今通州区金沙一带)原为一江口沙洲,唐时与西边的胡逗洲涨接,归属胡逗洲。余庆场位于其东北边缘,约当今通州区余西一带。因北、东两面环海而利于煮盐,唐时即为煎盐亭场。五代或北宋初建场,为通州利丰监所属八场之一。约于北宋庆历年间,胡逗洲又与东面的东布洲(海门岛)涨接。元代将余庆场及其以东滩涂分置三场,以余庆场原址置余西场,以宋代新涨接的滩涂置余中、余东二场,仍隶通州盐司。③

崇明岛制盐在元明时期属北岸通州与海门管辖,五代杨吴时置崇明镇,北宋初年为朝廷流放豪强犯人、煮盐场所,归通州海门县管辖。南宋嘉定十五年(1222)建天赐场,隶属通州海门县。元至元十四年(1277)废场,建为崇明州。明以后崇明属太仓州,成

---

① 《南通盐业志》编纂委员会主修,张荣生编撰:《南通盐业志》,第 151 页。
② 《南通盐业志》编纂委员会主修,张荣生编撰:《南通盐业志》,第 151 页。
③ 《南通盐业志》编纂委员会主修,张荣生编撰:《南通盐业志》,第 151 页。

化十八年(1482)置天赐沟场,先由两淮通州分司兼管,后属两浙松江分司,隆庆年间裁。清乾隆年间复设,并改崇明场,属两浙盐区嘉松分司管辖。

二、江南古盐场

江南地处长江之尾、东海之滨,长江携带大量泥沙在入海口沉积,形成了数段沙堤。这些冈身在距今五六千年前形成,是上海古海岸线,由隆起的数段沙堤组成,将上海地貌分成东西两大部分。此后在沿岸流、潮流和波浪的共同作用下,长江带来的大量泥沙在冈身以东的浅海地区形成了水下浅滩。这片陆域地势低下,潮灾威胁严重,先人的制盐活动逐渐沿着冈身以东岸线向海边发展。宋至明清时期,松江府滨海各县沿岸多有港汊,通潮汐,便于煎盐,分布了多个盐场,上海县"沿海皆浅滩,物产不逮闽浙百一,俗号'穷海',独盐利为饶"[1]。南汇县"沿海皆浅沙,海舶不能泊,故商贾不通,向赖煮盐之利"[2]。但伴随长江口扩张、沙洲坍涨、淡水下移,总体上成盐岸线不断下移、萎缩(图2-8,图2-9)。

先秦到汉唐时期长江口南岸产盐地分布在今金山与奉贤一带,唐五代以后扩大到宝山到南汇沿岸。宋元时期长江口南岸的川沙、南汇、奉贤、松江、金山、崇明等都有盐场,是江南古代盐业发展的全盛时期。因长江口淡水下移,常熟、太仓的旧盐场,到宋元时期基本废弃,新盐场主要分布在浦东沿岸。明代中叶以后因长江口扩张、淡水下移,南岸产盐带也随之萎缩后退,原有的吴淞口以北产盐带废弃,吴淞口以南产盐带也不断向南萎缩,仅南汇南部沿岸的下沙头场,以及奉贤的青村、金山的袁浦等场尚存。

---

[1] 崇祯《松江府志》卷五《水》。
[2] 光绪《南汇县志》卷二《水利志》。

清代崇明岛盐场从南侧向北、东南迁移,最终全部盐灶迁移到外沙(启东沿岸),到清代后期长江口南岸口门内的古盐场消失,只有南岸外侧的金山袁浦场(图 2-8、图 2-9)。

唐代华亭有徐浦盐场,隶嘉兴盐监;徐浦盐场官舍在华亭县白砂乡。① 五代十国时期金山县境内设浦东盐场,奉贤县境内置华亭 5 场。此时上海东部的浦东开始出现制盐活动,下沙一带已有制盐活动,盐业生产发展起来,分布在今天浦东中部,正式设盐场是在南宋时期。② 北宋时期长江口南岸产盐带集中在今金山、奉贤一带。此外,今太仓到宝山还有穿山、大场、江湾、黄姚场。③ 天圣元年至四年(1023—1026),北宋分置盐监,华亭设监,包括浦东(今张堰镇)、袁部(今柘林镇)、青墩(今奉城镇)三盐场。④ 熙宁间华亭仍设袁部、浦东、青墩 3 场。到南宋时期,华亭监辖有浦东、袁部、青村、下沙、南跄场等盐场⑤(表 2-1)。长江口南岸产盐地从金山奉贤一带,向东北扩大到今浦东中部与北部沿岸。

---

① 柳国瑜主编:《奉贤盐政志》,上海社会科学院出版社,1987 年,第 13 页。
② 林振翰《浙盐纪要》第一篇《沿革》,樊良新编:《近代盐业史料汇编(43)》,广陵书社,2020 年,第 1—5 页。五代时华亭设有下沙等五场,但可能下沙有制盐活动,到南宋时期才有盐场设置。
③ 文献记载不详,待考。参见朱广福《从江口段历代盐场分布看"海退"的实际情况》,清华大学国学研究院主编、叶树勋选编:《朱右白文存》,江苏人民出版社,2016 年,第 530—547 页。清黄廷监《琴川三志补记》载:"元时元贞二年(1296)升常熟县为州,属平江路,置盐场于穿山。穿山场置司令一员从七品;司丞一员从八品;管勾一员,从九品。穿山旧属常熟县,酤榷鱼盐,亦邑东南一聚落也。"乾隆《江南通志》卷二十六《舆地志》载:"大场镇,(嘉定)县西南三十六里,宋尝置盐场于此。"洪武《苏州府志》卷九《官宇》:"黄姚盐场,江湾盐场(后隶嘉定县)","江湾盐场在(嘉定)县东南八十里,系江东清浦;黄姚盐场在县东北五十里,附下砂场。"文献中对宋代平江府昆山县盐产地并没有直接记载,宋代昆山县有江湾(今上海市虹口区江湾镇)、南跄(今上海市浦东新区顾路镇)、黄姚(约在今上海市宝山区月浦镇北,清初坍入江中)三个盐场(参见吉成名:《宋代食盐产地研究》,巴蜀书社,2009 年)。
④ 元丰《九域志》卷五《两浙路》。
⑤ 绍熙《云间志》卷上《场务》。

至元十四年(1277)华亭县升为华亭府,次年改名松江府,辖华亭县。元代今上海地区属浙西盐司管辖,府境分布有下沙、袁部、浦东、青村、横浦5场。明初上海地区盐场属两浙都转运盐使(司)管辖,设松江分司,初治下沙,正统二年(1437)迁至新场,包括横浦、浦东、袁浦、青村、下沙五场。正统五年(1440)下沙场一分为三。① 明代中叶以后两浙松江分司管辖共6场:浦东、袁浦、青村、下沙头场、下沙二场以及下沙三场。② 明代后期松江分司包括六场:下沙场、下沙二场、下沙三场、清浦场(墩荡坍没,水淡并不产盐)、浦东场、袁浦场、青村场。③ 明代中叶以后长江口分汊,主泓南移,加上南岸边滩坍塌,导致宝山到川沙沿岸逐渐淡化,产盐带退缩,沿岸的清浦(浦东高桥镇)、黄姚(或黄窑,黄姚镇)、江湾、南跄(今浦东顾路镇)等场逐渐废弃。清代中叶以后,主要入海口从北侧转为南侧通道,南岸的浦东沿岸下沙盐场也逐渐消亡。到清代后期下沙头场及二三场久不产盐(表2-1、图2-8、图2-9)。与此同时,崇明岛上的灶地分布也随之变化。元明时期崇明灶地分布在该岛南侧县治附近,清代以后开始向北侧与东南沿岸迁移。康熙三十七年(1698)到同治八年(1869),崇明灶地共经历四次较大迁移,康熙三十七年设官灶安插于永宁、永盛等六沙之内,这是崇明灶地第一次集中迁移,自县治附近迁移至更靠近咸潮的东北沿岸;雍正年间该岸段土淡,再迁到东南沿岸(今陈家镇一带)七滧、小阴等沙,到19世纪初全部完成迁移,清代后期又全部迁到外沙(启东)。④ 到同治年间,长江

---

① 光绪《南汇县志》卷五《田赋志下》。
② 《明会典》卷三二《盐法考》。
③ 崇祯《重修两浙鹾志》卷四《各场煎办》。
④ 鲍俊林、高抒:《沙岛浮生:明清崇明岛的传统开发与长江口水环境》,《史林》2020年第3期。

河口段口门以内已经没有盐灶,均迁到北岸的启东沿岸、奉贤与金山一带。

到 20 世纪初长江口南岸产盐地退缩至金山、奉贤交界地带。民国元年(1912),横浦、浦东两场并为两浦场,上海地区已只有青村、袁浦、两浦以及归太仓州属的崇明等 4 个盐场。民国二十一年(1932)崇明岛煎灶仅存坐落启东的煎灶 40 多座,次年崇明盐场裁废。民国二十二年青村、两浦盐场与袁浦场合并,称袁浦盐场。①

下沙场是长江口南岸规模最大的古盐场。② 五代时下沙可能有制盐活动,但尚未设置盐场。南宋建炎年间下沙建盐场,设盐监(华亭监),统辖下沙南、北两场、大门场、杜浦场、南跄场、江湾场六处。至元十五年(1278)设立两浙转运司于杭州,统领两浙盐场 34 处,并于浙西设嘉兴、松江二分司。其中,松江分司包括华亭县境五个盐场。后随上海县的分立,下沙盐场归入上海县,盐务管理机构随之迁至下沙镇,元至正年间和明正统年间,该场额定盐产量从六千余吨增长到八千余吨。明洪武元年(1368)立都转运盐使司于杭州,设松江分司于下沙,下沙场统领九团。正统五年(1440)下沙场一分为三,包括下沙头场、二场与三场,每场辖三团。③ 清代后期逐渐衰落,不复往日,"下沙场一带土脉渐淡,不能煎熬,故其利亦非犹曩日矣。"④清末虽有盐场之名,但"下沙头场及二、三场久不产盐"⑤。

总之,宋以后,长江口地区的江北属淮盐区,江南属浙盐区,

---

① 唐仁粤:《中国盐业史》(地方编),第 255 页。
② 历史文献中常见"下沙""下砂"混用,为简便起见,除原图和引文外,无论盐场名、古今地名,本书均采用"下沙"。
③ 光绪《南汇县志》卷五《田赋志下》。
④ 光绪《松江府续志》卷五《疆域志》。
⑤ 《盐法通志》卷一《疆域》。

是一个多政区、盐区的交接带。历史时期尽管一直有海盐生产,但由于长江口多变,且属于两淮与两浙两大盐区交界处,盐场分布变化十分复杂,特殊的地理位置,为长江口盐业发展带来了复杂性与特殊性。

第三章

先秦至汉唐时期盐业的初兴

第一节　海陵监与通州盐业

新石器时代起,长江口北岸由西北向东南逐渐淤沙成陆,形成广阔的滩涂和草荡,为传统海盐生产提供了优越的自然条件。距今5 000—6 000年前已有先民在此生活。1973年发现了海安青墩遗址,同时在古泰州范围的姜堰单塘河、兴化南荡、溱东、戴窑、川东港等十余处史前文化遗址中均发现大量灰坑和陶鬲碎片,说明这里地处濒海区域,可能早就已经存在古泰州先民制盐活动。

先秦到汉代,长江口北岸盐业集中分布在今天泰州沿岸,即古海陵,位于江淮沿海之间,是得天独厚的煮盐之地。先秦时期这里即有"海盐之饶"①,汉初吴国在这里进一步发展海盐经济、扩大生产,成为长江口地区古代大规模盐业发展的起点。

汉初,南通西北部已成陆的今海安市和如皋市西北部地区属广陵郡,濒海达江,盐业资源丰富。汉初遵循"黄老思想",推行"与民休息"政策,弛山泽之禁,放松对山海资源控制,取消了食盐官营政策。一些权贵、地方豪强和富商们乘机私自垄断盐业,役使奴僮和逃亡农民,从事煎煮以获盐利。在此背景下,地方诸侯

---

① 《史记》卷一二九《货殖列传》。

吴王刘濞在海安及如皋地区煮海水为盐,"招致天下亡命者盗铸钱,煮海水为盐"①,并建海陵仓(在今泰州)。刘濞是汉高祖兄刘仲之子,汉高祖十二年(前195)被封为吴王,建都广陵(在今扬州),是西汉初年东南的一个大郡国。为方便将盐运往海陵仓以及广陵,吴国又开通邗沟至蟠溪的运盐河。② 这条专门用于运盐的河,西自茱萸湾,向东挖到海陵,抵达今天的如皋东部,连绵数百里。广陵以下的长江口南北两岸地区即为吴国的核心地带,运盐河的发展促进了吴国的盐业及其经济开发,"以故无赋,国用饶足"③。这条运盐河从西汉时开挖,此后经过历代维护,一直沿用至明清时期,历时两千余年,长期是长江口北岸古代运盐河的主干。经过汉初吴国海盐生产的发展,此后广陵地区的滨海地带形成了一个重要的产盐区。

经过汉初的自发煮盐之后,为稳定财政,到元狩四年(前119)汉武帝开始禁止诸侯私自煮盐,"笼天下盐铁",严格实行食盐官营④,即由政府募民煎盐,实行官收、官运、官销制度。在全国各产盐之地设置盐官,管理盐的生产、分配和大规模转运。汉代在全国设盐官35处,尽管广陵地区作为秦汉时期重要产盐地,但西汉时没有在广陵、泰州或海陵一带设盐官⑤,到东汉章帝时,广陵始设盐官。

汉代实行盐业专卖,政府垄断食盐产销,对海盐生产与管理

---

① 《史记》卷一〇六《吴王濞列传》。
② 运河西起扬州茱萸湾,东通海陵仓,直达如皋蟠溪,当时称邗沟(非春秋时吴王夫差所开沟通长江淮河之邗沟),后称运盐河,为旧通扬运河前身。
③ 《史记》卷一六〇《吴王濞列传》。
④ 〔汉〕桓宽撰,〔明〕张之象注:《盐铁论》,明嘉靖三十三年张氏狝兰堂刻本。
⑤ 郭正忠:《中国盐业史》(古代编),第35页。广陵地区应在东汉初增置盐官。西汉全国设盐官38处,沿海共设置18个盐官,大部分在淮河以北,长江口以南只有3处。山东沿岸共设12处,是汉代海盐的主产区。

发生了深远影响。与全国其他盐产区一样,长江口早期的地方自主产盐开始转变为官府专营生产。此后海盐产销始终是关系中央王朝财政安危的重大经济活动,受到历代官府与朝廷的高度重视,众多的盐法与管理制度,都是为了提高食盐产销效率、垄断盐课收入,保障财政安全。

因海陵煮盐的重要性,西汉高帝六年(前201)设置了海陵县(在今泰州),西汉元狩六年(前117),汉武帝食盐官营的第三年,在江淮间设置临淮郡。海陵县即属临淮郡。① 王莽时期改海陵县为亭间,至光武帝初年复称海陵县。在最初形成的沙洲上,广泛分布着大大小小的盐场,随着盐业的发展和沙洲不断涨接,人口迁入、繁衍,原以盐场为名的一些地方也开始升级为县。② 东晋义熙七年(411)置海陵郡,下辖东南沿海的海陵、建陵、宁海、如皋、蒲涛和临江六县。③

在汉代盐业专营制度下,生产中采取民制官收,招募平民自己准备生活和生产费用去煮盐,官府供给主要生产工具牢盆(煎盐工具),煮成的盐由官府全部收归官有,禁止私自煮盐。盐的零售也主要由官府设肆进行,政府以专卖税形式取得大部分收入。官府设店,置盐吏坐店售卖,或通过特许小商分销。④ 盐的价格由官府统一掌握。东汉时一度废除盐专卖制,改征盐税,于广陵设置盐官,对通泰地区从事食盐运销的商户征收盐税。盐业专营制度增加了汉朝廷的财政收入,为后世继承,三国魏、吴先后于广陵地区设司盐监,置司盐校尉,以加强管理。到两晋、南北朝吴地盐

---

① 周振鹤:《西汉政区地理》,人民出版社,1987年,第34—39页。
② 钱荣贵编:《江苏文库·江苏地方文化史·南通卷》,江苏人民出版社,2022年,第8—9页。
③ 政协泰州市海陵区学习文史委员会编:《海陵史话专辑·海陵文史》,第17辑,2011年,第19—20页。
④ 南通市地方志编纂委员会:《南通市志》(中),第942页。

业继续发展。

隋开皇三年(583),隋文帝废除食盐禁榷,采取"与民共之"政策,对盐业经济的管制较为宽松,官府重新纵民煮盐,不加管制,承认百姓与国家共有盐利,食盐产销免征盐税;食盐的流通也不受干预,由百姓商人承担运销。官府对滩涂盐业资源的开采与经营的放松,提高了百姓盐业开发的热情,促进了海盐生产发展。

唐初长江口近岸沙岛有胡逗洲、南布洲、东布洲等,皆被先民开拓为煎盐亭场,"上多流人,煮盐为业"①。唐开元年间,为检校盐产、征收盐税,朝廷在胡逗洲一带设置税务机构。中唐以后,"吴盐"颇有盛名,其盐洁白如花似雪,故李白盛赞曰"吴盐如花皎白雪"(《梁园吟》)。唐元和年间,海陵监"岁煮盐六十万石",其中计30万石左右为今南通境盐亭所产。② 唐文宗太和五年(831)析海陵县东境五乡,置如皋场,上隶海陵监,下领盐亭数所,亭为管理盐业生产的基层盐务行政机构,南通地区单独设置盐政机构自此开始。《文献通考·舆地考·古扬州》载:"通州本唐盐亭场。"如皋场的场灶有:羌灶,在县南五十里;十灶,在县东三十里。开成三年(838),通州北部设有如皋场、如皋巡院,上属于海陵监和扬子巡院,下领掘港亭等下属机构。今海安县和如东县北部地区的煮盐之所则直属海陵监(治海陵县)。③

这一阶段盐产运销规模十分可观,据日本高僧圆仁的回忆,唐文宗开成三年(838),其随遣唐使乘船来中国,由掘港(今如东县)附近登岸,转乘另一船,循运盐河一路途经如皋镇(今如皋市)、宜陵馆(今扬州市江都区宜陵镇)抵达扬州州治。沿途所见盐运盛况:"盐官船积盐,或三四船,或四五船,双结续编,不绝数

---

① 《太平寰宇记》卷一三〇《淮南道八》。
② 南通市地方志编纂委员会:《南通市志》(中),第933页。
③ 南通市地方志编纂委员会:《南通市志》(中),第926—927页。

十里,相随而行。乍见难记,甚为大奇。"① 见证了这一时期长江口北岸盐业生产的规模。

唐初沿袭隋朝盐法政策,但到开元十年(722),全国重新恢复盐铁征税制度,并对盐业政策进行了多次调整,不断强化政府对盐业的管理,主要在产销、劳动力管理等方面。特别是在安史之乱后,为缓解国家财政困难,颜真卿、第五琦等人先后推行盐法改革,实行全面垄断的"榷盐法"。乾元元年(758),第五琦被任命为盐铁使,正式颁布盐法,规定产盐之地由官置监院,负责收盐、卖盐,同时订立食盐专卖价格。为固定劳动力群体,还建立亭户制度,同时对游民无业者免杂徭并将其编入盐籍,由盐铁使掌管,取得盐籍之人才能从事盐业生产。② 此外还建立惩治私盐的法律,规定盗煮与私卖有罪。此时盐法在整体上形成了民制官收、官运官销的模式。后来刘晏出任盐铁转运使,在第五琦盐法基础上对"榷盐法"又进行了改良,运用行政、财政和商业等手段及措施,进一步把食盐的专利权收归朝廷,增加了财政收入。主要是将原来的官收、官运、官销改成了官收、商运、商销,官府负责食盐的生产、收购、储存,掌握食盐的定价权,然后卖给商人,由商人们去运送和销售。与之前相比,这时又形成民制官收、商运商销的模式。同时,为加强对盐业产销的监督,在全国设置了十监四场,长江口北岸的海陵监便是十监之一,也是唐代长江口北岸的重要盐业管理机构。

这一阶段,盐业推动了海陵地方经济的发展。海陵地区虽在汉初已制盐,但长期隶属扬州,这里产盐很多,向国家提供了大量赋税,因此五代十国时期海陵县升格为泰州。③

---

① [日]圆仁:《入唐求法巡礼行记》,广西师范大学出版社,2007年,第8页。
② 《新唐书》卷五四《食货四》。
③ 吴克嘉:《淮盐重要历史遗存——古海陵仓考辨》,曾凡英主编:《盐文化研究论丛》(第2辑),巴蜀书社,2007年,第121—126页。

第三章　先秦至汉唐时期盐业的初兴

对于汉唐时期的制盐技术，文献没有详细记载，一般笼统称为"煮海为盐"，但煮海并非具体的生产工艺。①《新唐书·食货志》中说："以盐生霖潦则卤薄，暵旱则土溜坋，乃随时为令，遣吏晓导，倍于劝农。"②这里的描述大致与后来北宋时期淮南沿海"刺土成盐"（摊灰淋卤煎盐）方法一致。总体上，13世纪前，全国沿海产盐地主要以传统的淋卤煎盐法进行生产，长江口地区更是长期沿用该方法，直到清末民初废煎改晒。③

五代十国时期，占据此地的杨吴、南唐等政权均十分重视开发这里的盐业资源，纷纷设场制盐，发展国力。吴武义元年（919）分如皋镇，复置如皋场（买纳场），南唐昇元元年（937）在泰州复置海陵监，今南通北部各煎盐场始建于此时，并受其管辖。南唐时，在静海镇（今南通市区）设有东海都场和永兴场。④ 南唐保大十年（952）将如皋盐场升为如皋县，隶泰州，并增设静海都镇制置院。⑤ 南通南部被姚氏家族世代盘踞，领有"东海都场官""把捉私茶盐巡检使"等职衔。《唐东海徐夫人墓志铭》描述了永兴盐场的生产场景："司煮海积盐，蹉峙山岳"，从中可见当时永兴场盐业生产的兴盛面貌。五代后周显德五年（958），周世宗攻取江北，改静海都镇制置院为静海军，不久升为通州，从泰州分出，领静海、海门二县。屯田盐铁使侯仁矩凿渠40里，自通州北接泰州境，以通盐运⑥，进一步发展了海盐经济。

---

① 鲍俊林：《中国古代海盐生产技术的发展阶段及地方差异》，《盐业史研究》2021年第3期。
② 《新唐书》卷五四《食货志四》。
③ 鲍俊林：《中国古代海盐生产技术的发展阶段及地方差异》，《盐业史研究》2021年第3期。
④ 南通市地方志编纂委员会编：《南通市志》（中），第927页。
⑤ 道光《泰州志》卷一《建置沿革》。
⑥ 《南通盐业志》编纂委员会主修，张荣生编撰：《南通盐业志》，大事记。

晚唐以来，长江泥沙积年淤垫，胡逗洲等沙洲逐渐扩大并向东南延伸，其西端与北岸大陆日益靠近，逐步形成以石港为西顶点、掘港为东北顶点、吕四港为东南顶点的喇叭形海湾。三余湾的成陆为长江口北岸的煎盐发展提供了新的优越的产盐环境。随着长江口北岸沙嘴的海岸线向东南推移，长江口北岸盐场也逐渐从古海陵向东南沿岸迁移，搬迁到通州沿岸，并向三余湾一带集中，这是长江口北岸古盐场的第一次大迁移，即从汉唐时期的海陵与如皋沿岸，向东迁移到唐末宋初的三余湾沿岸。

第二节　嘉兴监与松江盐业

虽然长江口南岸制盐历史悠久，滨海地区早在两千多年前就有制盐活动，但早期制盐主要集中在奉贤与金山一带，这里属于古代长江口的南部边缘。春秋时长江入海口属吴，后属越、楚，秦汉时期先后属会稽郡、吴郡。这里在春秋战国时已有海盐生产。①秦与西汉前期的海盐县故址即在今上海市金山区境。②秦汉时海盐县隶属会稽郡，地处沿海，斥卤为盐。奉贤县境滨海之地，面临杭州湾，春秋时也已是盛产海盐的富饶之区。

东汉至晋，长江南岸已有盐业管理机构，在郡国出产盐之处设司盐都尉。三国吴时期常熟地区即设有吴县司盐都尉署，治今常熟西北五十里与江阴交界处，时名沙中。东晋咸康七年（341）废盐署，立为南沙县（后废，入常熟县）。③魏晋南北朝时期，这一带盐业规模较大，据《太平寰宇记》中引《吴郡记》所述："海滨广

---

① 《史记》卷一二九《货殖列传》。
② 唐仁粤：《中国盐业史·地方编》，第252—253页。
③ 〔梁〕沈约：《宋书》卷三五《州郡》。

斥,盐田相望,即海盐与盐官之地同也。"①

长江口南部的浦东陆地自东汉末期以后不断扩张。大约1700年前,上海地区的海岸线已推移至今北蔡、周浦、下沙和航头一线,形成下沙岸线。浦东西部在魏晋南北朝时期已成陆或大部分已经成陆。南汇地区成陆后黄浦江以东地区一般称作"下沙",对应崇明地区的"上沙"。②尽管这些濒海滩涂成陆不久,浅滩与沙洲地势低洼,常受咸潮威胁,少有定居,但为制盐业的发展奠定了良好的环境条件。唐代初年,周浦地区始有少数盐民和渔民散居,以煮盐、捕鱼为业。

这一阶段今奉贤区沿岸是长江口南岸的主要产盐带。该岸段海陆变迁也十分显著,长江挟带大量泥沙与东海杭州湾海水汇合沉积,沿海滩涂随之不断堆积、扩张,形成丰富的滩涂资源,人们便用海水制盐,每至海水不复再至,无海水制盐之时,便筑堤围垦、废产转业。今胡桥、新寺、奉新、钱桥、奉城、塘外、四团、平安等乡及五四、燎原、星火等农场的沿海良田,均为古代的盐灶分布范围。③唐贞元五年(789),在华亭县南80里白砂乡(今奉贤境)设徐浦场,设官粜盐④,属嘉兴监。当时盐由官府专卖,该场还不是盐场的建制,主要是盐民将产盐集中储存的场所,又称贮盐场,该场周边分布产盐灶地。

安史之乱以后,北方人口大量南迁,全国经济重心南移,东南沿海地区的盐业生产因此规模扩大,产量提升。唐乾元元年(758)盐铁铸钱使第五琦初变盐法,在近海地区设十监四场,嘉兴监为十监之一。松江地区盐由官收、官卖,在产盐地区置监院,设

---

① 《太平寰宇记》卷九五《江南东道七》。
② 诸惠华、蒯大申主编:《南汇海洋文化研究》,上海人民出版社,2008年。
③ 柳国瑜编:《奉贤盐政志》,上海社会科学院出版社,1987年,第15页。
④ 绍熙《云间志》卷中《祠庙》。

监官,松江盐区属两浙嘉兴监管辖。在此背景下,唐末以后上海浦东沿岸制盐活动不断发展。

五代时期吴越国鼓励煮海制盐,先后建立盐场,如今金山区境内设浦东盐场,今奉贤区境内置青墩(后改青村)盐场。五代时上海东部的盐业也开始出现,现今的浦东地区开始兴建场灶,但尚未有明确的盐场建置,应当分布在下沙沙带一线的沿岸滩涂。

唐至宋初,松属各场的产盐,主要行销苏州、松江、常州、镇江等处。同时,吴越王钱镠时期开凿盐铁塘,为后来宋元时期长江口南岸的浦东地区盐业发展奠定了基础。

第四章

宋元时期盐业的繁荣

第一节 利丰监与华亭监

在汉唐时期初步发展的基础上,宋元时期长江口盐业整体上迎来快速发展阶段,成为全国海盐生产的高产区。其中,南岸浦东盐业的兴起是这一阶段的重要特征。当时崇明盐场刚开始发展,而长江口北岸的泰州、通州沿岸古盐场的制盐活动开始向三余湾沿岸转移,浦东古代盐业生产进入鼎盛时期。这一时期长江口北岸的盐产重心从泰州海陵监向通州利丰监转移,即从汉唐时期分布在海陵、如皋一带,宋初伴随海岸扩张向东转移到三余湾沿岸(环绕如东、通州与吕四的沿岸地带),通州地区成为重要产盐区。官营盐场规模快速扩大,分设了不少新盐场。南岸盐产重心则从金山、奉贤交界地带转到浦东沿岸,下沙盐场开始成为重要产盐地,并成为江南盐产中心。

一、利丰监、通州分司与北岸盐业

自宋代筑堤之后,北岸如皋的各旧盐场咸潮不入,不得不废弃,产盐地转移至通州的三余湾。宋初为加强海陵监东南部产盐地的管理,在通州增设了利丰监(又称"丰利监"),因此长江口北岸盐场划分为北场与南场两个部分。其中,北四场包括在今南通地区北部设立的角斜、栟茶、丰利、掘港 4 场及如皋仓,隶属于泰州海陵监[先治泰州,开宝七年(974)移治如皋];南八场包括今南通地区南部分设的西亭、利丰、永兴、丰利、石港、利和、金沙、余庆场,隶属于通州利丰监(治通州)。另外,约在北宋庆历、皇祐年间,增置吕四港场。此时,在通吕沙脊上已分布有吕四、余东、余中、余西、金沙、西亭各盐场,三余湾沿岸盐场成为宋元时期长江口北岸的核心产盐带。

南宋朝廷地处东南,财政依赖盐课,长江口地区盐业生产受到高度重视。南宋时期,通州南部地区设有金沙、余庆、西亭、丰利、石港、永兴、兴利、吕四港场;通州北部地区设有角斜、栟茶、掘港、东陈、丰利东、丰利西、马塘场,当时均为催煎场。北部各场隶属泰州海陵监,南部各场隶属通州利丰监。南宋宁宗嘉定十五年(1222)置通州天赐盐场(今崇明岛),两年后罢。此外有通州、海门、如皋、海安 4 个买纳场。各监设有买纳官,负责出纳诸场盐课,催煎官分掌诸场煎发,运盐官负责运送袋盐输于仓内,监仓官负责储存仓盐以备巢商,支盐官负责批引掣验。并于各盐场还设置巡检官,平时警察私煎。①

宋太祖开宝七年(974)泰州海陵监移治如皋县,计北部各场共有煎盐亭户 718 户,劳力 1 220 丁,年额煎正盐 42 700 石,折收平盐 128 100 石,年实产盐常在 20 万石以上。② 宋庆历三年(1043)海安、如皋两县"滞盐"(积压的食盐)达"三百万(石)"以上。③ 北宋初年通州利丰监辖南部 8 场共有亭户 1 342 户,劳力 1 694 丁,年额产盐 150 805 石。④ 南宋绍兴二十八年(1158),通州

---

① 《南通盐业志》编纂委员会主修,张荣生编撰:《南通盐业志》,第 90 页。
② 《南通盐业志》编纂委员会主修,张荣生编撰:《南通盐业志》,第 9 页。
③ 〔宋〕李焘:《续资治通鉴长编》卷一四一《庆历三年六月甲辰》。
④ 《南通盐业志》编纂委员会主修,张荣生编撰:《南通盐业志》,第 932—933 页。

境内10场有煎灶301座。① 南宋高宗绍兴年间,海陵监(治如皋)每岁支给客商盐斤多达30余万席,收钱数达600万至700万缗。② 宋代通州盐产量由太宗年间的最高20万石,发展到真宗时期的近50万石,到南宋绍兴三十二年(1162),已经达到近80万石。③ 可见两宋时期通州地区盐产量惊人。《宋史·食货志》记载:"盐之为利博矣,以蜀、广、浙数路言之,皆不及淮盐额之半。""绍兴末年以来,泰州……一州之数过唐举天下之数矣","淮南有……通州丰利监四十八万九千余石,泰州海陵监如皋仓、小海场六十五万六千余石。"④通州各场盐产量增长,销区也十分辽阔,包括本州及淮南、江南、两浙、荆湖等路州。⑤

据《宋史·食货志》,北宋元丰中通州利丰监各场的生产能力上升到48.9万余石。南宋绍兴二十七年(1157),南通10场额产盐205.88万石(折合51 470吨),占当时淮南19场盐产总额315.88万石的65.2%,当年通泰盐积存374万石,大于一年的销量。绍兴三十二年(1162)产额降为164.19万石(折合41 048吨),占淮南总额263.19万石的62.38%,至隆兴元年(1163)通州依然"积盐浩瀚"⑥。嘉靖《惟扬志》载南宋乾道年间淮南盐额"……通州七十八万石",加上北部三县所产,通州盐场共产盐约131万石(折合3.28万吨),占当时淮南盐产总额238万石的55.04%。淳熙十一年至十四年间,通泰盐壅积275万石。元天历二年(1329),南通境内12场额产盐约31万引(每引200千克;

---

① 南通市地方志编纂委员会编:《南通市志》(中),第931页。
② 《南通盐业志》编纂委员会主修,张荣生编撰:《南通盐业志》,第10页。
③ 郭正忠:《宋代盐业经济史》,人民出版社,1990年;严崇明、苏远明主编:《南通经济发展简史》,江苏人民出版社,2011年,第15页。
④ 《宋史》卷一八二《食货志·盐法》。
⑤ 《南通盐业志》编纂委员会主修,张荣生编撰:《南通盐业志》,第10页。
⑥ 南通市地方志编纂委员会编:《南通市志》(中),第933页。

折合6.2万吨),占两淮盐产总额的32.63%。① 因此,宋元时期通州盐产规模占淮盐的主要部分。

海陵监、利丰监属淮南东路盐务机构。自宋初迄于宋末,淮南东路盐务机构名称多变,元丰八年(1085)名为都转运盐司,崇宁元年(1102)名为提举措置淮南盐事司,政和元年(1111)名为提举淮南盐事司。南宋绍兴初年设淮南茶盐提刑司;绍兴九年(1139)复置淮东提举常平茶盐司。以上机构自北宋后期起一般通称提举淮南东路常平茶盐司,其治所或设扬州,或设泰州海陵。开禧初年设提举淮盐司于泰州。元至元十四年(1277)在扬州设置两淮都转运盐使司(后移治泰州),上隶河南江北行中书省,下辖盐司数处(运司派出机构,类似唐宋以来沿设于主要产盐州县的盐监,明清称分司)。运使之下,有同知、副使、运判、经历、知事等官,分掌其事。至元三十年(1293)悉罢两淮运司所辖盐司,以其属设置场官。②

北宋初,朝廷将被判死刑而获得宽恕免死的罪犯发配到通州沿海地区强制煮盐,以供役使。据《太平寰宇记》,太平兴国年间利丰监所管南8场共有亭户1 342户、1 694丁;海陵监所管北4场,约有亭户359户、610丁;全部12场共有盐民1 701户、2 304丁。当时除了煎煮"正盐"纳官的"亭户"外,还有煎煮"浮盐"售商的"锅户",实际制盐劳力不止此数。元代也是如此,朝廷也将罪犯遣发盐场从事煎盐劳役,"诸徒罪,无配役之所者,发盐司居役"③。《盐法通例》也明确规定凡犯私盐罪及犯界销盐罪,事发判决后,发配盐场充当盐夫,带镣居役,役满放还。④ 元代通州盐业规模在宋代基础上扩大近一倍,制盐劳力比宋代有较多增加。

---

① 南通市地方志编纂委员会编:《南通市志》(中),第933页。
② 《南通盐业志》编纂委员会主修,张荣生编撰:《南通盐业志》,第12页。
③ 《元史》卷一〇三《刑法志二》。
④ 《元典章》户部卷八《课程》。

至元十四年(1277)创设两淮都转运盐使司于扬州(后移设泰州),下辖盐司(运司的派出机构)数处。两淮盐务机构专称"都转运盐使司"始此。① 两淮共设 29 场,在长江口北岸的今南通地区境内,分布有吕四、余东、余中、余西、金沙、西亭、石港、马塘、掘港、丰利、栟茶、角斜 12 场。意大利旅行家马可·波罗在其游记中对通州进行了描述:"该城位于东南方。在它的左边,也就是说在它的东面,相距三天路程的地方,就可以见到海洋。在城市和海岸的中间地带,有许多盐场,生产大量的盐。"② 同年也创设两浙都转运盐使司,驻地杭州,盐运司下设分司。长江口北岸属通州分司,南岸属于浙西分司。自此以后长江口南北地区长期分属两淮与两浙盐区。

至元十五年(1278)忽必烈令"淮、浙盐课直隶行省,宣慰司官勿预"③。因此全国盐务基本管理体系形成了"中书省、行中书省—盐运司—分司—场—团—盐户或灶户"的自上而下模式。④ 至元二十年至二十九年为保护盐业产销和盐课收入,元廷先后颁布《新格盐法》5 条、《条画盐法》13 条,内容涉及生产、运销、课税、禁私等方面。至元二十五年正月,以平江(今苏州市)盐兵屯田于淮东西。至元三十年析余庆场为余西、余中、余东 3 场,此后通州共有盐场 12 个:吕四、余东、余中、余西、金沙、西亭、石港、马塘、掘港、丰利、栟茶、角斜。⑤

二、华亭监、松江分司与南岸盐业

宋元时期长江口南岸盐产规模、空间分布、盐场灶户数量等

---

① 《南通盐业志》编纂委员会主修,张荣生编撰:《南通盐业志》,第 11 页。
② [意]马可·波罗口述,[美]曼纽尔·科罗夫英译,陈开俊、戴树英、刘贞琼、林键合译:《马可波罗游记》,福建科学技术出版社,1981 年,第 168 页。
③ 《元史》卷一〇《世祖纪七》。
④ 郭正忠主编:《中国盐业史》(古代),第 448 页。
⑤ 《南通盐业志》编纂委员会主修,张荣生编撰:《南通盐业志》,第 11—12 页。

明显超过汉唐时期。元张之翰《浙西盐仓记》:"松江枕江负海,厥土广舄,牢盆之赢,实百他郡。"①在川沙、南汇、奉贤、松江、金山、崇明等地都有盐场,是上海市古代盐业发展的全盛时期。② 宋元之前长江口南岸太仓与宝山一带的旧盐场,因长江口淡水下移,到宋元时期基本废弃。新盐场主要分布在吴淞口、南汇地带。今浦东沿岸虽是古代上海市边远地区,盐业发展稍晚,但在这一时期进入快速发展阶段。

北宋时期华亭设监,隶属提举浙西常平茶盐司(治平江府,今苏州),下辖浦东(今张堰镇)、袁部(今柘林镇)、青墩(今奉城镇)3个盐场。③ 南宋建炎年间华亭监改设下沙,隶属浙西提举盐事司(治平江府,今苏州),统辖下沙南、北两场、大门场、杜浦场、南跄场、江湾场6处。南宋乾淳年间,华亭县设浦东、袁部、青村、下砂、南跄5个盐场,各盐场均设有监官廨舍,共领17个分盐场。有灶户3 000余家,约为华亭县户籍总数的十五分之一。④ 据《云间志》记载,南宋时期华亭监五个盐场中,浦东场辖浦东、金山、遮山、柘湖、横浦5分场,袁部场辖袁部、六鹤、横林、蔡庙、戚漾5分场,青村场辖青村南、青村北2分场,下沙场辖下沙南、下沙北、大北、杜浦场4分场,南跄场委托江湾买纳场代管,产税仍归华亭。⑤ 随着盐场规模的扩大,海盐生产日益成为南宋时期上海地区的重要产业,"其有资于生民日用者,煮水成盐,殖芦为薪"⑥。

---

① 正德《松江府志》卷一四《仓廪》。
② 唐仁粤主编:《中国盐业史》(地方编),第253页;谯枢铭:《宋元两代上海地区的盐业生产》,唐振常、沈恒春主编:《上海史研究(二编)》,学林出版社,1988年,第295—310页。
③ 元丰《九域志》卷五《两浙路》。
④ 谯枢铭:《宋元两代上海地区的盐业》,唐振常、沈恒春主编:《上海史研究(二编)》,第296页。
⑤ 绍熙《云间志》卷上《场务》。
⑥ 绍熙《云间志》卷上《物产》。

此外,还有宝山大场、崇明天赐盐场。《读史方舆纪要》曰:"(嘉定)县东南四十里曰大场镇,宋尝置盐场于此。"①《嘉庆重修一统志》载:"在宝山县西南三十六里,宋时尝置盐场于此。"②对于大场盐场现存宋元文献中没有记载。大场盐场位于今上海市宝山区大场镇,可能出现时间较晚。③ 南宋嘉定十五年(1222)改崇明岛韩侂胄废庄为天赐盐场,属淮东制置使管辖,有盐田荡92 420亩,设监督官1员,产盐供销本地,多余部分销往靖江等地。④ 后崇明天赐场改属两浙盐运司。

至元十四年(1277),华亭县升为华亭府,次年(至元十五年,即1278年),改名松江府,辖华亭县。元至元二十七年,华亭县东北部分乡分出,新设上海县。元代松江府境有下沙、袁部、浦东、青村、横浦5场,每场设置司令、司丞、管勾各1员,负责管理盐场,收纳盐课,称放盐厅。

元代华亭县五场的额定盐年产量为3.12万吨,下沙盐场的年定额为6 683吨,占总产量的21.4%,比宋代增产1 061吨,增幅达18.9%。至元十五年(1278),松江府5场(不包括天赐场)盐课定额15.6万引,实办74 918引(每引400斤),约合3 000万斤。其中,下沙各场共"三万三千四百一十五引七十九斤",浦东场"一万六千六百六十四引一百九十斤",横浦场"一万二百六引一百八斤",青村场"一万七十七引二百九十五斤",袁部场"四千五百五十四引二百七十四斤"⑤。下沙场成为长江口南岸最大的盐场,其盐场范围东北到原川沙县全境,东南至与奉贤交界的河

---

① 《读史方舆纪要》卷二四《苏州府·嘉定县》。
② 嘉庆《重修一统志》卷一〇三《太仓州一》。
③ 吉成名:《论浙江海盐产地变迁》,曾凡英主编:《中国盐文化》第12辑,西南交通大学出版社,2019年,第122—146页。
④ 光绪《崇明县志》卷六《盐法》。
⑤ 正德《松江府志》卷八《田赋志下》。

流,东到东海,约相当于今浦东新区咸塘港以东至钦公塘的范围。元代《熬波图序》叙述了下沙地方濒海地理位置及适合煮海制盐的地况:"浙之西,华亭东百里实为下沙,滨大海,枕黄浦,距大塘,襟带吴淞、扬子二江,直走东南皆斥卤之地,煮海作盐,其来尚矣。"①

宋代华亭五场盐课"祖额一十二万八千袋有奇,其后岁办止七万袋;景定元年实办盐八万三千袋有奇。元初盐课无额,至元十三年两浙通办四万四千余引。元贞以后岁有增益……后至元至正间凡再减盐额,两浙通办二十七万引。松江府境五场盐产额十五万六千余引,比宋祖额增二万八千,实办七万四千九百一十八引有奇,比宋景定实办减八千八十引有奇"②。即至正年间松江共额办盐 156 000 余引,比宋代额盐增加 28 000 引。元代松江分司各场额盐比宋代明显增加。

宋元以至明初,是长江口南岸海盐生产的全盛时期,商贾往来,市场繁荣,许多因盐业而形成的集镇,如川沙的六团,南汇的三灶、六灶、盐仓、下沙,奉贤的四团、青村等乡镇,至今仍沿用旧名。③

第二节 淋卤煎盐与《熬波图》

一、制卤与制盐

制盐首先需要制卤。传统海盐生产工艺中大量的劳动投入都用在制卤环节,制卤的好坏直接关系制盐环节的效率。宋元

---

① 〔元〕陈椿:《熬波图》,"序"。
② 正德《松江府志》卷八《田赋志下》。
③ 唐仁粤主编:《中国盐业史》(地方编),第 252—253 页。

时期长江口地区的古代煎盐,主要依靠大量平坦的盐渍滩地制卤,并用草荡作为薪柴煎盐,生产工艺的主要变化在于制卤技术的完善。制盐过程就是从初级卤水到高级卤水逐步浓缩直至结晶成盐的过程。因此,制卤的效率对制盐至关重要。一般制卤的过程就是融合海水与海边含盐沙土,通过一定的制卤方法(淋卤、晒卤),获得接近饱和点的卤水[1],再煎煮成盐。制卤的主要工序包括利用潮水浸渍摊场,铺以草木灰日晒,利用草木灰、碎土的毛细管作用,充分吸附土壤盐分,收取卤土,用海水灌淋,便可以得到较高浓度的卤水(接近饱和卤),约为25波美度(盐度274‰)。[2]

在制卤方法上,宋代沿海各场延续以往的刮土淋卤法。一般达到七分以上的卤水,才会用于煎煮结晶成盐,否则需要重新刮土再淋。[3]"淳熙初间亭户得尝试卤水之法,以石莲一十枚掷之卤水中,如五枚浮起为五分之卤,如七枚浮起为七分之卤,或不及七分,再用牛刺爬盐土,复将淡卤再淋,必待卤浓可用,然后煎之。"[4]土壤盐分较低的地方,一般通过多次重复以上过程也能获取较高浓度的卤水。[5] 元代以后的制卤方法从刮土淋卤转变为摊灰淋卤。摊灰淋卤是对刮土淋卤技术的改进、发展和完善,主要是将

---

[1] 鲍俊林:《中国古代海盐生产技术的发展阶段及地方差异》,《盐业史研究》2021年第3期。近岸海水平均盐度为2至3波美度(17‰—32‰)。一般而言,含盐度在10波美度以下的为初级卤水,10—20波美度为中级卤水,21—25波美度为高级卤水。海水浓缩到25.4—26波美度时,含NaCl达到饱和点,为制卤阶段;饱和卤水继续浓缩至30波美度,NaCl开始析出到基本析出,为结晶阶段。
[2] 鲍俊林:《15—20世纪江苏海岸盐作地理与人地关系变迁》,复旦大学出版社,2016年,第98页。
[3] 鲍俊林:《15—20世纪江苏海岸盐作地理与人地关系变迁》,第98页。
[4] 〔清〕徐松辑:《宋会要辑稿》卷二八《食货·盐法》。
[5] 鲍俊林:《15—20世纪江苏海岸盐作地理与人地关系变迁》,第98—99页。

煎盐剩余的草木灰铺入摊场,取代晒沙吸取土壤盐分。① 由于草木灰的毛细管作用比泥土更强,吸附海水盐分的能力更优,因此往往成卤多、浓度高,且草木灰也比泥沙轻便,大幅度减小了劳动强度,整体制卤效率明显提高。②

摊灰淋卤对于土壤、海水的盐度具有一定的要求。"办盐全赖海潮"③,但近岸海水盐度较低,为提高制卤效率,一般会等候潮汐运动带来高盐的外海咸潮,并非直接利用近岸海水,因此制卤过程中,摊灰淋卤不仅要利用潮滩土壤的盐分,还要利用潮汐带来的海水盐分。纳潮就是充分利用潮汐获得外海高盐海水,借助潮汐推力将海水输送上达摊场。纳潮分为自然纳潮与人工纳潮。在近海的平坦开阔的潮滩,靠近海水的灰场多用自然纳潮,最为便捷,海潮沿着引潮沟自然浸满摊场,再铺入草木灰,经过日晒,析出盐霜,再收取富含盐霜的卤土,灌淋海水得到浓度较高的卤水。④ 但随着海涂淤涨,一些逐渐远离海水的灰场往往难以通过潮汐作用接受潮水自然浸渍,这时候需要借助人工引潮沟渠进行纳潮。如因干旱等潮位下降,也需要人工扬戽或车入海水。⑤

摊灰制卤的场地称为"亭""灰场""灰亭"等;煎卤结晶成盐的房舍多称为"灶房""灶舍""灶屋"等,因此一般将煎盐之地通称为亭场、亭灶、盐灶。亭场(亭灶)即潮滩制盐的基本单位,"鬻盐之地曰亭场,民曰亭户,或谓之灶户,户有盐丁"⑥。亭场主要功能在

---

① 鲍俊林:《15—20世纪江苏海岸盐作地理与人地关系变迁》,第99页。
② 朱去非:《中国海盐科技史考略》,《盐业史研究》1994年第3期。
③ 〔元〕陈椿:《熬波图》,"坝堰蓄水"。
④ 鲍俊林:《15—20世纪江苏海岸盐作地理与人地关系变迁》,第101—102页。
⑤ 〔元〕陈椿:《熬波图》,"车接潮水"。
⑥ 《宋史》卷一八一《食货志》。

于制卤,内部包括用于摊灰淋卤的灰场(灰亭、摊场)、用于煎盐或居住的灶舍。一个亭场内一般包括一个灶舍与若干个灰场,共同构成一个基本生产单位。灰场或灰亭根据离海水距离的远近,由近及远一般可分为上亭(上场)、中亭(中场)与下亭(下场),即远离海岸、卤气淡薄为下亭,靠近海岸新淤地带为上亭或新亭,中间者为中亭。涨潮时各场次第被海水浸漫,潮退后灰场土壤盐分增加,灶民再先高处、后低处依次摊灰开晒。先晒上场,次晒中场,最后晒下场,每日下午收灰入淋,待场地清空,再放海水浸漫,以便次日摊灰暴晒。①

亭场分布位置主要受滩面高程、潮浸频率、草卤分布等诸多要素共同影响,亭场选址要尽量能够同时获得荡草与土卤资源,即往往集中分布在草丰卤旺的宜盐带。受潮滩生态演替作用影响,潮滩三个主要分带上,草滩带、盐蒿草滩带以及光滩提供的盐作资源是不同的。草滩带土壤淡化、卤水不足,但能提供荡草资源;盐蒿滩与光滩带荡草稀疏,土壤盐含量高,处于积盐过程,主要为亭场提供制卤的高盐分土壤,而且距离海潮更近,晒灰、淋卤更为便利。② 草滩带的剖面平均盐度低(约2‰),0到5厘米表土盐分低于剖面平均盐分,属较为稳定的脱盐环境。③ 盐蒿滩土壤盐度为6‰至8‰,光滩超过10‰,盐度最高,少量植物覆盖,蒸发作用强烈,是潮间带的强积盐地带。④

草滩带虽然草多,但土淡,无法设亭。在盐蒿草滩上部一般

---

① 鲍俊林:《15—20世纪江苏海岸盐作地理与人地关系变迁》,第98、101—102页。
② 鲍俊林:《明清两淮盐场"移亭就卤"与淮盐兴衰研究》,《中国经济史研究》2016年第1期。
③ 陈邦本、方明等:《江苏海岸带土壤》,河海大学出版社,1988年,第77页;鲍俊林:《略论盐作环境变迁之"变"与"不变"——以明清江苏淮南盐场为中心》,《盐业史研究》2014年第1期。
④ 陈邦本、方明等:《江苏海岸带土壤》,第20、77页。

也不便铺设亭场,虽然土壤盐分较高,但地面草多不便开辟摊场,需要去草、坚实地面。盐蒿草滩下部到光滩带上部的新淤地带,一般是设置新亭的主要地带。这里滩面干净、植被稀疏、土壤盐分高,且距离海潮有一定距离。再往前的光滩下带以及板沙滩、浮泥滩,潮淹时间过长、远离草荡,新亭较少。前临海、后依草荡,循引潮河而居是多数亭场的基本分布特征。[①] 因此,在盐蒿滩下部(植被稀疏分布)与光滩之间,即月潮淹没下带与日潮淹没上带之间,新亭场多密集分布,在该区域两侧,亭场稀疏分布。按照潮浸程度布设不同的亭场在滩面上,分为上、中、下三亭。

为能够稳定获取滨海盐土与海水盐分,以便制取高浓度卤水,灰场必须尽量迫近海岸与海水,便于每日两次涨潮浸渍灰场,提高潮浸频率。因此对于制卤来说,灶舍与灰场相比,灰场更为关键,是获取海水与滨海土壤盐分的关键设施。但伴随海涂淤涨、海潮远离亭场,旧灰场所在滩地逐渐淡化,不得不向海迁移到高盐分地带,其迁移方向、速率与潮滩淤涨的方向、速率保持了一致性,这种现象也被称为"移亭就卤"[②],故灰场(灰亭)或灶地不断向海迁移是淤涨潮滩盐作活动的基本特征。

在制盐环节,宋代改进了制盐工具,汉唐时期的牢盆逐渐废弃,开始推广煎盐盘铁,提高效率。为控制盐产,官府置盘铁厂,各盐场盘铁由场官筹办经理,发给灶户,强制盐民集中生产。盘铁一般庞大厚重,常由数块铁片拼装成圆盘状,直径可达数丈,重万余斤。每一面盘铁铸成四角,每角重四五百斤,灶户每户执一角,拼凑齐全,才能合成铁盘,然后才能轮流煎盐。所有权属于运

[①] 鲍俊林:《15—20 世纪江苏海岸盐作地理与人地关系变迁》,第 116 页。
[②] 鲍俊林:《15—20 世纪江苏海岸盐作地理与人地关系变迁》,第 105—121 页。

司或场司,保管时由众灶户各执一角。使用时由众灶户拼合团煎,将各块间的空隙用泥拌石灰填塞。铁盘放置在用泥块砌筑的灶台上,四周用泥、石灰、茅草混合而成的灰料筑成二尺高的围边,灌入浓卤,盘下灶内点火,以芦苇、茅草等为燃料,即可煎熬。①各盐场盘铁数量设有定额,若使用年久,朽坏锈蚀,不堪煎煮,由运司奏准,委官监督重铸。同时,通州盐民已开始采用以石灰封盘角,以皂角加速食盐结晶的生产工艺,节省了劳动力和燃料,"接续添卤,一昼夜可成五盘,住火而别户继之"②。这种团煎可以每盘煮盐百十斤,提高了生产效率。③

二、淮浙盐的生产方法

宋元时期全国沿海通用淋卤煎盐法,这也是淮浙盐区长期沿用的古代制盐方法,适应性强。各地因地制宜使用沙、土、灰等介质,以海水灌淋海涂,收集富含盐分的沙土或草木灰以便制卤,再用锅鏊等金属锅具煎熬以结晶成盐。各地采卤之法所利用的介质略有不同,本质上都是人工淋卤,同时各地制盐(结晶成盐)方法都是人工煎熬成盐。④

长江口地处淮浙盐区交界处,宋元时期各场普遍采用传统淋卤煎盐法。据文献记载,宋代该法在长江口北岸已经成熟定型。⑤其中,北宋中叶通州利丰监盐官陈晔著《通州煮海录》,记述了通

---

① 《南通盐业志》编纂委员会主修,张荣生编撰:《南通盐业志》,第 179—180 页。
② 《太平寰宇记》卷一三〇《淮南道八》。
③ 《南通盐业志》编纂委员会主修,张荣生编撰:《南通盐业志》,第 180、327 页。
④ 鲍俊林、高抒:《13 世纪以来中国海洋盐业动态演化及驱动因素》,《地理科学》2019 年第 4 期;鲍俊林:《中国古代海盐生产技术的发展阶段及地方差异》,《盐业史研究》2021 年第 3 期。
⑤ 鲍俊林、高抒:《13 世纪以来中国海洋盐业动态演化及驱动因素》,《地理科学》2019 年第 4 期;鲍俊林:《中国古代海盐生产技术的发展阶段及地方差异》,《盐业史研究》2021 年第 3 期。

州地区制盐工艺过程,其书久佚不存,是迄今所知中国最早记述制盐工艺的专著。另外淮盐制盐法也比较完整地记录在《太平寰宇记》中,松江下沙盐场的制盐方法则完整地记录在元代《熬波图》中。

宋代淮盐区各场的淋卤煎法生产制作工序主要包括开辟亭场、海潮浸灌、摊灰曝晒、淋灰取卤、煎卤成盐这五个关键步骤,前面四个都属于制卤环节。《太平寰宇记》详细描述了淮南道滨海地带的"刺土成盐法":

> 凡取卤煮盐以雨晴为度,亭地干爽,先用人牛牵挟,刺刀取土,经宿铺草藉地,复牵爬车,聚所刺土于中上成溜。大者高二尺,方一丈以上,锹作卤井于溜侧……食顷,则卤流入井,取石莲十枚,尝其厚薄。全浮者全收盐,半浮者半收盐。……一溜之卤分三盘至五盘,每盘成盐三石至五石,既成。……住火而别户继之,上溜已浇者,摊开□□,刺取如前法。若久不爬溜之地,必锄去蒿草,益人牛自新耕犁,然后刺取。大约刺土至成盐,不过四五日。但近海亭长及晴雨得所,或风色仍便,则所收益多。盖久晴则地燥,频雨则卤薄,亭民不避盛寒隆暑,专其生业,故也。然而收溜成盐,固不恒其所也。①

宋代通州各场改进了验卤技术,采用石莲验卤法。验卤时"取石莲十枚,尝其厚薄。全浮者全收盐,半浮者半收盐。三莲以下浮者则卤未堪,须却刺开而别聚溜。卤可用者,始贮于卤漕,载

---

① 《太平寰宇记》卷一三〇《淮南道八》。

入灶屋",以待煮卤制盐。①

《太平寰宇记》中关于淋卤煎盐生产工艺的记载比较简明扼要,到元代下沙盐场的《熬波图》,更为翔实。至顺元年(1330)下沙场盐司陈椿据前人所作旧图增补而成《熬波图》,并附题咏,详细记录了元代下沙盐场海盐生产的各道工序。《熬波图》是长江口地区乃至全国海盐产区最早的专门记录淋卤煎盐工艺的文献。全书现存图47幅,每幅图都配有图说并附有一诗,生动形象地记载了从建造房屋、开辟摊场、引纳海潮、浇淋取卤到煎炼成盐的完整海盐生产过程(图4-1),是中国历史上流传下来的第一部记载海盐生产技艺的专著。

《熬波图》记载该场制盐,主要包括:(1)煎盐场地须先开挖通海河道,港口筑坝,按时启闭,潮涨时引潮入港,蓄水备用。(2)摊泥需要大片经过平整的场地,称灰场。天晴挑泥铺于灰场用海水灌浇,任风吹日晒,蒸发水分,待泥灰析出盐花,刮起,扒松,堆存。(3)淋卤时,池底垫草或棕毛,然后挑入盐泥用脚踏实,泥与池口相平,多次以海水灌淋,盐卤由池底顺竹管流入卤井,井满后将卤吊出,储水卤缸或木桶,以备煎盐。制盐之前还须先测试卤水的浓淡,用竹筒内盛盐卤,一般将石莲子若干放入筒中,1—2莲浮或都不浮则卤淡薄不能用,3莲浮是卤将成,4—5莲浮则卤已可用,5莲都浮为头卤,此时卤水浓度约为22波美度。(4)煎盐工具分铁盘和铁锅,铁盘为长方形或圆形,厚1寸余,由3—8块铁板拼成,接缝处用卤水和灰嵌填,一经塞结即不泄漏。铁盘架在灶上,四周用竹编的篾席作围,铁盘靠近灶门,盘后放温锅2—4只,成盐后随将温锅热卤注入铁盘,又加冷卤于温锅,如此反复更换,有助于节约燃料,提高生产效率。

---

① 《太平寰宇记》卷一三〇《淮南道八》。

图 4-1 四库全书本《熬波图》(节选)

此外,淋卤煎盐非常依赖纳潮,需要定期维护引潮沟渠。下沙各场沿岸港汊也极易淤塞,需要定期疏浚维护,否则丧失引潮功能。例如《熬波图》有"疏浚潮沟"图说:"团灶通潮河港,因浑潮上落、沙泥淤塞,不时雇工开浚。潮来沟水满,潮落三寸泥。十日泥三尺,沟与两岸无高低。长柄锹桷短柄锹,开深八尺过人头。但得朝朝水满沟,一生甘作泥中鳅。"①

第三节 运销与盐场管理

一、运销管理

宋元时期长江口南北沿岸盐业进入快速发展阶段,为加强盐业管理,对食盐运销、盐场劳动力、草荡资源都加强了控制。总体上宋元时期盐业管理主要是民制官收商销的模式。

宋初盐由官运官销,招募商民充役。各州设转运搬仓,用官船漕运,水陆兼程,运往本路各州县行销。雍熙二年(985)实行"折中法"(北宋前期政府与商人间特殊的贸易方式)。为解决边防军储不足,令商人入纳钱货粮草于沿边州郡,政府给予文券,商人持券至汴京换取现钱,或凭券到江淮等地领取茶、盐,转往指定区域出卖。这种特殊的食盐专卖与运销制度可以发挥商人运盐的积极性。后来为了解决财政问题,官府进一步控制食盐运销以增加财政收入。庆历四年(1044)废官卖,熙宁、元丰以后实行"盐钞法",官卖改为商卖。官府向亭户收盐,在各州储存,商人以现钱买盐钞,凭盐钞领盐行销。这种制度旨在通过发行盐钞(盐引)来控制食盐运销。由政府发行盐钞,商人需支付现钱购买盐钞,然后凭盐钞到指定盐场领取食盐进行销售。"盐钞法"实施情况

---

① 〔元〕陈椿:《熬波图》,"疏浚潮沟"。

取决于盐产量,盐钞中明确了盐的数量和价格,商人持券到产地验证后领取食盐进行销售。后由于盐钞发行过多,"盐钞法"最终失效。政和三年(1113)创行"引法",以官袋装盐,限定斤重,每一袋为一引。引有长引、短引之别,长引行销外路,限期一年;短引行销本路,限期一季。①

南宋沿袭北宋钞法,行钞引制,盐载于引,引附于钞,商人缴纳现钱,领得钞引,按引领盐行销,与北宋钞法相比更为周密。元代食盐运销沿袭宋代制度,各场盐斤皆以袋装,每引额重 200 千克,装为两袋。商人持引到场,依勘合底簿查核无伪,支取袋盐。②北宋"盐钞法"和"盐引法"为后代沿袭,成为常制。总体上,宋元时期食盐运销官卖与商卖并行,运销中发挥商人的作用,推动了宋代以后盐业的快速发展。

宋代通州盐行销范围很大,除本地自销外,主要在淮南路、江南路、两浙路、荆湖路行销。康定元年(1040)以后,兖州、郓州、宿州、亳州等州亦食淮南盐。元代,行销江浙、江西、河南、湖广等行省所辖各路。为保障食盐运销,宋初长江口北岸设有通州仓(一名"永丰仓",旧址在今南通市区盐仓坝附近)、如皋仓,用于收纳各场盐户所输的盐。南宋绍兴年间,设有通州、海门、如皋、海安 4 处买纳场,皆有仓,用于收积灶盐,以供商人支取。元大德年间,通州仍设永丰仓。③

南宋绍兴年间,苏州、松江、常州、镇江等处成为浙盐引地。商人凭引领运松江盐区及浙江余姚、岱山、黄湾等场产盐,到"苏五属"行销,即苏州、松江、常州、镇江 4 府及太仓州各 23 县及安

---

① 江苏省地方志编纂委员会:《江苏省志·盐业志》,江苏科学技术出版社,1997 年,第 134 页。
② 南通市地方志编纂委员会编:《南通市志》(中),第 939 页。
③ 南通市地方志编纂委员会编:《南通市志》(中),第 940—941 页。

徽省郎溪县,均为浙西引岸。

唐宋以后,由产区运盐至销区,使用分批编组的帆船队,以一组为一纲,称为"纲运"。灶户缴盐入仓用小篷船,由人背或牛拉牵引,河道不通者则用牛车由陆路运盐入垣。① 后周设通州后,绕城开挖濠河,便于运盐。宋代在河西南设置盐仓,并在这里设利丰监,将海边生产的盐运送到河边的盐仓,再从这里通过运盐河转运到扬州。

此外,为控制运销,元代对运销的管理比宋代愈趋周密。规定商人买引行盐,起运前由运司发给运单,沿途关津依例查验,验引截角;每引一张,限运一次;盐已卖尽,限五日内赴所在地方官缴引,违限不缴者同私盐罪,以防重复兴贩。② 另外,规定商人犯界销盐,判决后发盐场充盐夫,带镣居役,役满放还。还规定凡伪造盐引的处斩刑,并没收家产给告发人充赏。犯私盐罪的徒刑二年,杖七十,没收家产的半数,如有告发人的,将没收数的半数充赏。

二、聚团公煎与盐场管理

除了运销管理之外,宋以后也加强了生产组织、劳动力以及防灾等方面的管理。

宋熙宁五年(1072)采用两浙盐务提举卢秉的建议,实行"自三灶至十灶为一甲"的保甲编制,使灶民"自相讥察",并规定灶民煎盐每次升火盘数。初创"聚团公煎"规模,从产盐地就开始加强管制,以防止私煎、私卖。元代在"保甲制"的基础上进一步实行"聚团公煎",对煎灶的管制更加严密。在宋代司场灶三级管理的基础上归并灶座,新设了团一级管理机构。为了禁绝私盐,归并

---

① 南通市地方志编纂委员会编:《南通市志》(中),第940页。
② 南通市地方志编纂委员会编:《南通市志》(中),第947页。

盐灶,置关立锁,派官军巡逻,实行"聚团公煎",盐场立团定界。元代下沙盐场《熬波图》载:"各团灶舍,归并灶座,建团立盘。或三灶合一团,或二灶合一团。四向筑垒围墙,外向远匝壕堑;团内筑凿池井,盛贮卤水,盖造盐仓样屋;置关立锁,复拨官军把守巡警。"以及配诗:"东海有大利,斯民不敢争。并海立官舍,兵卫森军营。私鬻官有禁,私鬻官有刑。团厅严且肃,立法无弊生。"这种接近军事化的管理,反映了当时对灶户严格管制的情形。① 并灶之后,生产单位从灶到团,改变了以往较为分散的灶户生产形式,聚灶为团便于控制灶户生产,也提高了生产效率。团煎打破了一家一户分散制盐格局,此后以"团"为生产单位进行集中制盐成为主要形式,提高了这一时期的盐产效率。整体上宋元时期亭户由分散制卤制盐再转为分散制卤与集中制盐。聚团公煎与盘铁工具等都是为了控制集中制盐而设计,以防止透私。

同时,为防止私盐,对产量与生产节律也加以控制,规定生产额,采用"火伏法"。各场亭户由官府核定产盐定额,所产盐称为正盐,由官府尽数收购,配引售商。北宋太平兴国年间,通州北部海陵监的盐丁每人每年额煎正盐 35 石,折煎平盐 105 石(3 石折正盐 1 石)。南部利丰监的盐丁每人每年额煎盐 90 石。亭户每灶盘铁一昼夜产盐已有定数。北宋时可烧 5 次,成盐 5 盘,每盘 3—5 石。南宋时可烧 6 次,每盘成盐约 150 千克,各场设置催煎官及总辖、甲头,负责催煎督产。凡亭灶起火、住火,由灶甲、灶头申报火伏日时,抄上簿历,催煎官躬亲监守煎炼,才候住火,即时尽数拘收入官。盐场监官年终比较增羡,按格论赏。② "火伏法"自宋代始,为后代长期沿用。元代也是如此,各盐场产数设有定

---

① 〔元〕陈椿:《熬波图》,"各团灶舍"。
② 南通市地方志编纂委员会编:《南通市志》(中),第 945 页。

额,一般限9个月内煎办足额。① 此外,宋以来通州地区制盐劳动力仍然有很多来自罪犯,多由官府发配至通州、海门等沙洲,由朝廷派遣屯兵使者领护,管制劳役,煮盐纳官。②

滨海荡地是重要的盐业资源,草滩主要提供了煎盐生产所用的燃料来源,高盐分的盐蒿滩与光滩带土壤,以及近海咸潮共同提供了土卤来源。③ 为保障荡草供应,往往规定盐场荡地只许蓄草供煎,违者究治。淮盐传统煎盐生产过程中需要的荡草,"有红有白,皆含咸味,白者力尤厚,红可外售,而白有禁斫"④,"白草"即白茅,分布在草滩带,"红草"或红茅为盐蒿草(盐地碱蓬),分布在盐蒿滩,这两个地带的荡草共同成为燃料来源。⑤ 为保障荡草供应,官府往往严格控制了潮滩荡地资源,实行官拨草荡。宋元时期,官府明令禁垦盐业荡地,不得侵占砍伐、牧放牲畜及引火烧燃,各场草荡由官分拨灶户樵采煎盐,不许典卖或租佃开耕。灶户多占或开耕荡地,依例分拨无柴灶户。但豪强侵占荡地,往往私垦不断。"诸场煎盐柴地,旧来官为分拨,初非灶户己业,亡宋时禁治豪民,不许典卖,亦不许人租佃开耕,今知各场富上灶户往往多余冒占,贫穷之人内多买柴煎盐,私相典卖,开耕租佃,一切无禁,今后运司严加禁治。"⑥

为加强盐场管理,在盐业管理机构方面也有新变化。宋以前盐场管理主要从属于地方政府,元代盐业生产规模扩大,建立了直属朝廷的专门盐业管理机构。宋代东南海盐区的提举盐事司

---

① 南通市地方志编纂委员会编:《南通市志》(中),第 945 页。
② 《南通盐业志》编纂委员会主修,张荣生编撰:《南通盐业志》,第 172—173 页。
③ 鲍俊林:《15—20 世纪江苏海岸盐作地理与人地关系变迁》,第 79 页。
④ 《盐法通志》卷三三《制法》。
⑤ 鲍俊林:《15—20 世纪江苏海岸盐作地理与人地关系变迁》,第 72—76 页。
⑥ 《元典章》户部卷八《课程》。

始见于仁宗末期,扩广于神宗熙宁年间,至徽宗朝兴盛。提举盐事司设提举长官,较大的提举司下设分司,分司下辖盐场、盐仓等,不仅管理生产,而且也管理运销。① 宋代长江口南岸地区属于两浙的浙西盐区。两浙路有 34 个盐场,下沙等今上海地区各盐场隶属浙西提举盐事司管辖。当时两浙路管理盐业的衙门在新场设立分支机构。下沙场的管理机构在今下沙镇,但生产场所却远离下沙,场址在今新场镇,那时称"石笋里"。元代初期分司搬至新场,仍称下沙盐场。元代的盐务管理机构属中书省领导,各产盐州府设盐运司,有的下设分司,再管到盐场、团、盐户。盐运使的级别在正四品以上,分司的级别为"同知",相当于正八品,这在当时南汇还没建县的情况下,是南汇最大的官职。② 同时,在盐场基层进一步设立官员进行管理。例如北宋元丰年间,袁部场、青墩场各设盐监一员。南宋绍兴三十二年(1162),袁部催煎场、青墩催煎场各置催煎官一员。绍熙四年(1193),袁部催煎场易名为袁部盐场,青墩催煎场易名为青村盐场,各设盐监官一员。元代袁部场、青村场各置司令一员,司丞一员,管勾一员。③

此外,随着海涂制盐开发的扩大,防御沿海灾害风险日益成为盐场管理的重要方面。滨海地带需要更多的灾害防御投入,捍海堰建设成为盐场发展的重要保障。虽然滩涂制盐的主要生产活动在海塘之外,但管理机构等濒海聚落分布在海堤以内。

唐宋元时期东海海域的潮灾大多集中于长江三角洲及浙江沿海。例如皇庆元年(1312)八月松江府大风,海水溢;皇庆二年(1313)八月崇明嘉定二州大风海溢。④ 泰定二年(1325)长江口

---

① 唐仁粤主编:《中国盐业史》(地方编),1997 年。
② 诸惠华、蒯大申主编:《南汇海洋文化研究》,第 124—125 页。
③ 柳国瑜主编:《奉贤盐政志》,第 27 页。
④ 《元史》卷五〇《五行志》。

一带海决冲堤,大风海溢。① 泰定三年(1326)崇明、海门海溢,三沙镇漂居民五百余家。② 由于滩涂制盐活动的发展,灾害风险的增加,需要采取防灾措施。

泰州捍海堰修筑之后,堤线沿着海岸继续往南延筑至通州,成为重点方向,形成江苏沿海重要屏障,促进了滨海开发。③ 庆历年间通州知州狄遵礼从石港到东社筑狄堤,海门知县沈起在至和年间修筑沈公堤,将狄堤延伸至吕四。绍兴二十七年(1157)筑通泰楚三州捍海堰④,很可能是在前面各段海堤基础上的一次通身修筑,巩固并扩大了泰州捍海堰。此外,宋代还修筑了皇岸、桑子河堰。至此,在各段捍海堰基础上,两宋于楚、泰、通三州沿海均有筑堤,构成了明清时期淮南范公堤的雏形。宋元之际又有詹士龙增修,巩固各段捍海堰。⑤ 宋元时期通州捍海堰的兴筑,为盐业生产活动提供了保障,促进了滩涂盐业生产的发展。

唐代长江口南岸的海岸线推进到北蔡、周浦、下沙、航头一线,沿海人口逐渐增加。为保护沿海百姓生产生活的安全,唐开元元年(713)筑捍海塘,途经南汇西北的周浦、下沙一带,后人称为古捍海塘,由川沙的北蔡进入南汇县周浦、下沙一线,向南进入奉贤境内,全长约75千米。⑥ 塘外东南皆为斥卤之地。下沙捍海塘、古捍海塘塘址的走向大致是沿着现在的沪南公路,自北向南

---

① 嘉庆《如皋县志》卷二三《祥祲》。
② 《元史》卷五〇《五行志》。
③ 鲍俊林:《气候变化与江苏海岸历史适应研究》,复旦大学出版社,2021年,第141页。
④ 《宋史》卷三一《高宗本纪》。
⑤ 武同举:《江苏水利全书》卷四三《江北海堤》。
⑥ 对唐宋时期上海地区的旧捍海塘、下沙捍海塘的存在与分布有一定的争议。参见《南汇水利志》编纂委员会编,朱国松主编:《南汇水利志》,方志出版社,2012年,第58—60页;张修桂:《上海浦东地区成陆过程辨析》,《地理学报》1998年第3期;张文彩:《中国海塘工程简史》,科学出版社,1990年等。

进入奉贤区境,塘东侧纵贯着一条咸塘港,沿塘流经浦东新区、奉贤区。另外,这一时期还兴筑了内捍海塘(后称里护塘、老护塘),约筑于南宋乾道八年(1172),北起(川沙)南跄口(今浦东新区外高桥附近),南行经川沙老城、南汇祝桥、盐仓、惠南、大团,折西南行,经四团、奉城,至柘林堰墩湾,再西南至金山与平湖交界。在南汇县境内长约22千米,元明时期在局部岸段进行多次重修。① 里护塘建成后,塘外丰富的荡地资源,加上海塘对塘内的保护,促进了沿线的盐业发展。

第四节　下沙、新场与崇明盐业

长江口南岸的上海浦东地区制盐始于五代,五代之前航头、下沙、周浦、川沙等一带的沿海地区可能已有制盐活动,但没有盐场建置。以家庭为生产单位,生产能力很低。宋元时期长江口地区盐业发展以下沙盐场最为突出。

南宋建炎年间,下沙地区也建立了盐场,并设立盐监。下沙盐场南起奉贤,北迄宝山,绵延百里海岸,地域十分广袤,先后隶属海盐、华亭和上海县,为全国沿海34个大盐场之一。下沙盐场是历史上长江口与上海地区规模最大、最为知名的盐场。宋元至明代前期的近四百年,下沙盐场迎来发展的黄金时期,地域广阔,灶户众多。元初迁盐场于新场镇,称为南下沙,"场赋为两浙最"②。新场古镇原称石笋里,公元10世纪以前,这里曾是东海之

---

① 《南汇水利志》编纂委员会,朱国松主编:《南汇水利志》,方志出版社,2012年,第58—60页。内捍海塘前身可能是皇祐里护塘,北宋皇祐四年(1052)至至和元年(1054)华亭知县吴及创筑。元大德五年(1301)大风海溢,皇祐里护塘自华家角至平湖界大溃毁,于当年后退另筑。元至正二年(1342)对皇祐里护塘和大德海塘全线培修,至明初海塘尚较完整,既御潮又兼抗倭工事。

② 正德《松江府志》卷九《镇市》。

滨的一片沙洲,人们在这里挖沟引咸潮,兴灶煮海盐,逐渐形成为一处市集繁盛的老盐场。宋室南渡后,不少富商大族也相继迁于此,浦东地区盐业日益兴旺。

自元代中叶起至明中叶止是下沙盐场的鼎盛时期。宋元时期盐场共辖九个团,据《熬波图》记载元至正年间下沙盐场有灶丁1.57万。宋元时期下沙场的管理机构所在地有变化,但区域基本相同,东北到原川沙县全境,东南以与奉贤的界河为界,东到东海。元代下沙场副使陈椿在《熬波图》一书中说:"浙之西,华亭东百里实为下沙,滨大海,枕黄浦,距大塘,襟带吴淞扬子二江,直走东南,皆斥卤之地,煮海作盐,其来尚矣。"①下沙场最多下设三个盐场,分别为头场(也称南场,即新场地区,或称一场)、二场、三场。二场在惠南盐仓,三场在川沙。盐场下面设团、灶。"团"是场下面的制盐单位,各团约有5个灶户,这些灶户是基层生产单位,从引海水晒卤到把卤从海边运到煮盐的场所,都由灶户完成。由于煮盐用的大锅不是每个灶户都能具备的,一般一个团才有一个大的厚铁板铸成的柈,各灶户轮流煮盐,还有一些小的锅,产量较低。②

灶丁部分为充军犯人,部分为招募的无业游民,由于盐民生活很苦,往往留不住,所以盐场采用半军事化管理。盐场以团为单位,周边筑土墙,有军警把守,戒备森严,既防灶丁逃跑,又防盐走私。元代新场盐场副使陈椿写的《熬波图》上介绍说"团内筑凿池井,盛贮卤水;盖造盐仓柈屋,置关立锁,复拨官军,守把巡警"③。据资料介绍及专家考证,元代时新场大街东西两侧各有一个团,东侧在现向阳路东的新场中学区域,西侧一个团在新港(后

---

① 〔元〕陈椿:《熬波图·序》。
② 诸惠华、蒯大申主编:《南汇海洋文化研究》,第125页。
③ 〔元〕陈椿:《熬波图》,"各团灶舍"。

市河)之西侧的八五医院和中国农业银行网点的区域。两个团所产盐分别经东仓桥和西仓桥入库,仓库在衙前港旁。①

宋元时期,长江口南岸除下沙、新场之外,还有崇明岛制盐的发展。唐初崇明的东沙、西沙露出水面,五代初设镇,南宋设天赐盐场,隶属通州,元代设州,明代设县,民国时期崇明县曾隶属南通。宋天圣三年(1025)与东沙接壤处又涨出一沙洲,名为"姚刘沙"。嘉定年间置天赐盐场,是崇明盐场之始。② 建中靖国元年(1101),在姚刘沙西北25千米处,又出现涨沙,并向北淤涨。元至元十四年(1277),崇明镇升为崇明州,治所设于姚刘沙,隶属扬州路。元代后期,东沙与姚刘沙相连,并不断南坍北涨。元至正十二年(1352)旧城坍没,州城迁于原址北15里处。元末明初,东沙坍没大半。③

崇明沙洲丰富,东北部临东海,土壤含盐量高,宜作盐场。宋太平兴国五年(980)开始有了制盐活动,多为政府发配判死罪的囚徒前来煮盐。宋嘉定十五年(1222),在三沙韩侂胄废庄置天赐盐场,设督盐官1名,隶属淮东制置使,设有额灶、煎丁、征盐课。时有盐田92 420亩,浙西、青浦、江湾亭户(灶户、盐户)也迁来煎盐。百姓煮海水为盐,自煎自食。多余部分销往靖江等地。④ 制盐成为崇明岛百姓的重要生计。早期崇邑灶地集中分布在南部沿岸,即县治南侧沿岸的享沙与吴家沙一带。由于崇明孤悬海中,沙洲浮动不稳,官府对天赐场的管理也相对松散。⑤ "不分团,

---

① 诸惠华、蒯大申主编:《南汇海洋文化研究》,第126页。
② 嘉庆《重修两浙盐法志》卷二《图说》。
③ 嘉庆《重修两浙盐法志》卷二《图说》。
④ 周之珂主编,上海市崇明县县志编纂委员会编:《崇明县志》,上海人民出版社,1989年,第377—378页。
⑤ 鲍俊林、高抒:《沙岛浮生:明清崇明岛的传统开发与长江口水环境》,《史林》2020年第3期。

听民逐便煎煮,以其有涉海之险也。"

崇明县制盐采用煎法,即先择一地,用钉耙捣之,使土匀细如粉,然后洒水、曝晒,使地下咸气升于土表。雨天则将土收拢成畦,畦宽二三尺,两畦相距二至三尺,以使土中咸气不因下雨冲刷而向下渗透。天晴后,再将土耧平,仍洒水、曝晒。如此数次,土中咸气已足,乃积土成堆,以待煎煮。煮前先凿一池,池下旁置缸,以管相通,然后将土置于池内,浇水于土,使土中咸气溶于水,流入缸中,乃成卤。把卤置铁锅煎二至三小时,即成白而松的生盐,再将生盐转入锅中复熬煎一至两小时,即成白而坚的熟盐。①

随着沙洲开发的扩大,新涨沙洲也开始受到官府的重视。崇明"沙图日涨,涨则辄为豪家所占,法网未张"②。为加强沙地管理,至元十二年(1275)崇明土地正式纳入国家管理范围,"封域、制田赋、定税粮"③。同时,针对沙洲浮动多变、难以清晰界定的情况,官府制定了"三年一丈,坍则除粮,涨则拨民,流水为界"的浮动田制,被称为"崇明十六字令"④,为明清时期沿用。

---

① 周之珂主编,上海市崇明县县志编纂委员会编:《崇明县志》,第 378 页。
② 周之珂主编,上海市崇明县县志编纂委员会编:《崇明县志》,1989 年,第 995 页。
③ 康熙《重修崇明县志》卷二《区域·沿革》。
④ 康熙《重修崇明县志》卷四《赋役·田制》。

第五章

明代盐业的发展与停滞

第一节 通州与松江分司盐业

经过宋元时期的盐业发展，明代前期长江口制盐业仍然保持了相当规模，仍为高产区，包括北岸10场、南岸8场，一共18场。明代中叶之后，长江口盐业整体上开始走向衰退，持续至明末。同时，明代中叶以后长江口南岸盐业发展面临一个不利因素。受到长江口分汊的影响，淡水径流逐渐南偏，边滩不断淡化，沿岸各场难以发展。总体上，明代长江口北岸通州盐业取得进一步发展，但南岸各场在宋元时期扩张之后，自明代中叶进入停滞，甚至衰退阶段，这是明代中叶以后长江口盐业变化的主要特征。

一、通州分司各场

明循元制，洪武元年（1368）设置两淮都转运盐使司于泰州，三年移治扬州，运司之下共设置三十个盐场，由南向北分为上、中、下各十场，分属通州、泰州、淮安三司管辖。其中，通州分司为"上十场"，包括丰利、掘港、马塘、吕四、余东、余中、余西、金沙、西亭、石港十场，各盐场环绕三余湾分布（图5-1）。通州分司先治州城，正德年间移至石港场。另外崇明天赐场一度归通州兼领。明初各盐场沿元旧制,设场官,置百夫长等官;二十五年改设盐课司,置大使、副使主掌监理产制、督催课盐及收买发放等事项。

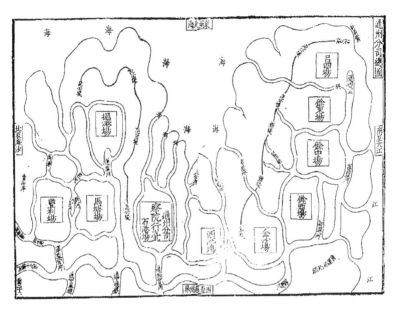

图 5-1　嘉靖《两淮盐法志》卷首"通州分司总图"

永乐年间,两淮运司之上设巡盐御史一职,中央政府特派专员,掌巡视私盐、督催课款等事,先驻通州,成化年间移治扬州。运司以下皆受巡盐御史之政令。两淮运司之下设分司,系运司的派出机构,总理所属各场盐务,长官称判官。[①]

明初按煎丁人数派定产额,每丁额办大引盐 10 引(每引 200 千克)。洪武元年(1368)通州境内 12 场共有煎丁 11 885 人,年额办正盐 11 万余引。嘉靖七年(1528),境内 12 场年产正盐和余盐在 51 万—61 万引(折合 10 万—12 万吨)之间,为南通地区年产

---

① 《南通盐业志》编纂委员会主修,张荣生编撰:《南通盐业志》,第 90 页。

盐斤的最高纪录。①

为恢复盐业生产,明初实行了一系列奖励盐业生产的措施,官役、民户或军士制盐都由政府付给工本费。"明初仍宋、元旧制,所以优恤灶户者甚厚,给草场(荡)以供樵采,堪耕者许开垦,仍免其杂役。又给工本米,引一石",甚至"灶户杂犯死罪以上止予杖,计日煎盐以赎"②。弘治十三年(1500)两淮巡盐御史史载德率通州分司判官袁云等清理各盐场灶丁,共清出南通境内12所盐场逃移灶丁1780人,其中通州分司所属10场1171人。嘉靖十一年(1532),诏令两淮巡盐御史严督分司判官,招抚逃移灶丁。

明代通州各场仍采取集中的团灶生产,"聚团公煎",便于管理控制;后因海涂扩张,亭场迁移,逐渐转为散灶生产。两淮盐场一般"每盐场有团有灶,每灶有户有丁,数皆额设,每团里有总催……数亦有定。一团设总催十名,每名有甲首户丁……"③明代两淮盐场各团数不等,"共一百一十一团户丁……通州分司灶户四千六百三十四、灶丁一万三千一十四;淮安分司灶户六千一百七十、灶丁一万四千七百二十二"④。

嘉靖年间两淮盐产规模显著。明嘉靖三十年(1551)通州境内12场有煎灶1862座,盘铁623角,锅镦1466口。⑤ 据《明史·食货志》、嘉靖《两淮盐法志》、《古今鹾略》、《淮盐备要》,此期间两淮每年除产正额盐705180引外,另产余盐300万引。自明初以来两淮盐课年额也不断加增,至嘉靖三十年(1551)总纳课银已达

---

① 南通市地方志编纂委员会编:《南通市志》(中)。
② 《明史》卷八〇《食货四·盐法》。
③ 嘉靖《惟扬志》卷九《盐政志》。
④ 嘉靖《惟扬志》卷九《盐政志》。
⑤ 南通市地方志编纂委员会:《南通市志》(中),第931页。

120余万两;嗣又增至200万两。通州盐业的发展,需要运盐河的支撑。嘉靖十六年(1537)通州同知舒缨凿运盐河30里,起利和镇,经余西、余中、余东3场,吕四场,自此南串场河全线贯通。隆庆二年(1568),余西、余东两场盐河坍江内迁,运盐迂回绕远,遂开凿石港至丁堰的新河。此河串连通属各盐场,名为串场河。自此,除栟茶、角斜两场依靠角斜河贯通而出立发桥入运盐河外,其他各场场河皆与串场河相连而出丁堰镇闸入运盐河。同时也需要调整仓储设施,以满足产销需要。明初,通州永丰仓仍为通属场盐总汇之处。洪武十二年(1379)改原通州批验盐引所为通州盐仓(永丰仓),洪武二十一年(1388)裁革总仓,令各场自置盐仓收贮灶盐,各场皆有仓,多数场除正仓以外,复设便仓。例如嘉靖十六年(1537)巡盐御史陈蕙在通州西门外盐仓坝暂设淮盐总仓,为淮南各场出江西运之盐临时总汇之处。① 此外,明代通州沿岸盐场荡地多有坍塌。元末明初以来江流北徙,海门县地为海进所蚀,县城濒危,乃于明正德七年(1512)移治余中场。明末海进导致通属吕四、余东、余中、丰利等盐场土地草荡大面积崩江坍海。②

在运销方式上,为抵御外患,仿宋代"折中法",实行"开中法"。商人纳粟于边疆,支盐于盐场,运赴指定销区出售牟利,以盐课收入供应北方沿边军需。但到明后期"开中法"疲敝,万历四十五年(1617)两淮连年积引至200余万,商人运销没有积极性。明万历年间改为实行"纲法",即令商人认行一定数量的盐引,将姓名及所认引数编成"纲册",每年照册载旧数派行新引,纲册有名者可以永远据为窝本,并得子孙世袭,纲册无名者不得加入为商。③"许各商永远据为窝本,每年照册上旧数派行新引,无名者

---

① 南通市地方志编纂委员会编:《南通市志》(中),第940—941页。
② 《南通盐业志》编纂委员会主修,张荣生主撰:《南通盐业志》,第128—129页。
③ 南通市地方志编纂委员会:《南通市志》(中),第939页。

不得加入",盐商得专引岸之利。这显著改变了食盐运销方式,从此官不收盐,而由商人与灶户直接交易,灶户纳课也不缴盐货(本色),改征银钱(折价)。"纲法"既立,推动了淮盐发展,但也引发后世专商垄断盐利的弊端。①

二、松江分司各场

明初上海地区的盐场属两浙都转运盐使(司)管辖,下辖四个分司,仍设松江分司,初治下沙,正统二年(1437)迁至新场,包括横浦、浦东、袁浦、青村、下沙五场盐课司。正统五年下沙场"分场为三,每场辖三团,各置大副使"②。因此明代两浙盐场33场,属松江分司管辖的共6场,即浦东、袁浦、青村、下沙头场、下沙二场以及下沙三场,横浦场明代归嘉兴分司。③ 明代后期松江分司包括六个盐场,即下沙场、下沙二场、下沙三场、清浦场(墩荡坍没,水淡并不产盐)、浦东场、袁浦场、青村场。④

明代松江分司(治在下沙镇)辖六场:下沙场盐课司(上海县)、青村场盐课司(华亭县)、袁浦场盐课司(华亭县)、浦东场盐课司(华亭县)、天赐场盐课司(崇明县)、清浦场盐课司(嘉定县)、横浦场(金山县)。

明代前期松江分司共有新旧8场,分设27团:浦东场6团3430丁、661顷,袁浦场5团3462丁、339顷,青村场4团4001丁、草荡546顷,下沙头场5团5254丁、草荡971顷,下沙二场3团5254丁、草荡971顷,下沙三场3团5253丁、草荡1105顷,清

---

① 《南通盐业志》编纂委员会主修,张荣生编撰:《南通盐业志》,第373—374页。
② 光绪《南汇县志》卷五《田赋志下》。
③ 《明会典》卷三二《户部十九·盐法》。
④ 崇祯《重修两浙鹾志》卷四《各场煎办》。

浦场3团943丁、草荡282顷,以及天赐场256丁、草荡195顷。①共有灶户27 853丁、草荡5 070顷。其中下沙各场共15 761丁、3 047顷。正德年间松江分司各场共有27团,灶户27 853丁,柴薪荡5 076顷,岁给工本钞15 361锭,额定办盐76 802引(每引400斤),约比元代实办数增加1 884引。②但只有宋128 000引、元156 000余引的约一半。另据明弘治《上海志》载,明代前期下沙各场共11团,额荡3 047余顷、灶户15 761丁,额盐共42 248引。③

明后期松江分司岁办额盐基本不变,为76 806引,包括"浦东场正额盐一万一千八百五十五引三百二十七斤五两三钱,袁浦场正额盐捌千柒百肆拾叁引壹百肆拾陆斤拾贰两柒钱,青村场正额盐壹万肆百叁引贰百贰拾壹斤陆两,下砂场正额盐壹万肆千捌拾叁引叁百柒拾捌斤,下砂二场正额盐壹万肆千捌拾叁引叁百柒拾捌斤,下砂三场正额盐壹万肆千捌拾壹引壹百伍斤拾叁两伍钱"④。总体上,明代松江分司各场额盐约占宋元时期的一半,下沙各场额盐与灶户规模又占松江分司总额的一半左右。

明沿元制,仍实行"聚团公煎"办法。明后期松江府海盐生产方法沿用淋卤煎盐法生产,但与以往有了一些变化,主要是制卤环节出现了晒卤,制盐环节出现了一灶多锅,提高了生产效率:

> 滨海业盐者各有监场,每场亩许,址圆而平,聚细沙为垒,垒傍凿一卤井,傍井有方池,深尺许,名曰㷅,侧施竹筒,潜通于井。清明日取注水浇场上晒之,见有皅皅

---

① 正德《松江府志》卷八《田赋志下》。
② 正德《松江府志》卷八《田赋志下》。
③ 弘治《上海志》卷三《田赋志》。
④ 崇祯《重修两浙鹾志》卷六《岁办课额》。

起白者,谓之盐花,随所垒之沙匀覆场上,复晒几日,则盐花上升,垒花又白矣。乃以柴铺橐底,以灰覆柴上,取场沙聚之,灌以洼水,水由竹筒渗入井中,是曰滴卤。井满汲取贮之,俟有数十石倾置于锅。凡一灶四锅,首锅近火,末锅近突,煎之竟日,而首锅之卤成盐,遂取起首锅盐。……每煎一次可得盐二百斤。①

这一阶段松江还出现了一些砖晒,"另有甓砖作场,以沙铺之,浇以滴卤,晒于烈日中,一日可以成盐,莹如水晶,谓之晒盐,价倍于常。然惟盛夏有之,不能多得"②。即将处理好的卤水放在用砖块、瓦片铺成的晒场上,暴晒于烈日下成盐。

受嘉靖年间倭患影响,松江分司各场受到严重侵害,特别是下沙各场,灶户多有逃亡。明末下沙各场共有灶户2 397丁,只有明前期15 671丁的约15%,包括下沙头场灶户798丁,下沙二场灶户807丁,下沙三场灶户792丁。③ 相比以前灶户规模明显萎缩。明制灶户分二等,留场纳课者曰滨海,流移远去者曰水乡。其初优恤灶户甚厚,给草场以供樵采,堪耕者许开垦,仍免其杂役。又给工本米引一石,兼支钱钞,犯死罪止予杖,计日煎盐以赎。后设总催,多盘剥灶户,至正统间灶户贫困逋逃者多见于明史。④ 松江分司共灶户3 379丁,只有明前期灶户规模的12%,其中下沙各场2 397丁、袁浦场292丁、青村场409丁、浦东场281丁⑤,下沙各场灶丁数量已占松江分司的71%。明末松江分司盐

---

① 〔清〕顾炎武:《肇域志》卷九《江南九·松江府·风俗》。
② 〔清〕顾炎武:《肇域志》卷九《江南九·松江府·风俗》。
③ 崇祯《重修两浙鹾志》卷四《各场煎办》。
④ 嘉庆《松江府志》卷二八《田赋志》。
⑤ 崇祯《重修两浙鹾志》卷四《各场煎办》。

业的萎缩比较明显。

　　除了前述各场外，还有崇明盐场。明洪武二年(1369)，崇明降州为县，仍属通州。① 成化十八年(1482)改置天赐沟场，设大使、副使一员。崇明天赐场有"灶丁正二百五十六丁，三丁帮一，共计七百六十八丁"②，崇明沙洲浮动的地理环境，使灶地常有迁移，故该场"不分团，听民逐便煎煮，以其有涉海之险也"③。因此特许灶民择地自由刮煎，主要供应本地，不设引商，自煎自卖，不设灶额，不发灶贴。④ 明中叶以后崇明盐业开始陷入困境。弘治年间"冯夷作难，(姚刘)全沙沦没，刮煎之众十亡八九，额课六百余两无从措办"，虽经官府招抚，但"止存旧灶四十六家，又单丁冷族，力不能支"⑤。到嘉靖二十六年(1547)，总理两浙、两淮、长芦、河东四盐运司盐政鄢懋卿勘查崇明盐场时认为"佥民户以充灶，拨民荡以补场，庶几救焚拯溺"⑥，但灶荡坍没、灶丁不足的问题难以改变，隆庆元年(1567)裁革天赐场官。⑦

　　明后，由于海岸线的东移及长江主泓道的南摆，致使沿海的海水盐分浓度不断降低，成盐海岸线日益缩短，宋元时期的江湾、大场两盐场由于水淡不产盐而罢废，黄姚、清浦则相继坍入江中。海涂淤涨，老荡土壤淡化，近岸海水趋淡，成盐岸线萎缩，是松江分司盐业逐渐衰落的主要原因。明以前，上海八团、九团护塘外

---

① 明初以前崇明县属通州，洪武八年(1375)后改隶苏州府，弘治十年(1497)后属太仓州。
② 正德《崇明县志》卷四《天赐盐场》。
③ 正德《松江府志》卷一一《官署上》。
④ 鲍俊林、高抒：《沙岛浮生：明清崇明岛的传统开发与长江口水环境》，《史林》2020年第3期。
⑤ 崇祯《重修两浙鹾志》卷二一《奏议下》。
⑥ 崇祯《重修两浙鹾志》卷二一《奏议下》。
⑦ 鲍俊林、高抒：《沙岛浮生：明清崇明岛的传统开发与长江口水环境》，《史林》2020年第3期。

皆聚灶煎盐,产量很高。至明隆庆、万历年间,已不产盐,"以海口淡水渐南,地不产盐。明季久已停煎"①。海水变淡,给盐业生产带来了致命性的影响。下沙盐场元末明初全场有引海水泐道 11 条,"引潮入内,土旺卤足,产盐极广"。至明末崇祯年间,"海水浸淡,墩荡多为波臣所啮,往往鸟兽散去"②。明末顾炎武在《天下郡国利病书》中也记录了这种变化:"沿海皆浅滩,物产不逮闽浙百一,俗号穷海,独盐利为饶,自清水湾以南,教川沙以北,水咸宜盐,故旧置盐场。近有沙堤壅隔,其外水味浸淡,卤薄难就,而煮盐之利亦微矣。"此外,嘉定县境内的清浦场同样也是在"嘉靖以后,海潮内侵,场荡坍洗,水不成盐"③。

盐场的缩小以及盐产量的下降对以产盐为生的灶户产生了直接的影响。本来,所有灶户皆以制盐为业,以后由于海岸线东移,沿海场滩日涨一日,一部分灶户的居住地离岸线越来越远,而渐渐变得无法再从事盐业。正统三年(1438)江南巡抚周忱为此将各盐场灶户分为"水乡灶户"和"滨海灶户"两种。规定以灶户去(盐)场三十里为水乡,不及三十里者为滨海。水乡、滨海虽都摊派额办盐引,但水乡额引例由滨海灶户代煎代纳,水乡灶丁另外每名帮贴滨海灶户白米 4—6 石以为补偿。因此水乡灶户虽名隶灶籍,但垦耕滩涂、草荡,实际上以农为业。④

明正德年间上海地区下沙等 7 盐场名义上共有灶户 2.7 万余丁,但是其中从事产盐的滨海灶户仅占总数的 63%,而另外的万余名灶丁虽然名为盐丁,实际上已经脱离了盐业生产。而且即

---

① 光绪《川沙厅志》卷四《民赋志》。
② 嘉庆《松江府志》卷二九《盐法》。
③ 万历《嘉定县志》卷一四《盐政》。
④ 张忠民:《上海:从开发走向开放(1368—1842)》,上海社会科学院出版社,2016 年,第 116 页。

使是滨海灶户也并非都真正从事盐业生产。明人崔富说:"两浙盐课各有攸责,且以松江分司言之,丁将三万,人非不多也;顷逾五千,荡非不广也。而额盐岁凡 76 806 引有奇,苟能上下同心效力,则国有余用矣。奈何人病登场,以数万之众而在灶亲煎者才3 175 人。"①实际产盐人数的减少使得滨海灶户完成本身额引已属困难,替水乡灶户代办额引更成一句空话。故时有人说,"近灶办纳本名盐课尚有拖欠,况可令其代纳远纳盐课乎"。其结果是官定引额的大量积欠,"松江、嘉兴两分司额课共十一万四千有奇,每岁办盐不及四五分"②。

总体上,相比宋元时期,明代上海地区各盐场的年产量表现为逐渐下降的态势。明中叶时产盐2 000万斤左右,而到明末大体上已进一步降到1 500万斤左右,只及宋元鼎盛之时的一半。与此相适应,越来越多的灶丁实际上已脱离盐业生产,加入农业生产的行列。③

第二节 沙洲坍涨与荡地兼并

沙洲荡地提供盐土、荡草,是传统煎盐生产的基本资源,没有荡地资源,便无法制盐。"灶丁办盐,以丁力为主,以卤池为本,以草荡为资,以盘铁为器,以灶房为所,五者一有未备,则盐业有妨。"④"夫灰场者,产盐根本之地,与草荡皆灶丁之命脉也。"⑤老荡蓄草、新荡煎盐,是长江淤涨滩涂盐作的基本形态。但长江口沙

---

① 正德《松江府志》卷八《田赋下》。
② 张忠民:《上海:从开发走向开放(1368—1842)》,第 116 页。
③ 张忠民:《上海:从开发走向开放(1368—1842)》,第 116 页。
④ 嘉靖《两淮盐法志》卷三《法制志》。
⑤ 正德《松江府志》卷八《田赋下》。

洲多变，特别是北岸的沙洲坍涨无常，不仅给荡地管理带来困难，也给盐业生产的稳定带来挑战。

荡地属于盐场的重要生产资料，宋元时期盐场荡地已经普遍官拨、禁止买卖。官拨荡地对于盐场灶民而言只有使用权，并无处置权，一般情况下，官府都是禁止私相买受。明洪武年间编充灶丁，每丁拨给草荡一段，自己砍伐，煎盐办课，不得互相侵夺。每五年进行一次清丁审荡，不许商夺灶利、民占灶业。即使同场同总灶户，非逢清审亦不得私相授受，各场荡地面积明载于盐法志和州县志，遇有变动，相应增减。① 明代官拨荡地仍是滨海荡地分配的基本原则，草荡分配管理得到强化，"鬻海之利所资者草荡，灶户每一岁办大引盐十引，该用草二十余束。洪武年间编充灶丁，每丁拨与草荡一段，令其自行砍伐，煎烧不相侵夺"②。"盐场卤丁在滨海者，照丁清拨草荡或处置量与。"③

明代对荡地开垦特别是堤西老荡，并未严禁，反而很多开明官员鼓励"余荡开耕"，显然属于因地制宜的明智之举。盐务官员反对的是豪强私占荡地，危及盐业稳定，并非反对灶户垦种余荡。④ 弘治元年（1488），两淮巡盐御史史简在《盐法疏》中称："近年草荡有被豪强军民、总灶恃强占种者……致使草荡日见侵没，盐课愈加亏兑。"⑤对于后来新成陆的长草供煎老荡，在官府或禁或放之间，不少老荡也逐渐改垦。特别是长江口滩涂不断淤涨，远离海潮的老荡苇草茂盛，是可以开垦的土地。"给各灶多寡不等蓄草煎盐，迩来海潮平定，苇草长茂，供煎之外，余可以耕。但

---

① 南通市地方志编纂委员会：《南通市志》（中），第944页。
② 〔明〕朱廷立：《盐政志》卷七《疏议》。
③ 〔明〕孔贞运辑：《皇明诏制》卷七。
④ 鲍俊林：《15—20世纪江苏海岸盐作地理与人地关系变迁》，第211页。
⑤ 〔明〕朱廷立：《盐政志》卷七《疏议下》。

各灶畏惧私垦之禁,莫敢开耕。其煎剩苇草,徒尔腐积,不敢伐卖。冬暮举为猎炊焚烧。夫以有用之产而置之无用,不无可惜。欲耕之民而驱之不耕,诚所未安。……查照额课每盐一引拨与若干蓄草,以供煎烧,其余荡地仍照丁分给,定立界址,造册在官。如有力愿开耕者,即赴该分司告报亩数,附册给帖执照,照例免其三年之租……其无力不愿开垦者,亦听其便,照旧蓄草易米度日。如有邻荡富民猾灶,越占侵夺者,问拟如律,草荡给主,花利入官,如此庶几人无遗力,地无遗利,而灶丁无可逃移之患矣。"①

明初洪武年间,为了稳定滨海煎盐生产,官府一方面严禁逃亡,同时也配给一些土地,让灶民耕种,以免随意逃走,对滨海荡地的开垦也并未完全禁止。"明初仍宋、元旧制,所以优恤灶户者甚厚,给草场以供樵采,堪耕者许开垦。"②故在官府的特许下,滨海荡地存在非常零星且数量极微的垦种活动。③ 数十年后,伴随荡地开垦日多,特别是豪强灶户的侵占荡地,逐渐威胁煎盐荡草供应,至景泰元年(1450),诏令:"各运司、提举司及所属盐课司,原有在场滩荡供柴薪者,不许诸人侵占。"该法令改变了洪武年间"堪垦种者"可以开耕的旧制。对于盐用荡地,无论灶户、民户均不许开垦,景泰诏令的原则,为后世遵行。④

经过一段时间,荡地兼并便又出现,"灶户芦场草荡,亦为富豪所据"⑤。这与明代赋役制度有一定关系。明代灶户受里甲与盐务两套行政系统影响,一方面他们承担了部分田赋,另一方面

---

① 嘉靖《两淮盐法志》卷六《户役志》。
② 《明史》卷八〇《食货志·盐法》。
③ 孙家山:《苏北盐垦史初稿》,农业出版社,1984年,第77页。
④ 刘淼:《明清沿海荡地开发研究》,汕头大学出版社,1996年,第64页。
⑤ 《明宪宗实录》卷二六三"成化二十一年三月己丑"条。

又承担了盐课,但官府一般首先考虑盐利,对灶户有优惠政策,"灶户每一大丁免田百亩",富裕灶户往往多利用这一便利政策,在滨海荡地侵占了很多田地,但并不承担相应的赋税。① 民、灶政策的差异,促使灶户荡地私垦获利,但"殊不知优免之惠徒能利殷富,不能及于贫难。夫贫者身亲在场供办则又无田可免,其有田堪免者多系挂名灶籍之人","以至奸豪之徒巧伪百出,在灶丁既利优免之多,每受寄富民之田。在富民亦利徭役之轻,多诡寄灶户之籍"②。

灶户是盐业生产的主要劳动大军。灶户身隶灶籍,其身份为国家"隶农",互相之间本无高低、贵贱、贫富之分,但明代灶户逐渐有了贫富分化趋势。③ 为加强生产管理和征取税课,明代灶户中设置了"排催""总催"等职役,并规定要由灶户中"丁力众多,家道殷富"的大户充任,其职责为"岁督采樵煎办"。但这些灶户利用充任职役后的有利地位,往往都会侵占草荡,克取"贴米""柴价",私产私贩,渐渐成为灶户中的豪强势力。明人沈淮言:"堪给草荡、灰场:旧法灶户皆有附近草荡以供煎盐薪柴,约计所收价值可抵今一丁盐课之半。其后场司以灶丁屡易,不复拨与,俱为总催豪右侵占。或开垦成田,收利人己。仍于各灶名下征收全丁盐额。"④这使得许多富灶豪强由此逐渐成为拥有众多田产、荡产的大地主。⑤ 如华亭县诸盐场之豪强大户,"水乡膏腴巨万,富室拥占者动以千计,岁入倍于沃壤"。因此明代盐场灶户皆视总催为肥缺,非花重金而不可得。上海县各盐场"总催一

---

① 徐靖婕:《盐场与州县——明代中后期泰州灶户赋役管理》,《历史人类学学刊》2012年第2期。
② 〔明〕陈子龙编:《明经世文编》卷三五七《庞中丞摘稿》。
③ 张忠民:《上海:从开发走向开放(1368—1842)》,第122页。
④ 崇祯《松江府志》卷一四《盐政》。
⑤ 张忠民:《上海:从开发走向开放(1368—1842)》,第123页。

名,向值银一百两,今不下二百两"。他们一旦职权在手,即"每名分受海滩若干乡,直至海滨。约上乡田百亩,中乡田百亩,草场百亩。沿海便于泄泻,其值倍于膏腴,各团边海皆然,而岁额亦不过若干两"①。

灶户贫富分化进一步加剧了荡地兼并。这些上层灶户占有大量田产之后,往往向农业生产转移。或者出租土地,或者召民耕垦。而贫灶由于丧失旧日官给柴荡,不得不沦为佣工或佃户。明末时,"各场岁办盐课,俱是总催各以所管田地滩荡召附近贫民耕樵晒煎,收其租银,纳场解送运司"。总催将昔日公产滩荡田地变成了私产,盐课只是成为他们收取田租的一部分而已,灶丁已成为总催的佣工。总催豪强私据盐场滩荡田地经营农业生产,并且利用所占田产多介于滨海盐场与腹地民田之间,有司、盐司两不管之便,规避赋税,日成富豪。"水乡丁荡,俱在县境纳粮民田之东,各场办课灶地之西,外不近海,内不傍江,岁种花稻豆麦,无异附廓膏腴。府县、盐司两不偏差,东海士民视为仙境","册籍顷亩,俱是随意捏写……富家占地万亩,不纳粒米,而莫能究诘。"若遇丈田均粮,或报为科粮民田以绝灶户之告分,或指为滨海丁荡以拒县人之丈量。灶户的两极分化以及部分灶户向农业生产领域的转移,成为当时盐业变化中的重要特征。②

下沙各场的灶荡关系在明代中叶之后逐渐转变,盐税改折征银之后,促进了"灶荡分离"。明嘉靖年间"全征折色,然灶丁与荡尚未分也"③。改折后,灶户荡地作为一种重要生产资料,不再与盐业生产捆绑在一起,而是可以通过其他方式纳课,这为荡地的流转、租佃等兼并带来了重要条件,推动了"灶荡分离"。明代中

---

① 崇祯《松江府志》卷一四《盐政》。
② 张忠民:《上海:从开发走向开放(1368—1842)》,第 123 页。
③ 光绪《南汇县志》卷五《田赋志下》。

叶下沙各场部分团灶不再产盐。陆明扬撰《上海刘候定议包补碑记》云：下沙各场团灶"迨后海水浸淡，盐利浸薄，墩荡多为波臣所啮，□□鸟兽散去。于是灶不必有丁，丁不必有田"①。盐产不继进一步引发了荡地垦占、转售日益扩大，"灶荡分离"的现象已经很常见，盐场荡地逐渐成为豪强兼并的对象，"隆万间有霸占灶荡者，有贫灶出佃与人者，有私相典卖者，有并归总催者。丁多而富者金报总催，于是或有丁而无地，或占地而非丁"②。盐场荡地不断出现被侵占、转售的情况。"海边草荡明初给与灶户为煎盐之资，万历后豪家告帖起税，管业遂变为荡租，盐工以是消乏。"③到万历四十二年（1614）"裁定派征水乡草荡、白涂、仓基解京银数，自是丁银征荡，而灶与荡分矣"④。

盐场灶荡转垦与部分灶户身份转变有关，松江府灶户分为两大类，即滨海灶户与水乡灶户，"松江煎盐之人，近者名曰卤丁，远者名曰灶丁"⑤。松江府盐场"灶户分为滨海、水乡二等，滨海灶户一万七千八百五十四丁……水乡灶户九千九百九十九丁"⑥。随着潮滩不断淤涨，远离海水的灶民已不再产盐，但仍需完成盐赋。"盐场卤丁在滨海者，照丁清拨草荡或处置量与。摊晒场在水乡者，照例止令纳折盐米及原拨草荡价，不许再金补缺丁盐课。"⑦其中，松江府滨海灶户的盐额要高于水乡灶户，后者办盐额产约为前者一半："滨海灶户一万七千八百五十四丁，该办盐四万八千八百六十六引三百九十三斤六两三钱。水乡灶户九千九百九十九

---

① 嘉庆《松江府志》卷二九《田赋志》。
② 光绪《南汇县志》卷五《田赋志》。
③ 乾隆《南汇县新志》卷一五《杂志》。
④ 光绪《南汇县志》卷五《田赋志下》。
⑤ 崇祯《松江府志》卷一四《盐法》。
⑥ 崇祯《松江府志》卷一四《盐法》。
⑦ 《皇明诏制》卷七，明崇祯七年刻本。

丁,该办盐二万七千九百三十五引一百四十四斤四两七钱,共折纳米四万三千四百一十石。"①这改变了远离海水的旧摊场的课税方式,推进灶户身份的转变,靠近海水的灶户负责制卤、煎盐,远离海水的灶户一般已经不再煎盐。灶户人群的分化为灶荡分离提供了契机,促进了荡地转垦。

明代中叶以后,崇明盐场荡地兼并现象也越发突出。随着崇明沙洲的不断扩大,淤涨潮滩,荡地坍涨无常,新涨荡地权属往往难以确定,引发沙地纷争。明代崇明沙洲荡地仍沿用元代崇明"十六字令",即"三年一丈,坍则除粮,涨则拨民,流水为界"的浮动田制。② 在该田制下,田荡涂三类土地中,"涂税轻而坦(荡)税重,(坦)每亩科银四分有奇,而涂每亩止科粮一厘五毫,必二十八亩,始足抵灶一亩"③。但是明中叶以后整体上沙洲不断扩大,坍涨无常,导致沙地利用错综复杂、犬牙交错,增加了分界管理困难,浮动田制与地方惯例实际上难以有效应对土地利用冲突与纠纷,反而给沙地管理带来很大的不确定性,为豪强趁机侵占滩涂资源提供了契机。④ 加上明中叶以后推行盐课折银,荡地开发与生计选择趋于多样化,进一步导致荡地纠纷增多。⑤

崇明"以涨补坍",一亩灶地坍除可以获得二十八亩新涨沙涂,巨大的可能收益激发了豪强的大量"冒灶"行为。⑥"靡不以灶

---

① 正德《松江府志》卷八《田赋下》。
② 康熙《重修崇明县志》卷四《赋役·田制》。
③ 崇祯《重修两浙鹾志》卷二一《奏议下》。
④ 鲍俊林、高抒:《沙岛浮生:明清崇明岛的传统开发与长江口水环境》,《史林》2020年第3期。
⑤ 刘淼:《明代盐业经济研究》,第212—215页;吴滔:《明代浦东荡地归属与盐场管理之争》,《经济社会史评论》2016年第4期;鲍俊林、高抒:《沙岛浮生:明清崇明岛的传统开发与长江口水环境》,《史林》2020年第3期。
⑥ 鲍俊林、高抒:《沙岛浮生:明清崇明岛的传统开发与长江口水环境》,《史林》2020年第3期。

为奇货矣,见海边一有涨涂,辄以拨补办课为名,乘机佃占,侵至一千三百八十余顷。"①"万历初,巨奸冒灶,诳请新涨以抵旧坍,每坍灶田一顷,告抵新涨二十八顷有奇。又以课少所抵不广,贿通奸胥,增备荒各种名色银六百八十三两有奇,一时膏腴尽为抵灶,而里排三年丈拨,竟无尺寸。"以至"人非灶户,地非盐场"②,甚至超出了新涨沙洲的范围,豪强将县城周边肥沃田土也报为灶产③,"所冒为宁灶、永灶、安灶者,皆附郭也,皆民产之腴田也",其"室庐皆杂处其间,桑麻遍野,菽麦盈畴,沟洫之水,直通城壕,皆甘泉也"④。最终民减灶增,"灶产增一尺,民地减一寻;盐课加一分,民粮损百分。致排年一千一百户纷纷冒灶,仅存八百户,势几无民,县且无以自立"⑤。伪灶增加,灶课也应当一致。为此万历九年(1581)崇明知县何懋官主张在原有盐课基础上加课银874两,以足2 000两之数,等于承认了"冒灶"所占土地。⑥ 但又进一步导致伪灶增加,最终崇明县盐课由原来的600余两猛增至3 500余两。灶课增多并非崇明盐业获得发展,而是豪强利用滩涂多变特点与滥用地方惯例,承担了一定的盐课,得以借机合法侵占新涨沙涂。⑦ 盐课与伪灶的激增还引发了复置天赐场的争论,但实际上"求复场者,非为场,为田;欲据田者,非真灶,伪灶也。……今灶户之所以欲复场者,争此新涨沙涂也,民户之所以

---

① 崇祯《重修两浙鹾志》卷二一《奏议下》。
② 康熙《重修崇明县志》卷四《赋役·备考》。
③ 鲍俊林、高抒:《沙岛浮生:明清崇明岛的传统开发与长江口水环境》,《史林》2020年第3期。
④ 崇祯《重修两浙鹾志》卷二一《奏议下》。
⑤ 崇祯《重修两浙鹾志》卷二一《奏议下》。
⑥ 〔清〕顾炎武:《天下郡国利病书》卷二〇《江南八》。
⑦ 鲍俊林、高抒:《沙岛浮生:明清崇明岛的传统开发与长江口水环境》,《史林》2020年第3期。

不愿复场者,利此新涨沙涂也"①。那些称作"灶产"的地方皆"民居稠密,称乐土矣,无可煎销之地……旧冒灶户者皆为蘸为蓑,不堪产盐"②。

总之,明代长江口南北两岸灶荡转垦现象明显增多,但南岸松江府更为突出,灶荡分离、灶户贫富分化,以及沙洲荡地纷争,是该岸段灶荡转垦、传统盐业生产衰退的重要表现。

第三节　明中叶私盐兴盛与倭患袭扰

一、私盐私贩

私盐问题早已有之,历代朝政支出多仰于盐利,故设置司盐。除文职外,又置武职,专司私盐。例如三国吴时海盐置司盐校尉,晋置司盐监丞、司盐都尉。唐宝应元年(762),置巡院。③ 长江口地区位于淮盐、浙盐两大盐区与多政区交汇地带,且沙洲众多,为私盐私贩提供了绝佳场地,如宋元时期上海地区的朱清、张瑄聚众操舟贩卖私盐,从事沿海掠盗。④ 明代中叶以后,长江口地区私盐私贩问题更为突出。

明初规定"灶丁余盐亦不许转卖食用"。以后由于官引不足,而灶户余盐越积越多,成化后不得不准许灶户自己专卖:"各场余盐听令各灶户自行发卖或转卖。陆路肩挑背负,并水路小船各人贩卖。"⑤此禁一开,沿海近场居民兴贩私盐顿时隆盛。灶户获得了一定的支配盐产自由,导致私盐、私卖之风盛行。正德年间浙

---

① 崇祯《重修两浙鹾志》卷二一《奏议下》。
② 崇祯《重修两浙鹾志》卷二一《奏议下》。
③ 柳国瑜主编:《奉贤盐政志》,上海社会科学院出版社,1987年,第75页。
④ 孟东生:《中国舟船录》,九州出版社,2017年,第260页。
⑤ 崇祯《重修两浙鹾志》卷二〇《奏议中》。

盐区"奸商"多以"招集灶徒,私煎、私贩,影射出入,岁月弗填,引角弗剪,展转贸易,甚至交通吏徒,欺侮恣肆,莫之敢膺"①。

明初规定灶丁办盐"每引四五百斤,给工本钞二贯五百文"。但这个工本补贴政策后来逐渐失效,因为到明代中叶"钞一贯不易粟二升,乃禁绝灶丁勿卖私盐,是逼之饿以死也"。贫灶入不敷出,余盐售卖又被严禁,"不得已则从富室称贷米麦,然后加倍偿盐以出息者有矣。故盐禁愈严,则贫灶愈多"。明代中叶私盐私贩问题更大,"盐禁愈严,盗贼愈多"②,"贫民卖私盐人即捕获。富室卖私盐,官亦隐。故贫灶余盐,必借富室,乃得私卖"。这导致富室豪民"挟海负险,占卤地,招贫民,煎卖私盐","在扬子江及各海港者,高樯大舶,千百为聚,行则鸟飞,止则狼踞,杀人、劫人,不可禁御,官兵敢远望,而不敢近语"③。

嘉靖六年(1527)诏"盐利乃民生所须,近来官盐阻滞不通,盐价高贵,民餐甚艰。而滨江滨海盐徒兴贩无忌,私盐船只多至数百,往来大江张打旗号,擅用火器兵器,停泊地方,贪利之徒公然替伊转贩,遇有商民船只,因而劫掠,即今江南各府民间所食,多是私盐,官引阻塞。着巡盐巡江御史督令各该巡盐巡捕官司,将盐徒上紧设法挨拿,务要尽绝。仍根究官盐何以不通,私盐何以盛行,应自处置者径自处置,事体重大者奏来定夺。务使官盐疏通,盐商得利,课额不亏,边储有赖。若盐徒势众,原设巡盐巡捕人役不敷,巡抚巡江都御史酌量缓急调兵擒捕,无令滋蔓,以贻地方之害"④。这反映了明代中叶长江口一带严峻的私盐私贩

---

① 崇祯《重修两浙鹾志》卷二〇《奏议中》。
② 〔明〕霍韬:《两淮盐法议》,〔清〕纪昀等编纂:《影印文渊阁四库全书》,第443册,北京出版社,2012年。
③ 〔明〕霍韬:《盐政疏》,《霍文敏公文集》卷三。
④ 嘉靖《两淮盐法志》卷四《法制志》。

问题。

为查缉私贩,于各场行盐要隘设巡检司,每司置巡检1人,统辖吏1人,弓兵30人。特别是通州地界,这里一直是通州与泰州两个分司重要的运盐枢纽,缉私压力更大。明宣德十年(1435)因两淮军卫挟持兵器兴贩私盐,巡司官兵不敢应对。到正统五年(1440)监察御史冯杰奏准于通州狼山设立巡检司,以便加强通州地界的缉捕私盐。后来为进一步加强缉私,嘉靖二十四年(1545),将海门县的张港、吴陵,通州的石港、狼山,如皋县的掘港等5处巡检司,隶属两淮运盐使司通州分司提调,海安、石庄和西场巡检司归泰州分司提调。角斜、李家堡、栟茶、掘港、石港、大河口和料角嘴等处备倭营寨的官军亦兼缉私盐。[1]

明代私盐私贩以两浙地区为盛。陆深在《拟处盐法事宜》中说,"今天下榷盐之地,两淮为上,两浙次之……大抵坏两淮之盐法者势要,坏两浙之盐法者多私贩"[2]。如下沙三场"隆万间八九团已不产盐,大伙枭贩出没于川沙洼、清水洼等处。当事者添筑墩塘守御,如郭公墩、王公墩皆是"[3]。苏州府所属太仓、崇明、昆山、常熟等县,南连松江府,同浙江海盐一带近海沿海居民,专一兴贩私盐。其中太仓又当江海之交,通连震泽诸湖,支河千百道,尤易招集流亡,这一带盐枭经常出没,出现了像以施天泰、王班头、董琦等为首的武装贩盐走私集团。"弓丁捕手与盐捕衙胥"与之"浑为一局"[4]。他们往来江海,张打旗号,越境兴贩,肆无忌惮。每一伙兴贩,"舟动以百,人动以千,积而计之,舟动以数千,人动

---

[1] 嘉靖《两淮盐法志》卷二《秩官志》。
[2] 〔明〕陈子龙辑:《明经世文编》卷一五五《陆文裕公文集》。
[3] 光绪《川沙厅志》卷四《民赋志》。
[4] 〔明〕陈子龙辑:《明经世文编》卷四〇九《沈太史文钞》。

以数万"①。每船装盐不下二三百引。因为私盐价轻,"视官价减十之七八"②。因此,"江南各府民间所食多是私盐"③。

松江分司地处淮浙盐区交界,私盐问题更为突出。由于官盐盐价昂贵、盐色低劣、销售过程中经常扰累良民以及官方缉私的失效等因素,上海地区的崇明、南汇、奉贤、华亭、金山各地食盐走私盛行,私盐充斥。私盐种类繁多,有灶私、枭私、粮私(盐枭集团与漕运粮船水手相勾结,粮船回空,往往私自夹带盐斤)、商私、官私、船私、邻私等名目。但所有私盐,均不超出两种范畴:一种是不纳任何饷课、逃避所有掣查的盐斤,另一种即为越界私盐。后者之盐虽有引票,且也纳过饷课,但却没有按规定的区域行销。例如明代上海地区私盐贩活动猖獗:"十五为群,出没江上,满载私盐,沿江货卖。有不肯者,则将私盐丢入船内,口称巡捕,恐吓取财。"现今上海市金山区的漕泾镇一带,即为盐贩出没的渊薮。④此外,沿海卫所军人也参与贩私活动。苏松太南临两浙盐场,北近两淮盐场,水路交通便利。明代中后期,就常有卫所军人贩卖私盐。更有甚者,有如刘通脱离卫所,贩卖私盐入海为盗。⑤ 为加强沿岸缉私,正德十二年(1517)金山卫所设巡盐指挥一人,军士二十五人;青村等三所各设巡盐千户一人,军士二十人。⑥

私贩之盛对官盐的畅销是极大威胁。明代中后期"今日两淮盐才行五分之一,而私贩实夺其五分之四"⑦。大量私盐的冲击,使明代官营盐业逐步走向衰落和瓦解。松江府"盐课之利,岁有

---

① 〔明〕陈子龙辑:《明经世文编》卷四〇九《沈太史文钞》。
② 〔明〕陈子龙辑:《明经世文编》卷三五龙《庞中丞摘稿》。
③ 嘉靖《两淮盐法志》卷四《法制志》。
④ 吴仁安:《清代上海盐政若干问题述论(续)》,《盐业史研究》1997年第4期。
⑤ 郭红:《军亦吾之民:明代卫所民化研究》,上海大学出版社,2022年,第180页。
⑥ 柳国瑜主编:《奉贤盐政志》,第75页。
⑦ 〔明〕陈子龙辑:《明经世文编》卷四七六《两淮盐政编》。

定数,不在于官则在于私,所以连年不完者,盖由私盐得售,故官课日亏"①。

崇明盐场也存在私盐问题。明代崇明设立天赐场盐课司,属两浙都转运盐使司松江分司,仍采取相对宽松的管理,特许灶民择地自由刮煎,主要供应本地,不设引商,自煎自卖,不设灶额,不发灶贴。相对松散的盐业管理、有限的组织化,导致私盐售卖更为猖獗。知州万敏《太仓州平海记》载:"利私鹾者恒世其业不数十年,辄一大獗。"②崇明岛孤悬海中,场盐走私堵缉困难,当地土豪勾结枭贩,组成以秦燔、黄良等为首的武装走私集团,贩运私盐到苏、松、常、镇 4 府,势力雄厚,官府无可奈何。明嘉靖十八年(1539),朝廷调集 3 省兵力,到崇明围捕,历时 1 年多,才告平定。③

二、倭患侵袭

进入明代,淮浙沿岸倭患渐多。④ 明太祖洪武七年(1374)倭寇侵犯淮浙沿岸,朝廷命靖海侯吴祯督沿海卫所兵防备,又命信国公汤和巡视。洪武、永乐年间在沿岸多有防御设施的兴筑、加固。散布在长江口南北沿岸各盐场成为倭患冲击地,也是盐民抗倭斗争的主要阵地。

嘉靖年间倭患加剧,长江口南北沿岸最为要害,沿岸兴筑备倭城,并征调当地灶民充当戍兵。嘉靖四年(1525)为防倭寇入侵,两淮 30 场选取盐丁 3 000 人为灶勇,有警则听就近官军各营将领调用。特别是在通州沿岸,嘉靖年间(1522—1566)屡遭倭

---

① 〔明〕陈子龙辑:《明经世文编》卷二二《周文襄公集》。
② 嘉靖《太仓州志》卷三《兵防》。
③ 《上海通志》编纂委员会编:《上海通志》(第 4 册),第 2656 页。
④ 金其桢:《元明抗倭史话》,黄山书社,2017 年。

患,朝廷为保障盐产重地,于沿海屯兵设堡立寨,各盐场一时成为海防要地。① 在如皋县沿海,还设有掘港备倭东营、西营(图5-6);在三余湾沿岸各场附近设立堡寨,如吕四场的大河口寨、廖角嘴寨,石港场的石港寨、栟茶场的栟茶寨,角斜场的角斜寨等,每寨设管寨千户或备倭百户1员,协同把守海口。②

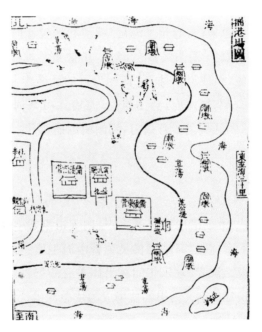

图 5-6　嘉靖《两淮盐法志》"掘港场图"

这一阶段各场还出现了很多烟墩,即沿海瞭望预警的设施。烟墩上有木楼便于戍兵驻守瞭望预警,与周边的潮墩不一样,潮墩只在大潮来袭时临时躲避使用,墩上有设施(图 5-6)。盐场烟墩成为明代中叶海防体系的重要组成部分。嘉靖《两淮盐法志》

---

① 《南通盐业志》编纂委员会主修,张荣生编撰:《南通盐业志》,第 480—487 页。
② 嘉靖《惟扬志》卷一〇《军政志》。

记载掘港烟墩7座,马塘2座,金沙1座,栟茶2座,丰利1座。嘉靖三十二年到三十八年倭患最为猖獗,多次进犯长江口南北沿岸地区,主要从南岸松江府沿岸再转而进犯北岸通州各县。三余湾一带是倭患侵袭的重要登陆地之一。

嘉靖年间倭寇不断侵犯江南的松江府沿海地区,对盐业生产造成毁灭性的打击。嘉靖三十二年(1553)倭寇侵袭,下沙盐场二、三场的灶户大逃亡,仅剩一场还在产盐。"嘉靖季年,倭警告急,而灶户息烟,海若扬波,而沙土倾泻,停引待盐者,已三四载。"① "嘉靖癸丑间,倭灾内侵,流亡殆尽,商人携锱资来居,民稍稍复集。"② 嘉靖倭乱对下沙三个盐场打击甚大,"自明嘉靖年间倭乱,灶户逃亡,丁课已归地征"③。

明世宗嘉靖三十三年(1554)春,倭寇3 000余人自江南大举犯江北地区,流劫诸盐场,围困州城,肆行烧杀抢掠,致使城镇郊野满目焦土,尸横遍野。通州地区驻军及各场官吏灶勇奋起抗击,沿海各场的盐民、附近乡民都是抗倭的主力。如通州民间抗倭英雄曹顶,即余西盐民,嘉靖三十二年(1553)以盐民应募入伍,率众抗击入侵倭寇,屡胜。④ 嘉靖三十六年(1557)倭寇又从江南大举犯江北。倭寇一部分从掘港场登陆,经白蒲突犯通州,余西场灶勇曹顶与寇接战,单骑追奔至州城以北的单家店(今为平潮镇),天雨马蹶遇难。⑤

嘉靖三十八年(1559)三月倭寇再次大举自江南而来,三月二十九日数千倭寇先进犯崇明岛,泊舟于三爿沙,后登岸烧劫。四

---

① 崇祯《重修两浙鹾志》卷二一《奏议下》。
② 嘉庆《松江府志》卷十八《建置志》。
③ 嘉庆《重修两浙盐法志》卷六《场灶一》。
④ 四川自贡市盐业历史博物馆编:《中国盐业史辞典》,上海辞书出版社,2010年,第480页。
⑤ 《南通盐业志》编纂委员会主修,张荣生编撰:《南通盐业志》,第17页。

月十日又有2 000多名倭寇开赴崇明岛,副总兵卢镗引兵,出哨巡逻与倭寇相遇,官军猛击,斩倭首百余级。倭寇将船收缩进三爿沙,藏而不出,被明军团团包围。继而泊于三爿沙的大部倭寇分兵多路进犯海门、吕四,再犯通州,剑指扬州。掘港、岔河、栟茶、双甸等地都有战事。四月初一,倭船数百艘载倭寇数千人,分道犯海门。① 人数之众,朝野震恐。凤阳巡抚李遂命淮扬兵备副使刘景韶、山西游击邱陞领兵防备。刘、邱连战皆胜,遂设伏兵于海安以东,前后斩寇大酋长以下1 527人,生俘15人,余党尽歼于刘庄场。当地筑"平倭冢"以纪其胜。② 此次战斗进程被记录在《筹海图编》中。③ 自李遂率军民将侵犯江北倭贼全部消灭,此后倭患在淮浙沿海一蹶不振。④

第四节　明末徐光启与淮浙废煎改晒

汉唐至明末,长江口地区传统的淋卤煎盐沿用了一千多年,明时传统煎盐衰退,全国沿海海盐生产逐渐推广改晒⑤,其中徐光启在推进淮浙盐区改晒方面做出了不少尝试。⑥

崇祯三年(1630)礼部尚书徐光启上《钦奉明旨条画屯田疏》,向朝廷进言推动屯田,积极支持沿海滩涂放垦。在疏言中他特别列入了建议淮南盐场改为"晒盐"的条目,从制盐环境、经济效益、

---

① 金其桢:《元明抗倭史话》,第166—167页。
② 《南通盐业志》编纂委员会主修,张荣生编撰:《南通盐业志》,第17页;周世康:《海门传》,江苏人民出版社,2022年,第187—190页。
③ 〔明〕郑若曾:《筹海图编》卷九《大捷考·淮扬之捷》。
④ 周世康:《海门传》,第187—190页。
⑤ 鲍俊林、高抒:《13世纪以来中国海洋盐业动态演化及驱动因素》,《地理科学》2019年第4期。
⑥ 鲍俊林:《15—20世纪江苏海岸盐作地理与人地关系变迁》,第162—163页。

试验结果三个方面,比较详细地论证了淮南盐区推广改晒的可行性,认为淮南盐区改晒具备经济必要性,生产条件可行,应大力倡议推动,以促进淮南荡地开垦。他比较分析煎法与晒法的差异,论述了淮南改晒的生产条件:"其一,以海水灌土,晒干复灌,如是数次,淋漓出卤汁,比于海水其咸十倍,然后入于锅鳖煎熬而成,名曰火盐,又曰末盐也。其一,淮北之海水,黑洋河之海水,陕西宁夏之池水,本性极咸,与卤汁无异,则作畦灌水,晒水成盐,是名生盐,又曰颗盐也。凡一晒即成者,皆因海水之咸,凡淋卤而后煎者,皆因海水之淡;然海水虽淡,既已浇淋成卤,则与海水之咸者同矣,曷为不可晒乎?福建漳泉等府,海水亦淡,却用晒盐,盖是卤汁所成。"①

徐光启比较各地晒盐方法,归纳了晒盐与海水的相关性。他认为北方滩晒盐(属晒卤晒盐法)"一晒即成",是由于海水与池水之咸;而福建与淮南制盐具有一定相似性,制盐过程都需要先进行人工淋卤,是因为海水都较淡;并且他认为既然福建盐区能够淋卤后再晒盐,淮南盐场应该也可以,而不必淋卤后再煎盐。因此,徐光启建议参考福建晒法,并加以改进:"今臣所拟即福建法也,而加广大焉。其法于平地筑而坚之,以砖石铺底砌墙,墙高于底二尺,势如浅池。砌法皆以三和之灰;三和者,一石灰、二沙、三瓦末也。砌讫,又以三和之灰涂之,令涓滴不漏。墙底之外为井以容卤,井有盖。池之方广无定度也,池之四周立柱架梁,用苇席为短棚,可舒卷,以就日而御雨也。淋卤如常法,卤既成,入于井。日出则戽卤于井,入之于池,卤不得过二寸,晒二三日成颗盐矣。盐成刮取之,勿尽刮,久而底盐存积为盐床,盐床厚而入之

---

① 〔明〕徐光启撰,王重民辑校:《徐光启集》卷五《屯田疏稿》,上海古籍出版社,第259—260 页。

卤,则其成盐也更易。"①

福建晒盐属于淋卤晒盐法,不是晒卤晒盐法。福建漳泉一带海岸能够晒盐,并非卤厚,而是光热资源突出,年净蒸发量超过1 000毫米;实际上全国只有渤海南岸、福建的闽江口以南岸段以及海南岛西部沿岸超过了该数值,这三个地带也正是最早发展晒盐的区域。同时,淋卤晒盐不是完善的晒盐法,仍依赖人工制卤以获取较高浓度的卤水;晒卤晒盐则是完善的晒盐法,制卤与制盐两道工序都摆脱了人工劳作,主要依靠风日蒸发进行。② 徐光启注意到了淮北等北方滩晒盐与海水的关系,但对影响发展晒盐的其他生态知识缺乏了解。淮北、长芦等北方晒盐场在徐光启时代已摆脱淋卤晒盐法,出现更为有效的晒卤晒盐法,并非海水之咸,实际上主要与土质及光热资源相关。

为鼓励淮南盐场改晒,徐光启还列举了废煎改晒的多种益处,从经济效益上进行了详细比较,认为晒盐有利于开垦荡地、节约人力薪柴、降低盐价、消弭私盐:"其一,因海水之淡,虽不免于淋卤,却得免于煎熬。所省功力,或浇淋,或耕种,可以宽贫灶也。其二,淮浙之地,民居既繁,薪价倍贵,近又有垦灶荡为稻田者,薪益不给。或欲禁民开垦,亦属难行。今既不用煎熬,所省柴薪无数,价值倍贱,江淮浙直灶民,咸被其利。其三,两淮灶荡延袤千二百里,以顷计者四万二千有奇,可当一大郡也。两浙次之。昔年分给灶户,皆令樵采,以供煎办。今兼并者,多有开垦成熟者,若成盐不用薪火,即可尽垦为田……此法既行,沿海皆池盐,不费煎办,更有一大利益焉……两淮、两浙之盐,皆须烹煮,烹煮必用

---

① 〔明〕徐光启撰,王重民辑校:《徐光启集》卷五《屯田疏稿》,第259—260页。
② 鲍俊林、高抒:《13世纪以来中国海洋盐业动态演化及驱动因素》,《地理科学》2019年第4期;鲍俊林:《中国古代海盐生产技术的发展阶段及地方差异》,《盐业史研究》2021年第3期。

锅鏊,锅鏊可以家藏,海滨旷远,查核甚难,私盐私贩,所从来矣……今用池不用灶,用晒不用煎,池不可匿也。"①

此处所列举改晒在经济上的益处,包括节约制盐成本、利于改垦是可靠的,但对滩晒盐透私的认识不足。滩晒盐不便控制、核查,制作相对简单,实际上更容易透私。②

为推动淮南盐场改晒,徐光启还建议在操作上可以先进行局部试点、鼓励人们积极尝试,并在自己家乡松江府开展了一些试验:"臣久为此议,商民俱不信也。然闽人试之矣,闽人之流寓臣乡者,于臣乡试之矣,臣又尝试之于家矣,无有晒而不成者。但人情安于故习,难与虑始,即验之一方,而又以为他方不然也。臣请姑试之一方,其愿煎者听,久而已向其利,当必靡然从之。故欲江淮、两浙尽行此法,非少需岁月不可也。若有慕义士民,及巧心赡志,先行造办以倡率有众者,量行优处,亦鼓舞之一术也。"③

徐光启家乡在松江府(今属上海),明末清初浙西以及松江一带的确有零星的淋卤晒盐生产,沿岸具备一定的晒盐条件。明末清初顾炎武在《肇域志》中就在记录松江府风俗中,简要描绘了盛夏松江的晒法制盐,"另有甃砖作场,以沙铺之,浇以滴卤,晒于烈日中,一日可以成盐,莹如水晶,谓之晒盐,价倍于常。然惟盛夏有之,不能多得"④。但依赖天气,因此产量有限,没有得到推广。浙西盐场仍以淋卤煎盐为主,直到19世纪中叶兴起板晒(属淋卤晒盐法)。⑤ 徐光启的这些设想成为长江口沿岸煎盐改晒尝试的第

---

① 〔明〕徐光启撰,王重民辑校:《徐光启集》卷五《屯田疏稿》,第260—261页。
② 鲍俊林:《传统技术、生态知识与环境适应——以明清时期淮南盐作为例》,《历史地理研究》2020年第2期。
③ 〔明〕徐光启撰,王重民辑校:《徐光启集》卷五《屯田疏稿》,第260页。
④ 〔清〕顾炎武:《肇域志》卷九《江南九·松江府·风俗》。
⑤ 鲍俊林:《传统技术、生态知识与环境适应——以明清时期淮南盐作为例》,《历史地理研究》2020年第2期。

一阶段,受制于自然条件,入清以后淮南各场仍然沿用淋卤煎盐法。

第五节　潮灾与盐场防御工程的发展

长江口沿岸是开阔低平的淤涨滩涂,随着元明以来濒海制盐活动的扩张,沿海盐场与盐民经常面临潮灾威胁。潮灾成为长江口地区古代制盐活动始终面临的灾害风险,史料中关于潮灾损失的记录也越来越多。[①] 在史料中风暴潮破坏多为"海溢""海侵""海啸"及"大海潮"等,给沿海人民生产生活常常带来巨大灾难与威胁。

潮汐运动对于长江口沿岸地区的盐业生产而言,既是一种宝贵资源,带来的咸水是重要制盐资源,但又是潮灾危险的来源。在低平开阔的淤涨型潮滩上,规律性的日潮运动可以满溢很大面积,通过潮沟、灶河涌入,年高潮以下的中下潮滩均能定期浸渍,给土壤带来盐分,维持积盐过程。因此,规律的潮汐运动能够提供丰富的天然盐作资源,对盐业生产有利,盐民对待潮水也形成了小潮利用、大潮防御的基本方式。但淤涨潮滩盐作需要不断向海迁移,迫近海岸线,才能适应滩涂扩张的影响。制盐活动逐渐面临更大的风险,一次大灾往往造成较大的损失。

风暴潮能否成灾,一方面取决于最大风暴潮位是否与天文潮高潮相叠加;另一方面也受地理位置、海岸地形等因素的影响。如果最大风暴潮位恰好与天文大潮的高潮相叠,在沿海往往会导致特大潮灾。潮滩每日都会受到潮汐影响,历史时期潮滩开发对潮灾十分敏感。沿岸的海潮泛滥影响主要是风暴潮期间,史料所载潮灾绝大部分是在农历六月到八月之间的年高潮,平常的日潮与月潮期间出现灾害事件很罕见,即使有一定损害也不成灾,文

---

① 鲍俊林:《气候变化与江苏海岸历史适应研究》,第94—97页。

献一般也不会记载下来。

海潮冲决往往导致咸潮淹没,毁坏灶舍与田地,财产、人口受损。例如明洪武二十三年(1390)七月通州地区"海潮溢,坏捍海堤,溺死吕四等场盐丁三万余口",明成化三年(1467)七月,通州"海溢,坏堤海堰六十九处,溺死吕四等场盐丁二百七十四人"①。如皋,"七月海水涨,坏堤"②。

长江口南岸也是如此,上海、南汇、崇明等县沿岸常见潮灾记载。如正统九年(1444)七月上海县"湖海沸涌,濒海居民有全村决没者"③。明洪武十一年(1378)七月南汇"海溢,民多溺死",成化八年(1472)南汇"漂没万余人,咸潮害稼",万历十九年(1591)南汇"自一团至九团泛滥几及百里"④。崇明县同样潮灾多发:正统九年(1444)七月"暴雨竟夕,拔木发屋,海为之溢,坏民居一千余区,溺死男妇一百六十七口,牛马死者不可胜算"⑤;天顺五年(1461)七月"夜大风雨,潮寻丈,沿海民居尽没,死四千余人",嘉靖元年(1522)七月"飓风作潮涌丈余,漂庐舍,民多溺死",万历三年(1575)六月"飓风怒潮激荡,民居漂没殆半",崇祯元年(1628)八月"飓作潮涌,沿海居民尽溺"⑥。这些多见于历代资料的潮灾损失,常见溺人、毁房、坏堤堰或海塘、淹盐场与农田等,以及疫情等次生灾害。

为保证盐产稳定,受灾后官府一般都有赈灾措施,主要有赈济、抚恤、蠲免、筑塘、祭祀神灵和迁徙灾民等,也会采取一些应急补救措施来减轻灾害的损害,包括补充生产资料、捐赠救济、发放实物救济与生产资金借贷等。在一些地区遭遇特大风暴潮灾,死

---

① 万历《通州志》卷二《疆域志·机祥》。
② 嘉庆《如皋县志》卷二三《祥祲》。
③ 正德《松江府志》卷三二《祥异》。
④ 光绪《南汇县志》卷二二《杂志·祥异》。
⑤ 正德《崇明县志》卷十《杂志》。
⑥ 民国《崇明县志》卷一七《杂事志·灾异》。

亡人数极多时,朝廷除了派人发放赈灾粮食外,还会提供埋葬死者的银两。[①]

除了实物救济外,还有田租、盐课的缓征、蠲免。风暴潮灾常常导致沿海农田和盐场被冲毁,农作物颗粒无收,制盐工具被洪水卷走,甚至淹死大量灶丁,致使农民无力上缴田租和税粮,盐场也无法缴纳盐课。即使海潮已经退去,盐场也难以立即恢复生产。这种情况下,官府的重要举措就是蠲免田租、税粮及盐课,缓解了民困,使灾民有可能尽快恢复生产。为保障救济,明代两淮盐区设立了160座赈济仓,其中通州分司共48座(表5-1)。[②] 除了上述赈灾措施外,更为重要的是盐场防灾工程的投入上,历史上长江口沿岸各盐场就有大量的海塘工程与潮墩建设,对防御潮灾风险发挥了重要的历史作用。

表5-1 明代通州分司各场赈济仓

分司	盐课司	赈济仓数量(间)
通州分司	丰利场	
	马塘场	6
	掘港场	
	石港场	19
	西亭场	6
	金沙场	4
	余西场	3

① 鲍俊林:《气候变化与江苏海岸历史适应研究》,第121—124页。
② 嘉靖《惟扬志》卷九《盐政志》。

续 表

分司	盐课司	赈济仓数量(间)
通州分司	余中场	3
	余东场	3
	吕四场	4
	合计	48

资料来源：弘治《两淮运司志》卷四至七。

明代长江口北岸通州地区修筑海堤，集中在三余湾沿岸，包括金沙、石港到吕四一带。例如明世宗嘉靖二十九年(1550)巡盐御史杨选发运司帑金1.9万两，檄通州知州韩一佑、海门知县刘烛等，修复嘉靖十八年(1539)水毁堤工。该工程东起吕四，西迄金沙，长2.08万余丈。此外，1569年修包公堤，1573—1619年修姜公堤，以及石港新堤。更大规模的是通修范公堤工程。万历四十三年(1615)，两淮巡盐御史谢正蒙、淮安知府詹士龙一次性重修各场海堤，自吕四场止于庙湾场，共长800余里。[1]

明代长江口南岸地区海涂外涨，海塘进一步发展，特别是在上海县、南汇县沿岸经历了多次大规模海塘、圩塘兴筑过程。[2] 明成化七年(1471)农历七月大风海溢，年久失修的里护塘溃堤，"漂入畜、没禾稼"。次年巡抚都御史毕亨委任松江知府白行中督工修筑海塘，越两月而成。该工程自嘉定筑至金山，总长"五万二千五百一十七丈，面广二丈，趾倍之，高一丈七尺"[3]。这是明代华亭

---

[1] 〔民国〕武同举：《江苏水利全书》卷四三《江北海堤·范公堤》。
[2] 江南海塘是清代对太仓至金山沿岸江塘、海塘的统称，总计592里。华亭海塘即清代江南海塘的重要组成部分。
[3] 光绪《重修华亭县志》卷四《海塘》。

县境内最大规模的一次海塘修筑;除奉贤岸段外,其他的均在原址重修。成化年间重修里护塘后,又兴筑外捍海塘,即外护塘、小护塘,位于里护塘东约 2 千米处。明万历十二年(1584),上海知县邹炳主持起工修筑,次年完成,"全长九千二百五十丈"。塘址南起一团与奉贤县二墩涵水庙里护塘衔接,经海潮寺、老鹳嘴、黄家路、王家滩,向北至(原川沙县)施湾、南跄口止。

崇明县地处长江口前沿,潮患风险更大,为防御潮患,明代岛上兴筑了不少官办堤坝,保护了居民安全。例如嘉靖中知县孙裔兴筑官坝,以御咸潮。① "官坝,在吴家沙,以御盐潮,邑侯孙裔兴筑,故名,今四面涨合,仍决泄便民。"②崇明岛沙坝以北洋沙堤为规模最大,是崇明县第一次大规模的官办海堤。万历二十一年(1593)知县卢复元、典史孙汝楫主持兴筑北洋沙堤,从新镇、吴家、孙家、袁家四沙至响沙、南沙等处,长 50 里。该堤在清初顺治间又由知县刘纬、陈慎、龚榜相继修筑巩固。"前此咸潮浸灌,田悉污莱,自筑此堤,尽成沃壤,植桑其上,有桑堤千顷。"③这些沙堤构成了明代崇明海防的初步体系。

除了兴筑海堤(海塘)之外,通州分司还出现了避潮墩。范堤以东的滩涂,煎盐亭场日益分散在低平辽阔的滩涂上,又缺乏天然山丘的遮蔽,一旦大潮来袭,盐民损失极大。因此,自明中叶盐民开始自发地筑墩自保,以躲避潮害侵袭,成为盐场重要防潮设施。④ "自大海东徙,草荡日扩,凡煎丁亭民刈草之处,每风潮骤

---

① 民国《崇明县志》卷五《河渠志》。
② 康熙《重修崇明县志》卷三《建置·海岸》。
③ 康熙《重修崇明县志》卷三《建置·海岸》;民国《崇明县志》卷五《河渠志》。
④ 张忍顺:《江苏沿海古墩台考》,《历史地理》第 3 辑,上海人民出版社,1983 年,第 51—62 页;张崇旺:《明清时期江淮地区的自然灾害与社会经济》,福建人民出版社,2006 年,第 374—375 页。张崇旺:《明清时期两淮盐区的潮灾及其防治》,《安徽大学学报(哲学社会科学版)》2019 年第 3 期。

起,陡高寻丈。樵者奔避不及……因筑墩自救。"①在盐民自发筑墩的基础上,在官府推动下潮墩逐渐形成规模,发展成为海涂防御潮灾设施,对保护滩涂盐民生命财产安全、稳定海涂传统盐业生产发挥了重要的历史作用。

潮墩的规制比较简单,一般呈上小下阔的台状。"墩形如覆釜,围四十丈,高二丈,容百人。潮至则卤丁趋其上避之,称便焉。"②大规模官筑潮墩从嘉靖年间开始。嘉靖十八年(1539),运使郑漳请于御史吴悌③,"创避潮墩于各团,灶业赖以复焉"④。嘉靖十九年(1540)巡盐御史焦涟再增筑220余所。嘉靖《两淮盐法志》记录了两淮各场潮墩分布数量,共196座。其中,通州分司各场共有潮墩74座(表5-2)。这些避潮墩成为灶民躲避潮灾侵袭的重要防灾设施,对保护盐场灶民生命与财产安全发挥了重要的历史作用。

表5-2 明代通州分司各盐场潮墩情形

分　司	盐　场	方　位	数量(座)
通州分司	石港	散列于三团	6
	掘港	散列于四团	8
	丰利	散列于三团	6
	马塘	散列于二团	4
	西亭	散列于二团	4

① 民国《阜宁县新志》卷九《水工志》。
② 嘉靖《两淮盐法志》卷三《地理志》。
③ 嘉靖《两淮盐法志》卷三《地理志》。
④ 〔明〕汪砢玉:《古今鹾略》补卷三,清抄本。

续 表

分　司	盐　场	方　位	数量(座)
通州分司	金沙	散列于三团	6
	余西	散列于二团	4
	余中	散列于诸团	10
	余东	散列于七团	14
	吕四	散列于三团	12
	总计		74

说明：嘉靖《两淮盐法志》卷三《地理志四》。

第六章

清代盐业的恢复与衰退

第一节 清代前期盐业的整顿

清代前期长江口地区一共 16 场,通州分司 10 场,南岸共 6 场。经过清代前期整顿恢复,长江口北岸的通州分司各场得到进一步发展,仍属高产区,但南岸松江府各场衰退加快,已属低产区;除崇明场经过整顿恢复取得一定发展外,吴淞口到南汇沿岸的下沙各场,到清代后期基本消亡。入清后,各项产运销制度基本沿袭明代,一个变化是随着滩涂淤涨,元明时期长期沿用的聚团公煎重新转为分散制盐。清代后期随着盐业整体衰退,长江口地区盐场多有裁废合并、荡地转垦。

一、通州各场的发展

清沿明制,少有更改,清初在扬州仍设两淮都转盐运使司,继续设通州、泰州、淮安[乾隆二十八年(1763)改海州]3 分司,长官称运判。三个分司各辖 10 场,每场设盐课司,长官仍称大使。运司之上设巡盐御史一员,综理盐务。首任巡盐御史李发元招徕淮商,谕各商量力行盐,不设定额。雍正五年(1727)巡盐御史改称盐政,九年以两江总督兼行总盐务,称总理盐法大臣,与两淮盐政协作行事。清代前期通州分司所属 10 场中,包括南五场(金沙、余西、余中、余东和吕四)、北五场(丰利、马塘、掘港、石港和西亭),仍分布在三余湾沿岸(图6-1、图6-2)。

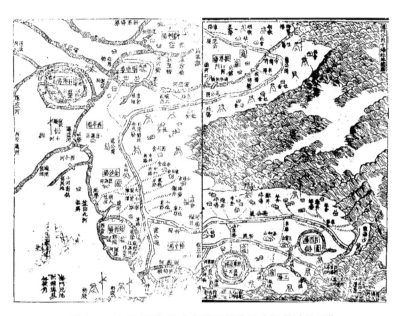

图 6-1　康熙《两淮盐法志》"通州分司十场灶地总图"

为振兴淮盐,清初采取了一些恢复措施,主要是修整运河、清理灶户等。如顺治十四年(1657)清廷规定五年一次审核各盐场灶丁与草荡。规定"势豪不准占揽引窝,商铺不许自定价值,如有专利害民、串通经纪、掺卖勒索,由巡盐御史严行禁饬"。康熙四十三年(1704)东场运盐河没于江,盐运艰阻,开运盐新河,东接吕四场,西及余东、余中二场。

经过清代前期的整顿,到乾隆、嘉庆年间通州盐业得到恢复,年产盐额恢复到50万引(折合10万吨)左右,占淮南盐产总额的29.64%。[①]

[①] 南通市地方志编纂委员会编:《南通市志》(中),第934页。

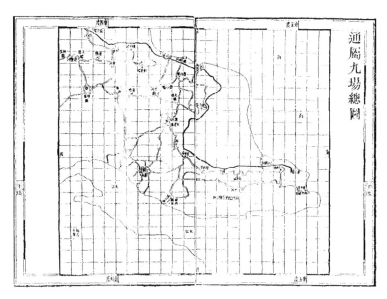

图6-2 光绪《重修盐法志》"通属九场总图"

清代,各场按荡地与锅䥱数量分担两淮运司所认产额。雍正年间开始实行"火伏"之法:各灶烧盐处所,由垣商公举干练殷实者数人为巡商,并设立灶头、灶长、巡役各数名,一同巡查。凡灶户起火烧盐,须由灶头向灶长领牌,悬于煎舍。煎毕止火,将牌缴还灶长。灶头按灶户领牌时刻登记于簿,复按时刻赴煎舍盘查盐货,如有缺额,立时同灶长报究。此外,灶户以锅䥱为主要煎盐工具,依各场产盐的数额核定锅䥱的数额,载于志书,数年清查一次,场官、灶户均不得私增越额。①

清代前期运销制度仍为官督民制、商收商销,商人行盐办课,延续晚明"纲法"旧制。灶户煮盐,与商交易,应纳灶课按各场荡地面积分摊灶户,征收银钱,称为"仓盐折价"。全国州县分为产盐区、食盐区、纲盐区。通州、如皋县属产盐州县,不销引盐,由各

① 南通市地方志编纂委员会编:《南通市志》(中),第944—945页。

自境内盐场灶户酌留余盐,由盐贩挑负售卖。毗邻产盐区的州县为"食岸",运销商人称"食商"。远离产盐区的州县称"纲岸",运销纲盐的商人称"纲商"①。湘、鄂、西、皖4省各州县为淮南通泰盐行销的纲岸。②

淮南通、泰盐销地包括"纲岸""食岸"两大类。"纲盐"额行口岸有安徽、江西、湖北、湖南省,共4省31府2厅3直隶州186州县。"食盐"额行口岸有江苏省的江宁府、安徽省的宁国府等3府3直隶州21州县。合计纲岸、食岸一共5省34府2厅6直隶州207州县。清乾隆三十三年(1768)设海门厅,为浙盐销岸,因无商认运,借食通属盐场所产盐,应征盐课每年如数提解浙江运库。靖江县隶属常州,本为浙盐销岸,同治年间改属通属场盐销岸,由淮商包完盐课,每年将额课批解浙江运司。③

二、下沙各场与崇明场

入清以后,长江口南岸各场已步入衰退。除崇明盐场有所恢复发展外,下沙各场基本停产,由宋元明时期的高产区转变为低产区。导致这种变化的主要原因在于长江口水文环境变化后引发的南岸盐业资源的萎缩、消亡。明末清初开始,长江口主泓逐渐南偏,特别是清代中叶以后,主要入海口都是从北侧转为南侧通道入海,南岸的盐场难以为继。这种消亡过程是漫长的,经历多次裁复变动,但盐场建置延续到清末。

清初仍然重视松江盐产,雍正年间浙江巡抚兼盐政李卫在其《松江所建仓记略》有记:"松郡为产盐之区,海滨场灶基置星

---

① 南通市地方志编纂委员会:《南通市志》(中),第942页。
② 鲍俊林:《15—20世纪江苏海岸盐作地理与人地关系变迁》,第76—77页。
③ 南通市地方志编纂委员会编:《南通市志》(中),第941页。

布,可以裕民食者,即可以裕国课。"①但此时宋元明时期兴盛的下沙各场已经难以为继,长江口南岸盐产中心回归到金山奉贤沿岸。

清初长江口南岸有下沙头场、下沙二场、下沙三场、横浦、浦东、袁浦、青村、崇明场。② 清顺治二年(1645),两浙松江分司仍辖浦东、袁浦、青村及下沙头、二、三场等6场,年认销盐6 035万引,康熙间又增加1.4万引(每引400斤)。③ 康熙四十一年(1702)裁三场,四十三年又裁二、三场大使,归并一场。雍正二年(1724)裁二场,归并一场,雍正七年复设二场;乾隆五年(1740)又复设三场,合并下沙二、三场为一个盐场(场名为下沙二三场),场署设于当时的川沙堡城内,其各团分属如故。④ 同年也复设浦东场,又设崇明场。此外,雍正四年(1726)上海县划出长人乡与下沙盐场建南汇县,此后下沙各场转属南汇。嘉庆十五年(1810)原下沙三场的八九两团又分隶川沙厅。⑤

康熙年间只有下沙头场尚存产盐条件,该场在南汇县南,所辖场地东至海,西至南汇县民田界,南至青村场界,北至下沙二三场五团界。⑥ 官府对下沙各场进行整顿恢复,但新设盐灶主要集中在下沙头场的一二团内,效果有限。乾隆初年"二团灶皆废,添建龙尖嘴、也仁村、小泖东、小泖西、新三泖、新三灶等聚,即以停荒之灶移置新建聚内,通场计二十聚,共设灶一百七座,均列一团境内"。由于"海沙外涨,沟泖壅塞,屡浚屡淤,咸潮渐远",因此新

---

① 嘉庆《松江府志》卷二九《田赋志》。
② 嘉庆《重修两浙盐法志》卷一《疆域》。
③ 盐务署盐政稽核总所:《中国盐政实录》第1辑第9章《松江·场产》。
④ 嘉庆《重修两浙盐法志》卷六《场灶一》。
⑤ 光绪《南汇县志》卷五《田赋志》。
⑥ 嘉庆《重修两浙盐法志》卷一《疆域》。

设盐灶效果并不好,不得不废弃,"一百七灶之内又多停歇废去,旧设之川沙、泐东、马桥,并新设之小泐西、新三灶等聚,现存十六聚"。下沙二场原额设灶舍十五处,在雍正二年经浙江已裁毁;下沙三场因地不产盐,停煎已久。①

到嘉庆年间,下沙头场也难以为继(图6-3)。"旧有泐道十一处,引潮入内,土旺卤足,产盐极广,近因涨沙渐高,泐道淤塞,灶丁贪种花豆,产盐大减于前。"②嘉庆年间下沙头场"灶丁一万四千四百丁"、下沙二三场"灶丁二万四千一百丁"③。另外,下沙头场旧聚团额"共十五团"④,清代中叶现煎团额"共二十团、一百七灶,现煎二十二灶,余因土淡停煎"⑤。除下沙头场仍然产盐外,下沙二三场在19世纪初已经"不产卤,亦不煎盐"⑥。至清道光十年(1830),长江口南岸口门内以往的官办盐场所属盐场盐灶全部停煎,但盐场建置还存在。

伴随明末以来下沙各场的衰退,以往独立设置的松江分司重要性下降。清康熙四十三年(1704),松江分司、嘉兴分司合并,称嘉松分司。⑦自五代嘉兴监之后,北宋在今上海地区设立华亭监,到清初再被合并到嘉松分司,长江口南岸单独设置分司前后历时约五百年。

清代沿袭明制,以都转盐运使司为一省盐务行政管理的最高机关,两浙盐运使驻于省城杭州。清顺治二年(1645),设两浙盐运使,并于两浙松江分司设从六品的运判一员,掌管各盐场之政

---

① 乾隆《南汇县新志》卷三《田赋志》。
② 嘉庆《重修两浙盐法志》卷六《场灶一》。
③ 嘉庆《重修两浙盐法志》卷六《场灶一》。
④ 嘉庆《重修两浙盐法志》卷六《场灶一》。
⑤ 嘉庆《重修两浙盐法志》卷六《场灶一》。
⑥ 嘉庆《重修两浙盐法志》卷一《疆域》。
⑦ 嘉庆《重修两浙盐法志》卷一《疆域》。

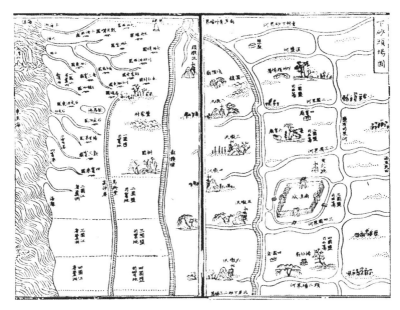

图6-3 嘉庆《重修两浙盐法志》"下砂头场图"

令,督各场署盐课大使催征盐课,缉拿私盐。康熙四十三年(1704),以两浙松江分司运同掌管之盐务交与嘉兴分司运判接管,改称嘉松分司。雍正七年(1729),又议准两浙松属盐务课归并松江海防同知管理。按清代制度,运使、运同、运判、盐运监掣同知、盐场大使等职官均属专管盐务的官吏。运司、分司、场司一般保持行政独立,不受地方州县的干涉。

这一时期松江府盐业虽然名义上尚有盐场6处,隶籍灶丁6万余名(表6-1),但实际上产盐区域已大大缩小,年产盐量也持续下降,成为低产区。同时以往许多身隶灶籍的灶丁实际上早已转变为民户,改种荡地。根据年销引盐推算,嘉庆年间松江府诸场年产盐不超过800万斤,为宋元时的25%左右。

表 6-1　清嘉庆年间松江府诸盐场情况

场名	场署所在地	团额	灶数	锅盘数	灶丁数	备注
青村场	奉贤高桥镇	5	268	268	12 800	
袁部场	华亭县城	18	124	124	6 720	
横浦场	金山西仓镇	5	49	49	4 777	
浦东场	金山北仓镇	2	15	15	4 846	
下沙头场	南汇下沙镇	20	22	22	14 400	原额 107 灶
下沙二、三场	川沙城	—	—	—	24 100	久不产盐，不设团灶
合计	—	50	478	478	67 643	

资料来源：嘉庆《松江府志》卷二九《盐法》。

同时，官府还加强了对崇明盐场的整顿与管制，促进了盐产恢复。[①] 清初崇明盐灶分布在县城附近的吴家沙、享沙一带，"崇邑盐灶，向设县治西南"[②]。崇明沙洲涨坍多变，场灶时常迁移，以往官府管理松散，"崇地环海，坍涨靡常，城郭五迁，盐地屡废，盐灶时迁，所以听民就地移煎"[③]。入清后，官府加强了盐灶管理，新设官灶。

康熙三十七年(1698)，"设官灶八十六副，安插于永宁、永盛、龙珠、洪勋、仙景、升成等处六沙之内，责办灰场税银，于是刮煎者遂为专业。六沙外，不敢擅迁"[④]。这是崇明灶地第一次大规模迁

[①] 鲍俊林、高抒：《沙岛浮生：明清崇明岛的传统开发与长江口水环境》，《史林》2020年第3期。
[②] 雍正《崇明县志》卷八《备考》。
[③] 雍正《崇明县志》卷八《备考》。
[④] 乾隆《崇明县志》卷六《赋役志三·盐法》。

移,自县治附近迁移至更靠近咸潮的东北沿岸。为缉私需要,新灶严禁迁移。但三十余年后,崇明东北部滩涂淤涨增多,"永宁等六沙年深地高,土淡卤少,强半停煎"①,永宁等六沙灶地又不适合煎盐生产,新一轮搬迁开始酝酿。雍正《崇明县志》记录了当时灶民再次迁灶的迫切愿望:"沙涨海遥,潮汐难到,地势渐高,土味日淡,该地业户往往耕种木棉,以故灶地迫窄。现今各灶内,所处低下、潮仍灌及、煎供如旧者,不过一半,其余或经旬弥月方一举火,甚至竟有终年冷搁者,失业赔课,人不聊生,每遇本职巡视,群向呼号,乞为请命……求赐详迁于七滧小阴沙地面。"②

雍正二年(1724),经过官府勘查永宁等沙确实土淡乏卤,难以供煎,"地又成熟,布种花稻,潮汐不至,地无卤水,官灶半属冷搁",而更靠近东部、咸潮易至的七滧和小阴沙"与现在灶地接壤,地最斥卤,不能播种,惟宜刮煎",适合移迁。但官府认为离县治太远,不利缉私,仍禁止迁灶:"七滧、小阴沙离城甚远,且系旷野之所,营汛辽远,难以稽查。其原创之永宁等沙,逼近城郭,又有营汛为邻,易以查拿私贩。该县立即谕令,不许移创煎烧。"雍正三年(1725)更是"宪禁不许私迁七滧等沙,以杜私煎枭贩,亦谓官灶既有定所而乃私迁他处,自必售私越贩,故尔严禁"。官府严禁搬迁导致旧灶地陷入困境:"今原煎处所潮汐断绝,遍地栽种花稻,并无隙地可煎。至官灶八十六副已十有六七停歇,灶丁游食他方,粒盐如珠。小民既困于食淡,灶户又艰于得卤,彼此皇皇失所,如是者已三年矣。"后经官员勘查,"原煎永宁等沙实皆成熟之地,无卤可煎,小阴沙一带委系斥卤遍地,柴苇移灶,实系便民……"雍正四年(1726),盐粮县丞朱懋熹上文,并建议在迁设之

① 雍正《崇明县志》卷九《物产》。
② 雍正《崇明县志》卷八《备考》。

地设立保甲,"灶十户为甲,互相保结,一户犯私,九户连坐",并承诺会同西沙巡检司督率弓捕、营汛严密巡查,后得到兼管盐政的浙江巡抚李卫的批准。在强化了管理组织后,历时四年,最终清廷准予搬迁,"详准改迁七滧、小阴等沙刮土煎盐,供本地民食,专办灰场税"①。这也是崇邑灶地第二次迁移。

崇明灶地经过清初的恢复发展,到清代中叶重新设置了场署(图6-4)。乾隆四年(1739),浙江总督嵇曾筠奏请复设盐场,改名"崇明场",并添设巡盐大使一员,负责管理巡缉收盐。② 崇明场署设沈安状堡③,"所辖场地东至大洋,西至海,接海门厅界,南至海,接宝山县界,北至海,接通州吕四场界,计延袤八十里"④。这一阶

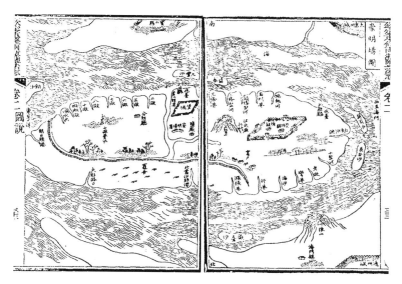

图6-4 嘉庆《重修两浙盐法志》"崇明场图"

---

① 嘉庆《直隶太仓州志》卷二二《赋役》。
② 嘉庆《重修两浙盐法志》卷七《场灶二》。
③ 嘉庆《重修两浙盐法志》卷二《图说》。
④ 嘉庆《重修两浙盐法志》卷一《疆域》。

段崇明场成为长江口地区重要盐场。灶地由东北向东南濒海地带迁移,促进了盐业恢复与发展,"新迁灶地,产盐既多"①。

第二节 盐枭、私盐泛滥与缉私

宋元明以来盐法控制越发严格,但私盐问题实际上更为突出。有清一代更甚,私盐种类之多,规模之大,区域之广,为害之烈,第积历代盐弊渊薮。② 长江口以及舟山群岛一带,分布众多沙洲群岛,地处两淮与两浙盐区的交界处,同时也是南北洋海岸的交汇地带,长期是私盐贩运的集散地,上可循海岸到山东、渤海沿岸,下可到浙闽沿岸;进可循长江与吴淞江而上入太湖地区,退可避舟山群岛。"松江与浙省交界之处盐枭巨贩,每聚众数百,联船列械,拒捕杀伤,案如山积久。"③

清前期对私盐禁之甚严,但沿海附近居民背负筐提不在禁例,在接近产盐地的近场地区实行老少盐斤销售法。"贫穷老少男妇,挑负四十斤以下者,概不许禁捕。"④这是清代销盐的一种较为灵活的形式,也是一种福利措施,就是允许近场贫民中的一部分最贫难的人在附近地方自由出售盐斤,当然这种自由是相对的,它不需盐引,也不需纳课,但是对售盐人和售盐地有明确规定。因此全国各地都有关于老少盐斤的规定,较早的比较规范的老少盐政策就是雍正年间李卫在浙江省实行的。⑤ 于是滨海一带结队贩运者络绎不绝,如《淞南乐府》记载"妇女贩盐,网开一面。

---

① 民国《崇明县志》卷六《经政志·盐法》。
② 鲁子健:《清代食盐官卖制度》,《盐业史研究》1991年第1期。
③ 〔清〕允禄辑:《朱批上谕(雍正朱批谕旨)》,清乾隆三年内府活字朱墨套印本。
④ 嘉庆《重修两浙盐法志》卷首二诏旨。
⑤ 张小也:《清代私盐问题研究》,社会科学文献出版社,2001年。

健者能肩重担,自奉贤越南汇而至上海,日行百里"①。这些便民措施很快就被用来进行规模更大的贩私,"苏松一带,人心懈弛。滨海盐徒,遂借肩挑背负四十斤以内不在禁约之例,于是号召老少男妇,百十成群,公然交易,因而运至窝囤,无从究诘"②。私盐得售,官盐则滞销。"奸枭潜伏二、三场,行路慎羊肠。"③

尽管产销受官府严格控制,但由于业盐利重,私产、私贩实际上难以禁绝。当时各盐场的私产有两种:一种是盐丁在交纳官盐以外的私留部分,俗称"余盐";另外一种或是未入灶籍的沿海居民违令私煎,或是富灶大户自行立灶私煎。④ 此外,那些持有官引的盐商,为图厚利也不乏夹带私盐。他们每每"于正数外,贿求场官,任意加重,掣盐之后,运入江船,复行夹带,至于经过,又赂求批验"⑤。

不过最令官府生畏的还是大帮盐贩,势力猖獗。据浙江巡抚兼盐政李卫奏报长江口地区的盐枭多仗借着这里"四面水乡,港汊杂沓",往往"巨枭大船百十为群,巡捕兵丁力难制服"。例如有一个女盐枭沈氏,"人称满洲二姑,扬名江浙,非止一日"⑥。又据江苏巡抚陈时夏奏报:"松江与浙省交界之处盐枭巨贩,每聚众数百,联船列械,拒捕杀伤,案如山积久。知有满洲二姑即沈氏与徐二两人为首,两省私枭皆其所属,查沈氏从前获过两次漏网,徐二尤为巨盗积贼之窝,久为民害。"⑦后经李卫组织缉私,打击,才消

---

① 〔清〕杨光辅纂:《淞南乐府》,中华书局,1991年,第14页。
② 嘉庆《重修两浙盐法志》卷首《诏旨一》。
③ 〔清〕杨光辅纂:《淞南乐府》,第15页。
④ 吴仁安:《清代上海盐政若干问题述论(续)》,《盐业史研究》1997年第4期。
⑤ 吴仁安:《清代上海盐政若干问题述论(续)》,《盐业史研究》1997年第4期。
⑥ 中国第一历史档案馆编:《雍正朝汉文朱批奏折汇编(1)》,广西师范大学出版社,1999年,第457页。
⑦ 〔清〕允禄辑:《朱批上谕(雍正朱批谕旨)》。

除此患。

但清末大帮盐贩、武装盐枭仍然普遍，往往"连船数十艘，多至百余艘，名曰盐枭，亦曰广蛋。其人半为湖广籍，半为巢湖人，与盐捕营勇串通一气。每遇大帮盐船出港，港口巡船必先调往他处，任其逍遥行驶。枭恃有奥援，肆无忌惮，勾结内地流氓，明火抢劫，掳人勒赎，无恶不为"。例如光绪十一年（1885）春，枭船在四团仓镇北抢劫乡人土布，但为众人"扼于湾背石桥，壮丁宋福元等格毙枭六人，擒五人，连船报县，谳实正法，枭首犯事处"①。

松江府"沿海民情犷悍，多盐枭"②，盐枭分为南北两帮，南帮据周浦镇，北帮据龙王庙，势力之大为官府忌惮。两帮之间往往"互相残杀，营官不敢剿，亦不敢为左右袒。于是南北交战，弹丸如雨，惊扰闾阎"。光绪二十六年南帮势力猖獗，加上流氓痞棍的附和，声势强大，"四出骚扰，殷实之家纷纷迁避"。甚至遇官府前往弹压也毫不退缩。知县汪以诚至周浦镇，"枭见汪来，举枪对汪作砍击状，汪惧遁归，枭势益炽"③。私贩增多已经成为危害地方治安的问题。"或有积年盐枭，结为党羽，朋比作奸，以致栽盐指窝，勾卖吓诈，零星食盐拿为私贩，株连蔓延不可究诘，灶丁多一番横索，地方多一番斗殴，穷民多一番抢夺，甚至公驾械船，手持官票护送，大伙枭贩遇盘查则假称提获，过地界则纵放公行，且有行商重载，借名巡盐，搜抢客货，因而告劫告殴告杀告伤，讼牒纷纷，成案累累。不特与销引无益，实为地方大害。"④

崇明场盐则不设引，亦不运所赴掣，听民挑销，先济本地民食。除供本地人食用外，余盐一般在松江等地销售，发帑收买尽

---

① 民国《南汇县续志》卷二二《杂志》。
② 光绪《松江府续志》卷五《疆域志》。
③ 民国《南汇县续志》卷二二《杂志》。
④ 光绪《南汇县志》卷五《田赋志下》。

数运赴江苏靖江县销引。清廷主要关注缉私管理,以杜绝私盐横行这一核心问题。雍正六年(1728),李卫"委千总一员于崇明隘口稽查,发帑收盐"①;雍正九年(1731),又"以产盐既多,不无私贩之弊,委员收买余盐,每斤七文,赴松江配销"②。

清代松江府诸盐场所产海盐大致行销江苏五属(苏、松、常、镇四府和太仓直隶州)地区及安徽省郎溪县等引岸。清代咸同以后,袁浦、青村、横浦、浦东诸盐场的场盐均配销苏五属商引;崇明场、下沙头场、下沙二三场等盐场,则向不产盐,或所产不多,故皆由灶民就地销售,或委员督商收运。长江口地区地处淮浙两大盐区交界,尽管销界基本稳定,但盐区交汇处给贩私提供了机会。

浙江巡抚李卫兼理两浙盐政时,加强对江浙盐枭的打击,效果显著。在《松江所建仓记略》中有记:"松郡为产盐之区,海滨场灶,基置星布,可以裕民食者,即可以裕国课。乃自盐枭充斥,官引遂壅,计数年以前,所内商盐盖寥寥无几矣。……念盐法一道,坏在私枭,于是益巡船,拨巡员,加巡役,水栅营房要地,森列更严。饬所属悉力杜绝,比年以来始多敛迹改行。故每掣盐数广至七八万引,亦既足民裕课,著有成效矣。"③特别是打击了武装盐枭集团"满洲二姑",瓦解了当时江浙一带盐枭势力。李卫在两浙盐区的缉私办法后来还推广到直隶、山东、两淮盐区。

为确保盐课收入,清代对盐务缉私尤为注重,不但沿用明代全部私盐律条,还将私盐分为场私、案私、商私、船私、粮私、邻私、功私、官私等众多名目,同时规定盐务缉私由盐务官员和州、县官协同负责,以便加大力度。此外,恢复盐业行政管理组织,以便

---

① 嘉庆《重修两浙盐法志》卷八《帑地》。
② 乾隆《崇明县志》卷六《赋役志》。
③ 嘉庆《松江府志》卷二九《田赋志》。

"缉私为尽职"①。

两淮盐区的管理层级得到调整,加强缉私。雍正九年(1731)为督促两淮所辖产销区地方官协同缉私,世宗降特谕,令署两江总督尹继善兼行总理两淮盐务。自此两淮盐务除受两淮盐政管理外,并受两江总督管辖。雍正十年(1732)两江总督尹继善详定淮、扬二属州县,场司设巡役464名,巡船89只,舵工水手186名,用以巡缉私盐。道光十年(1830)淮南巨枭黄玉林慑于官军兜捕之威投案自首,旋被官府诛杀。道光二十七年(1847)通州分司运判赵祖玉督捆官盐,雇船装运出场,被查出夹带私盐115.9万余斤。宣宗震怒,降旨革职究办。是年在江都霍家桥添设淮南盐捕专营,特旨准两淮盐运使兼兵备衔。

两浙盐区的缉私机构也得到加强。清代两浙盐务缉私营队,苏浙分立,设武装盐巡游缉水陆要隘。如在奉贤县青村场境,沿塘内外、金家店、三角漾、吴家弄、涵水庙等处由场役巡缉,而陆家桥、头桥、二桥、三桥、梁典、何家桥等处则由县捕役、青村营目兵巡缉。② 同时,缉私以在水陆交通要道设哨所巡缉为主。据康熙《松江府志》记载:松江府县缉私官兵"每年限获私盐16 200斤,船21只,盐犯21名,无获以工饷扣抵",即采用以"指标"和"包干"的办法查禁私盐。同时缉私所获之盐可以到地变卖,所得大部分充赏。在指标影响之下,甚至还有缉私竞比。光绪《金山县志》载:金山县额设盐快6名,1月内能获私贩巨案1—2件,本季免比。获私盐千斤以上,伙贩3—4案有奖,公获零星及全无获,于季末严比。③

---

① 嘉庆《重修两浙盐法志》卷七《场灶二》。
② 吴仁安:《清代上海盐政若干问题述论(续)》,《盐业史研究》1997年第4期。
③ 应飞主编:《上海粮食志》,第557—559页。

缉私的加强带来显著效果,根据《陶澍全集》记载:道光十一年起至十六年止,江南各营、县拿获淮私偷渡浙江引界各犯、盐数,共获盐犯二百九十七名,私盐四十六万一千五百二十七斤,私船八十三只,枪炮、火药、刀剑、木棍多件。① 其中苏松镇总兵、吴淞营参将、福山营游击、川沙营参将所获占绝大部分。但也导致上海地区缉私弊端甚多,出现缉私营乘机扰民事件。如光绪十四年(1888),青村盐场缉私营勇常窜至洪庙一带扰乱,激起盐民反抗,将哨弁王永昌等十四人悉数击毙,并焚毁其枪船。②

崇明县因悬居海外,商艘运盐往返维艰,故不设商引,听民煎食,例禁不许透越别县、充斥内地。后来崇明场产盐日多,枭徒勾通镇兵县役,任意广煎,私盐日盛。崇明文武衙门又向有陋规,故从未拦阻私盐。有鉴于此,浙江盐政李卫又特地奏准在松所管场各员内挑选明白强健者一人,再派千、把总一员,发给盘费,专在崇明要口驻扎,往来稽查灶地,严禁崇明私盐出县境,以确保上述松江提营承办之帑盐官运官销得以顺利进行。③ 雍正九年(1731),又"以产盐既多,不无私贩之弊,委员收买余盐,每斤七文,赴松江配销"④。此外,恢复盐业行政管理组织以便缉私。乾隆四年(1739),浙江总督嵇曾筠奏请复设盐场,名"崇明场",并添设巡盐大使一员,负责管理巡缉收盐。⑤

通州各场缉私重点在水路要道处设置关卡、营兵以便稽查。乾隆九年(1744)两淮运司檄令各场只留场河一道以通盐船,余均用木桩拦隔;沿河总要处,如角斜场的复兴桥,石港场的崔家桥,

---

① 〔清〕陶澍:《陶澍全集·奏疏四》,岳麓书社,2010年,第186—187页。
② 吴仁安:《清代上海盐政若干问题述论(续)》,《盐业史研究》1997年第4期。
③ 吴仁安:《清代上海盐政若干问题述论(续)》,《盐业史研究》1997年第4期。
④ 乾隆《崇明县志》卷六《赋役志三·盐法》。
⑤ 嘉庆《重修两浙盐法志》卷七《场灶二》。

西亭场的太平桥、金沙场的袁灶港、进鲜港及场西港汊、余东场的便民港等盐船往来要隘,共设木栏 7 座,拨役专司启闭。同年,各场编制保甲,于每户门首悬置木牌,遇有贩私情事,由保、甲长密举。乾隆二十三年(1758),沿海安至泰坝(在泰州)的运盐河设海安、江堰、冯甸和天滋庙 4 塘,每塘置巡商 1 名、巡役 2 名、巡船 2 只和水手 4 名,委试用官 1 员驻扎海安,督率巡缉催运,防查商私船私。乾隆三十四(1769)年在与金沙、余西、余东、吕四等场对峙的海门厅玉带沙、万盛沙等港设巡船 2 只、水手 4 名、巡役 8 名,于各港环巡堵缉。乾隆四十三年(1778)在如皋县与东台县交界处增设陆路巡役 4 名,并在串场河尾、洋蛮河头增设巡役 4 名、巡船 1 只、水手 2 名。嘉庆七年(1802),运司以通州内联场灶外通江河,为走私要区,饬令州县各督兵役巡缉。道光二十六年(1846)两淮设立盐捕专营,隶属两江督标,受两淮盐运使节制。咸丰七年(1857),于各场出入道路扼要处设巡,并有盐捕营兵丁巡回缉私。光绪二年(1876)外轮夹盐走私,通属 9 场增设缉私隘口,计有水陆隘口 46 处。①

松江府也是如此,官府加强对产盐区和各水陆要口的查缉,以便控制私盐私贩。一方面在松江府属华亭、娄县、奉贤、金山四县产盐地区出资收买余盐(盐民缴足额盐后多产的盐),杜绝私贩购买,并设千把总在要口驻扎,巡缉私盐。场境河道隘口则派巡船捕役,分驾游巡。② 另一方面官府规定在各盐场的水陆路口要道设营稽查,例如横浦场以陆路的裴家弄、水路的白泾河为要道,设营房驻扎,并有盐捕场役巡查。浦东场北六里庵、张堰,东部蒋家桥、李家堰、江家堰等处为水陆要隘,有金山营提标及华亭县捕役分布巡查。袁浦场以叶榭塘为场盐外运必经要道,也是走私要

---

① 南通市地方志编纂委员会编:《南通市志》(中),第 949 页。
② 应飞主编:《上海粮食志》,第 557—559 页。

隘,设有提标巡船捕役在场境往来巡守。青村场沿塘内外,金家店、三角巷、吴家街等处由场役巡缉,水陆要道由奉贤县捕役及青村营目兵巡缉。下沙头场每团设水手1名,与场役及南汇县捕役暨营汛弁兵在东沙、黄家洼宿、茶亭路及塘西水路什港等处巡查。崇明场境内在六滧、七滧、八滧等处设置哨船及工兵捕役在水陆要口巡缉。①

复杂的缉私规定也导致缉私人员舞弊现象多发。官府在松江府"水陆要口汛捕加谨巡缉并行,令场员如遇本地肩挑零星小贩,听其买卖,惟严缉灶户勾通大伙私枭,械船装载,场官亲身查察,则私贩自绝"②。原本为缉私,但又存在巡盐缉私人员借机鱼肉民人的腐败问题。为了明确"巡盐"的管理规定,防止盐务官吏扰乱侵害百姓乱象,又进一步申请批准严加管理。"江南松江府上海县为巡盐不明规例,地方扰害无穷,申请特赐严禁,以安民生,以杜私贩事,奉本府正堂鲁信牌,开奉总督部院于批本府呈详:巡盐捕役,不遵蹉规旧制,离场三十里外、黄浦塘内巡缉,每每擅入盐场,凡遇小民手提食盐,辄便抢夺私刑欺诈,更有不法捕役往往携带私盐,高抬时价,沿门挜卖,睏择温饱之家,抛盐蛋诈不遂,其欲捏报文武衙门,陷害破家,蔓延邻佑,并无赖贫商勾连捕役,以巡盐诈害为利数,扰累民生。"③可见官府巡盐缉私时常存在腐败现象,巡盐官不按照规定,擅入盐场,抢夺食盐,私自用刑,或经常携带私盐,抬高盐价,强买强卖,殃及左右邻里,有时官商勾结,以巡盐为名,搜刮私利,鱼肉百姓。④ "借缉私之名,违制害

---

① 应飞主编:《上海粮食志》,第557—559页。
② 光绪《南汇县志》卷五《田赋志下》。
③ 光绪《南汇县志》卷五《田赋志下》。
④ 光绪《南汇县志》卷五《田赋志下》。

民"①。因此,"应请分界勒石,立法严禁,不许擅入场团之内巡盐、卖盐,杜绝私贩"②。为此,"蓰规开载捕役不许擅入场团,许离场三十里黄浦滩边巡缉,后役不奉法司蓰弗察弗禁,大为民害"。经康熙二十年(1681)知府鲁超力请,并于康熙二十二年五月由知县史彩立碑。碑在十九保北庄镇,又后巡盐亲历各场,相其冲要,改立离场十五里立碑,分界碑在一团镇。③ 该碑现存上海市浦东历史博物馆(图6-5),碑文载于光绪《南汇县志》。

图6-5 清代南汇"盐疆界碑"(上海市浦东历史博物馆藏品)

第三节 清后期盐业衰退与荡地转垦

一、盐场裁废

清代中叶以后长江口环境进一步转变,对沿岸盐业产生了重要影响。一方面沙洲与滩涂扩张,导致三余湾、崇明岛沿岸的盐场裁废迁移;另一方面长江口主泓加快南偏、淡水下移,导致浦东沿岸盐产进一步衰落。特别是通州与崇明岛之间不断有新涨沙

---

① 光绪《南汇县志》卷五《田赋志下》。
② 光绪《南汇县志》卷五《田赋志下》。
③ 光绪《南汇县志》卷五《田赋志下》。

洲浮出,逐渐向北并岸,推动长江主出口从北支向南支转移,沿岸总体上趋于北咸南淡,南部沿岸滩涂淡化加快,老荡盐场难以为继。

清代中叶以后三余湾沿岸逐渐成陆,金沙、石港等盐场地居腹里,远离海岸,沿岸盐场多有裁并,乾隆元年(1736)裁马塘场归石港场管辖,裁余中场归余西场管辖,划泰州分司所属栟茶、角斜2场归通州分司管辖,称通属十场。乾隆三十三年(1768)又裁西亭场归金沙场管辖,通州分司所辖减为9场,以吕四、余东、余西、金沙、石港为南五场,丰利、掘港、栟茶、角斜为北四场。至清末基本不变,时称"通属九场"。嘉庆年间通州境内盐场有灶户40 922户,盘铁206角,锅镦9 443口。① 清末三余湾沿岸基本结束了绵延千余年制盐历史。宣统元年(1909)度支部尚书载泽疏言:"淮南因海势东迁,卤气渐淡,石港、刘庄等场产盐既少,金沙场且不出盐。"②

尽管盐场不断有裁并,但直到清末通州分司仍然是高产盐区,例如光绪《重修两淮盐法志》记载了清代后期通州各场所产之盐实际运销数量。同治四年(1865)至光绪十六年(1890)中,通属场盐经由仪征十二圩扬子总栈运销湘、鄂、西、皖等"扬子四岸"的盐斤,场运到圩总数为3 103 016引,平均每年为124 121引(折合40 960吨);过掣运岸总数为2 964 609引,平均每年为118 584引(折合39 133吨)。到清末民初通属场盐运销通州、海门两食岸年销量为4 000—5 000引,加上如皋食岸的年销量,共6 000—7 500引,每引300千克,折合1 800—2 250吨。③ 光绪年间,滩涂扩张、卤气转淡,盐产减少,通州分司各场年产盐约10万引(折合2万

---

① 《南通盐业志》编纂委员会主修,张荣生编撰:《南通盐业志》,第115页。
② 《清史稿》卷一二三《食货志》。
③ 南通市地方志编纂委员会:《南通市志》(中),第943页。

吨),占淮南盐产总额的25％左右。①

继清前期向东南新淤迁移,崇明灶地清代后期再次因为土淡迎来新的迁移。道光六年(1826)先后将崇明盐灶尽迁于东南沿岸的箔沙、陈陆状、利民、小阴等沙,道光十九年(1839)再迁二十三灶到惠安沙(今属启东),同治八年(1869)再迁四十灶于惠安沙②,但"因续涨卤地圩小,仅置十八灶,其二十二灶未设,仍于小阴等沙,未议迁之,二十三灶同在旧址刮煎"③。光绪二十八年(1902),官灶仅存37副,余皆停煎,产盐量大减,只够本地民食十分之三,尚有十分之七取于淮盐。④

下沙盐场辖境甚广,从今川沙镇直至奉贤境内,明正统年间分为三场,产盐尚丰。入清后由于受长江入海水流冲刷,海水淡薄,难以成盐。康熙四十年(1701)、雍正二年(1724),皆因历年所出引盐难及额数,分别两次将3场合并为1场。以后虽然一度复设3场,但实际上已是"咸潮止一、二团可煎晒,余皆收荡税而已"⑤。乾嘉年间,下沙头场"涨沙渐高,泖道日淤,灶丁贪种花豆,产盐大减于前"。全场原有煎盐团灶20团、107灶,至此仅存20灶尚在产盐,其余皆因水淡停煎。头场如此,二、三两场名义上尚有灶户24 100丁,但其实不产盐。

清中叶以后,吴淞口南岸水域以川沙为界,川沙以南尚可制盐。嘉庆《松江府志》载:"自宝山至九团,谓之穷海,水不成盐;自川沙至一团,水咸可煮,南汇沙嘴及四团尤饶。"⑥但此时下沙一场

---

① 南通市地方志编纂委员会编:《南通市志》(中),第934页。
② 鲍俊林、高抒:《沙岛浮生:明清崇明岛的传统开发与长江口水环境》,《史林》2020年第3期。
③ 民国《崇明县志》卷六《经政志·盐法》。
④ 周之珂主编,上海市崇明县县志编纂委员会编:《崇明县志》,第377—378页。
⑤ 雍正《分建南汇县志》卷一五《杂志》。
⑥ 嘉庆《松江府志》卷六《疆域志》。

各团"涨沙渐高,泐道淤,灶丁贪种花豆,产盐大减于前",仅二十二灶仍坚持生产,"余皆因水淡停煎"①,至道光年间全部停煎。②长江口门内的盐场至此消失。

清代中叶,上海地区盐业衰退导致食盐消费难以自给,需要从浙东盐场调运。"松江城内系食浙省之盐,由提标中营于府城销卖。其松江所属之袁浦、青村、下沙三场所产盐斤,止供松江郡城以外,并奉贤、金山、上海、南汇、青浦等县民食,每至不敷接济。查定海至松江,海运甚便,请将定海所有收买余盐,先尽拨运松江提标销售,每年定以四千二百引为额,其余再听浙省各所盐商领运。"因此,随着本地盐产萎缩,松江府各县食盐到乾隆年间近半来自浙东各场。乾隆年间松江府各县每年消费食盐中至少已有4 200引,约160万斤是从浙东各盐场调入。清中叶嘉庆年间,松江府所辖7县1厅年销额盐32 776引,1 300余万斤,其中从浙东绍兴、台州诸盐场拨入的即占了将近一半。③

鸦片战争后,上海辟为通商口岸,租界食盐由包商承销。咸丰三年(1853)九月,太平军与上海小刀会配合,攻占嘉定、上海、南汇、川沙、青浦等县,引商逃散,商盐运销受阻。同治三年(1864)试行票运,引、票并行。引商由官府划定州县为专卖区,票商则于引地领盐,自由行销。同治七年(1868)招商复引,上海、南汇、川沙等3县、厅年认销4 800引,华亭、松江两县年认销1 500引,奉贤、金山年认销480引,青浦年认销370引。④ 至清末,今上海范围虽存横浦、浦东、袁浦、青村、下沙头场、下沙二三场(二、三两场合并)和崇明盐场,但下沙诸场早已不产盐,其余各场也产量

---

① 嘉庆《松江府志》卷二九《田赋志·盐法》。
② 光绪《南汇县志》卷五《田赋志》。
③ 张忠民:《上海:从开发走向开放(1368—1842)》,第116页。
④ 光绪《松江府续志》卷一六《田赋志》。

大减,整体上盐产显著萎缩。①

二、荡地禁垦

荡地是传统煎盐的重要资源,清代仍然"计丁授荡","沿海草荡分给灶户烧盐,荡皆有课"②。"煮海之利以草为本,灶荡故皆官地给灶丁,按地配引,输盐于官,名曰额荡。"③"每丁受草荡十八亩零,岁支工本钞二贯六百余文,办盐二引二百余斤。"④为整顿恢复盐产,在明代荡地管理制度上,清代强化了草荡禁令,"禁私垦、禁外售"⑤,不准典卖灶地、私垦荡草。清代对草荡这一重要生产资料的控制更为严厉,"禁私垦、禁外售"⑥。此外,清沿明制,五年审核一次丁荡。针对长江口沿岸沙洲滩涂坍涨多变的特点,制定了定期清丈制度。

乾隆年间查禁两淮各场私垦草荡,凡已开垦者令其放荒,复为草荡,蓄草供煎。并规定范公堤内外概禁开垦。灶户草荡如需典卖,同总之内交易,既可活契,亦许卖绝。隔总交易,只许活契出典,载明回赎年限,不许卖绝。灶户草荡不许售于场商与民户,违者按"盗卖官地"律治罪。禁止各场荡草出境贩卖,违者按律治罪。⑦

乾隆十年(1745)两淮盐政吉庆认为"旧制灶户按荡完纳本色引盐,五年一次清审……自本色改征折价,审丁停止不行,而后灶户任意典卖荡地……不论商民及本属别属,得价即售,灶丁脱漏

---

① 唐仁粤主编:《中国盐业史》(地方编),第254页。
② 光绪《重修两淮盐法志》卷九七《征榷门》。
③ 光绪《重修两淮盐法志》卷一五《图说门·引荡刈草图说》。
④ 光绪《南汇县志》卷五《田赋志下》。
⑤ 光绪《重修两淮盐法志》卷二六《场灶门·草荡》。
⑥ 光绪《重修两淮盐法志》卷二六《场灶门·草荡》。
⑦ 南通市地方志编纂委员会:《南通市志》(中),第944页。

版籍,灶荡垦为熟田,甚至民灶互争讼,诚宜设法清理。窃思灶荡卖与场商与卖与民户微有分别,盖民户既不务煎,又不办运,其所买荡地不过图得草薪,或以炊,或以外贩,且其荡或肥沃即思私垦,于煎务实属有害。……请自丙寅年始,灶户荡地不许典卖与商,即有未清盐课止许将荡售与邻灶得价还商"①。又如乾隆十年(1745)两淮盐运使朱续晫查禁各场范堤以外的荡地私垦,严令荡地放荒:"泰属各场荡地在范堤之东,皆属斥卤。每因淤沙外涨,腹内荡地土性渐淡,是以率多改荡为田,垦种杂粮,令仍改草荡,既不能播种菽麦,而田内生草茸细,又不足以煎,究成两弃。"②乾隆三十五年(1770)朝廷再次重申荡地禁垦令:"近年开垦的堤外之地悉令放荒,仍为草荡以供煎事,违者按律科罪。嗣后无论堤之内外,概禁开垦。"③道光七年(1827)官府又颁令"各灶户将私垦之荡照旧放荒外,再查各场荡地,如有私垦成熟者……立即犁毁,押令放荒"④。同时,为维持荡草供应,还颁布《拦草章程》,严格限制越境贩草。"各场设有拦草巡役,专司拦截草薪出境……并饬各场员申明拦草章程,严督巡役认真稽拦。"⑤直到清末光绪年间,淮南盐区荡地仍然严禁私垦,在光绪《重修两淮盐法志》中对盐场荡地的性质讲得很清楚:"煮海之利以草为本,灶荡故皆官地给灶丁,按地配引,输盐于官,名曰额荡。……范堤外除古熟升科,尽属灶地,专令蓄草供煎,禁私垦及樵爨。……凡新荡新淤均归场辖。"⑥

南汇下沙各场荡地也是盐场重要生产资料,但与泰属各场荡地长期禁垦、禁售不同,南汇下沙盐场荡地逐渐放垦。

---

① 嘉庆《两淮盐法志》卷二七《场灶一·草荡》。
② 嘉庆《两淮盐法志》卷二七《场灶一·草荡》。
③ 光绪《重修两淮盐法志》卷九七《征榷门·灶课上》。
④ 周庆云:《盐法通志》卷二七《场产三·物地三》。
⑤ 光绪《重修两淮盐法志》卷二六《场灶门·草荡》。
⑥ 光绪《重修两淮盐法志》卷一五《图说门·引荡刈草图说》。

元明以来松江府各场灶户转垦渐多,由于远离海岸的水乡灶户一般已不能煎盐,有的转以滨海灶户代煎。官府认可下沙各场盐民分化为两个部分,分别征税。盐民分化,为"灶荡分离"、豪强侵占盐场荡提供了可能:"又闻各场灶户多无灰场,往往入租于人,始得摊晒。夫灰场者,产盐根本之地,与草荡皆灶丁之命脉也。乞委所司追取宣德、正统以来草荡旧数,踏勘明白,照丁拨□,明立界限,以防侵夺。"①明末"灶荡分离"之后,南汇各场荡地开发的方式已走向圈围垦种为主,加速了盐场荡地的兼并。"海边草荡明初给与灶户为煎盐之资,万历后豪家告帖起税,管业遂变为荡租,盐工以是消乏。"②荡地兼并导致灶户贫富分化更为严重,"灶户优免俱有见例,奈何奸民暗将田粮诡寄,以图滥免,有豪强灶户田亩千余、人丁百十,止当灶丁数名"③。到清代中叶,荡地兼并现象仍然持续,部分灶户会私卖分拨的荡地,不仅导致大户兼并已有荡地,甚至根据子母相生惯例,进一步侵占新涨荡地。④

元明以来,崇明岛荡地采取的"独分水面、以涨补坍"成为管理的长期原则⑤,"定制以三年为一届,则坍者不致积岁赔粮,涨者即可丈拨补缺也……坍去民田一亩即涨水涂十亩"⑥。但在此基础上,衍生出"望水赔粮""望水生科""留粮待补"等地方惯例或成例。⑦ 这是由于荡涂的优惠税额以及能变为良田的预期收益,让难以开垦的荡涂成为豪强富户争抢的热点,"惟崇明一县有沙无

---

① 正德《松江府志》卷八《田赋下》。
② 乾隆《南汇县新志》卷一五《杂志》。
③ 嘉庆《松江府志》卷二九《田赋志》。
④ 乾隆《上海县志》卷四《田赋》。
⑤ 鲍俊林、高抒:《沙岛浮生:明清崇明岛的传统开发与长江口水环境》,《史林》2020年第3期。
⑥ 雍正《崇明县志》卷一《舆地志·附独分水面以涨补坍说》。
⑦ 康熙《重修崇明县志》卷四《赋役·田制》。

田,岁征沙课,向有常额,涨既不升,坍亦不豁,统归三年大丈,于原额课内摊增摊减,由来已久,只须于届丈之年从公摊拨,尚不难于杜屿外,其余有洲各属则皆积惯,沙棍恃有留粮待补"①。甚至尚未出露的"浪底水涂"也主动向官府交纳税粮,"赔粮守阜",以便可以合法提前占有,待"沙阜出水,渐生斯莞"时形成"草滩",再升科则。② 因此,新涨沙涂长期收益并不低于陆上腴田,赋税却远低于内地,往往受到高度关注,"涨涂尺寸,为里排血业"③。

清初长江口沙荡争夺更为常见,"涨沙无主,日新月异,易启纷争。故田制中弊窦丛生,棍胥串占,不可穷结"④,"沙地偶然涨出,多为土豪霸占,近因争地酿屿,讼案纷起"⑤。沙地"未经报拨,群豪蜂据",即使报拨荡地、绘图存册,但沙涂常有移动,豪强往往伺机移坍占涨、移瘠占肥、移丘侵占。⑥ 这在通州与崇明一带非常普遍,崇明县甚至有了"健讼好斗"的"恶名","沙地坍涨靡常,沙棍乘机霸占,恃强逞凶,屡酿巨案,最为该省恶习"⑦。

三、盐荡转垦

清代后期,随着各场老荡淡化,难以产盐,长江口南北沿岸各场均有明显的盐转垦趋势,特别是南部的浦东沿岸。除长江口水环境变化外,1840年以后时局多变,制盐成本不断提高,积极性日益受挫。特别是太平天国战乱影响航运,淮盐销路大滞,许多盐商破产,通州盐业因之日趋衰落。南岸由于长江口向东伸展,海

---

① 〔清〕陶澍:《陶云汀先生奏疏》卷二二《抚苏稿》。
② 康熙《重修崇明县志》卷四《赋役·田制》。
③ 雍正《崇明县志》卷七《田制》。
④ 雍正《崇明县志》卷七《田制》。
⑤ 〔清〕陶澍:《陶云汀先生奏疏》卷二二《抚苏稿》。
⑥ 雍正《崇明县志》卷七《田制》。
⑦ 〔清〕陶澍:《陶云汀先生奏疏》卷二二《抚苏稿》。

岸线不断东扩,使原下沙盐场所在的海滩外的海水受长江水混合后盐的含量不断降低,清代南汇盐业开始衰落,道光十年(1830)南汇县已无额定应分销的盐引数,全部盐灶已停煎。① 盐荡加快转垦(图6-6)。

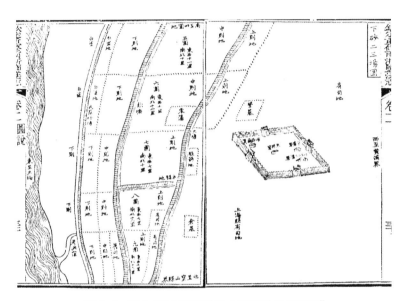

图6-6 嘉庆《重修两浙盐法志》"下砂二三场图"

据乾隆《南汇县新志》、光绪《南汇县志》以及《川沙厅志》记载,清代中叶下沙各场荡地总额为28.3万亩,田地(上、中则荡地合计)占比51.2%,未垦地占48.8%,二者基本各占一半。清末,伴随潮滩进一步淤涨,下沙各场荡地总额为34.6万亩,相比清中叶增长了22.3%,各场田地比例略有下降,占比46.6%,未垦荒地占比略升至53.4%,基本仍为各占一半。整体而言,清代下沙各场垦地约占一半。此外,自北到南,从九团依次到一团,各团灶

---

① 薛振东主编:《南汇县志》,第286页。

的田地占荡地总额的比例不断降低,乾隆年间最高是九团(80.1%),最低为二团(35.8%),到光绪年间,除九团、一团与三团外,其他各团田地占比都有一定下降。

清末荒地放垦的背景下,南汇与川沙新涨沙涂清丈放垦继续扩大。光绪二十六年(1900)大丈、沙洲召卖,"新续涨地七百七十七顷一十五亩有奇。……按光绪二十六年一届大丈,召卖新涨沙洲,奉江苏督办沙洲公所颁定未围垦者,每亩征收地价钱二千文,已围垦者每亩征收地价钱四千文……新涨地每亩征钱四十文,续丈地每亩征钱三十、二十文"①。民国《南汇县续志》总述了下沙各场荡地垦种变化,"元明以后涨滩渐东,墩灶南徙,县境无盐产,而引运遂废。……南团区涨滩较多,雍正间分县后塘东芦荡旧多未翻垦者,董家村一带为灶民屯集之所,自马弄塘以东则一片天荒。至嘉道间有浙甬董奚等姓来滩购荒围圩"②。

崇明沙洲荡地的转垦也十分明显。"沙洲之在江中者可耕,在海中者难艺"③,崇明地处江海交汇,伴随长江口两翼自西北向东南延伸、淡进咸退,长江口水文与潮汐条件发生重大转变,促进了崇明县沿岸潮滩围垦的迁移、调整。④ 清代中叶长江口北支通道不断萎缩变窄,北支出口由河控通道逐渐向潮控通道转变,径流渐弱而咸潮势强,南支通道成为长江主要出口,由潮控通道向河控通道转变。⑤ 南北支通道水环境的逆转,显著改变了崇明县

---

① 民国《南汇县续志》卷四《田赋志》。
② 民国《南汇县续志》卷一《疆域志》。
③ 光绪《崇明县志》卷四《风土志·风俗》。
④ 鲍俊林、高抒:《沙岛浮生:明清崇明岛的传统开发与长江口水环境》,《史林》2020年第3期。
⑤ 陈吉余主编:《上海市海岸带和海涂资源综合调查报告》,上海科学技术出版社,1988年,第105—107页;张军宏、孟翊:《长江口北支的形成和变迁》,《人民长江》2009年第7期;鲍俊林、高抒:《沙岛浮生:明清崇明岛的传统开发与长江口水环境》,《史林》2020年第3期。

沿岸潮滩环境,南侧沿岸潮滩土壤盐渍化变轻,北侧沿岸土壤盐渍程度增强,因此南部沿岸成为荡地围垦的主要地带。

荡地放垦带来植棉的快速发展,产业从制盐转为植棉。长江口沿岸植棉扩张。盐场荡地大规模转为棉花种植,是明清时期长江口沿岸潮滩农业化的突出表现。明代长江口南岸就已经是重要的植棉带,上海县境沿岸"亦潮沙之地……潮汐往返,时盈时涸,壤高善泻,多栽木棉,而少树稼"①。到清代前期,长江口北岸荡地已经广泛兴起植棉,如海门厅"全境八九种棉、一二种禾"②。

长江口植棉扩张最为显著的是崇明沿岸。崇明岛较大规模的荡地开发始于主岛稳定成形之后,旱作种棉便利很多,适宜滩涂沙地种植,成本少,受益高,更易获得扩张,加上坍涨累积的新淤荡地,为植棉扩张提供了丰富的土地资源。③"县地卑斥卤,不宜五谷,但利木棉,种五谷者十之三,种木棉者十之七"④,植棉扩张甚至导致本地粮米不足,需要从外地购买。为改善崇邑种植结构,雍正年间颁文《劝农告示》:"谆谆戒令,少种木棉,多种五谷"⑤,但棉作收益高,且更适合沙地种植,人们热衷植棉难以阻挡。⑥

到清代中叶植棉进一步扩大,崇明县荡地棉作占到七成,甚至九成。⑦ 植棉发展成为清代中叶崇明县荡地垦种的主体,也导致崇明县经济过于依赖棉作,再次引起官府的重视。乾隆四十年

---

① 〔明〕张国维纂:《吴中水利全书》卷一《上海县全境水利图说》,清文渊阁四库全书本。
② 嘉庆《海门厅图志》卷二《舆地志》。
③ 鲍俊林、高抒:《沙岛浮生:明清崇明岛的传统开发与长江口水环境》,《史林》2020年第3期。
④ 乾隆《崇明县志》卷五《赋役志二·采买》。
⑤ 雍正《崇明县志》卷一七《坛庙》。
⑥ 鲍俊林、高抒:《沙岛浮生:明清崇明岛的传统开发与长江口水环境》,《史林》2020年第3期。
⑦ 鲍俊林、高抒:《沙岛浮生:明清崇明岛的传统开发与长江口水环境》,《史林》2020年第3期。

(1775)两江总督高晋《请海疆禾棉兼种疏》称:"惟松江府、太仓州、海门厅、通州并所属之各县,逼近海滨,率以沙涨之地,宜种棉花。是以种花者多而种稻者少,每年口食全赖客商贩运,以致粮价常贵无所底止。……崇明一县,向因本地多种棉花不种粮食,准其招商赴上江有漕聚米之区采买运济。"①

清代长江口北岸荡地已经广泛兴起植棉,如海门厅"全境八九种棉、一二种禾"②。长江口南岸的南汇沿岸土性宜棉,是松江府主要植棉区,"海邑潮汐之区,土宜木棉,不利禾稻"③。"邑滨海硗瘠,植木棉以贸食。"④"海滩垦熟地质腴松,棉花朵大衣厚,远在内地产棉之上,于是沪上纱厂多设分庄于大团,与农民直接买卖。"⑤到清代中叶,南汇沿岸已经成为长江口重要植棉带,盐场荡地特别是下则荡地往往是植棉的主要区域,"滨海下田不过可种棉花五六十斤、绿豆五六斗"⑥。根据叶凤毛《新建八蜡庙记略》所载,南汇沿岸植棉比重估计超过半数,"南邑滨海地高仰,土性杂沙,稼不甚宜稻,植木棉者过半,而间以豆。水皆细流,高岸艰于灌输,而木棉尤畏雨潦"⑦。植棉已是沿岸乡民重要生计来源:"其民善治木棉、菽豆,新涨海滩三十余里,垦蓺莱菔之属,亦足以赡民生而资衣食云。"⑧川沙沿岸也是如此,"地形高仰,宜谷宜棉"⑨。新涨荡地是植棉的主要地带,"滨海新涨,土最宜棉,塘高沟深,屏

---

① 〔清〕贺长龄辑:《清经世文编》卷三七《户政一二》。
② 嘉庆《海门厅图志》卷二《舆地志》。
③ 乾隆《上海县志》卷六《城池》。
④ 乾隆《上海县志》卷五《土产》。
⑤ 民国《南汇县续志》卷一八《风俗志一》。
⑥ 嘉庆《松江府志》卷二〇《田赋志》。
⑦ 乾隆《南汇县新志》卷七《祀典志》。
⑧ 嘉庆《松江府志》卷首《南汇县全境图说》。
⑨ 光绪《川沙厅志》卷首《图说》。

蔽乎其外,潴泄乎其内,我川沙人直视为第二生命"①。

第四节　盐区防灾工程的扩张

一、盐场潮灾

清代长江口沿岸滩涂扩张、场灶向海迁移,元明时期的团灶逐渐形成散灶,众多灶舍分散在广阔滩涂上,长江口又是中国东部台风风暴潮重要登陆点,因此沿岸各场经常面临潮灾风险,"洪潮时泛,淹没草荡田庐灶户,时时惊徙,靡有定栖"②。

长江口沿岸盐场众多,一次较大的潮灾往往影响大部分范围。例如雍正二年(1724)的大潮灾,遍及长江口南北沿岸各县,盐场受损极大。"七月十八九日风雨,东台等十场,暨通海属九场,共溺死男女四万九千五百五十八口,冲毁范公堤岸,漂荡房屋牲畜无算。"③同时这次大潮灾也影响了两浙盐区,"江南浙江沿海地方海潮冲溢盐场,漂没灶户场丁,尤为艰食"④。南汇县"七月十八日大风骤雨、海溢,淹溺各团田庐人畜,坏盐场"⑤。崇明县"七月十八夜大潮,男妇溺死千余,岁饥"⑥。

海潮冲决的最大影响是咸潮淹没灶民、毁坏田地,财产人口直接受损,往往史料里记载得也最为详细。例如康熙四年(1665)七月"松属下砂三场、袁浦场……遭飓风霆雨,海啸潮冲,房舍漂

---

① 民国《川沙县志》卷首。
② 康熙《两淮盐法志》卷一《祥异》。
③ 嘉庆《东台县志》卷七《考二》。
④ 嘉庆《重修两浙盐法志》卷一八《优恤》。
⑤ 光绪《南汇县志》卷二二《杂志》。
⑥ 民国《崇明县志》卷一七《杂事记》。

流,田禾淹没,各灶多有离散"①。乾隆三年(1738)八月"松江府下砂二三场潮水浸溢"②。乾隆四十六年(1781)六月崇明县潮灾"溺死男女一万二千余人,坏民舍一万八千余间"③。

海潮冲刷也时常导致岸滩坍塌。例如在南汇、川沙沿岸,乾隆五年(1740),下沙各场共有"被潮坍卸荡三百八十九顷八十一亩……"④包括下沙二场"被潮坍没各则塘涂六千一百六十二亩一分",下沙三场"被潮坍没荡一万八千六百三十九亩七分"⑤。到清末民初,"一团至八团海滩时见坍进,如三团之老港、中港距海水只十余丈,岌岌不可终日"⑥。

为防范潮灾冲击,减少人员伤亡、荡地坍塌,清代长江口南北沿岸各场加强了海堤与潮墩建设,其中北岸通州各场以范公堤修复为主,同时扩建了避潮墩,南岸松江府各场以海塘或民圩兴筑为主。崇明盐场与通州各场一样,也采取兴筑海塘与避潮墩相结合的方式。

二、海塘加固与扩建

清代长江口地区海塘工程有了较大发展,江北以重修范公堤为主,江南包括重建钦公塘,以及各新塘兴建,江南海塘系统形成。江北又以通州沿岸为重,江南则以上海县、南汇县沿岸为重点,经历了多次大规模兴筑海塘、圩塘过程。

在通州沿岸,明末以来范公堤缺少大修,持续了数十年,加剧了

---

① 嘉庆《重修两浙盐法志》卷一八《优恤》。
② 嘉庆《重修两浙盐法志》卷一八《优恤》。
③ 民国《崇明县志》卷一七《杂事志·灾异》。
④ 乾隆《南汇县新志》卷一《疆域志》。
⑤ 嘉庆《松江府志》卷二九《田赋志》。
⑥ 黄报延:《南汇修筑李公塘报告书》,国光书局,民国五年铅印本,上海图书馆藏。

堤身的破坏,失去挡潮功能。加固加厚范堤十分必要,"宜照高堰漕堤法,低洼者加高七八尺不等,窄狭者帮阔一二丈有奇,润土行硪,务期坚固,一律高广"①。其中,通州沿岸最为紧要。通州境内堤外滩涂淤涨最少,迫近海水,受海潮冲击也最为严重,海堤常遭损坏。因此通州段堤工增修多、类型多样,是重点岸段。② 除了正堤(主海堤)之外,往往多有越堤、格堤、夹堤、遥堤、月堤(或内越堤)等多种类型,提高局部堤工抗灾能力。其中,栟茶、角斜一带近海,风潮更易侵蚀堤身,筑堤最为不易。这里多次在范公堤之外兴筑夹堤与格堤、越堤等堤工。③ 不过,与通州沿岸修补范公堤不同,清代松江府沿岸的海塘不断向海新建,是长江口地区清代海塘工程的重点。

入清后,松江府老护塘、外护塘已经年代久远,坍塌毁坏。清初塘外荡地的开发,需要新的海塘保护,开始出现民圩兴筑活动。康熙六十一年(1722),"海滨士民顾智、倪泰交等以护塘东开垦升科,近患咸潮淹没,列上府县愿自挑筑护塘,知府杨绍申布政司鄂尔泰定议于盐芦界挑筑,至是年三月府檄吴淞司巡检青浦县主簿督视起工,至闰四,一二三团工已半,七月十八日海水挟飓风驾外塘,溢内塘,新筑客土未坚,势不可复支矣"④。民圩离海更近,难以维持。清廷开始重修明代海塘,雍正年间江南沿岸多有兴工。

雍正二年(1724)松江知府杨绍主持重修了内外捍海塘⑤,完成了清初对南汇沿岸旧堤身的巩固。雍正二年(1724)两江总督查纳弼奏请将上海县长人乡划出,另建南汇县,雍正四年(1726)

---

① 〔清〕徐旭旦:《世经堂初集》卷一五,清康熙刻本。
② 鲍俊林:《气候变化与江苏海岸的历史适应研究》,第147页。
③ 鲍俊林:《气候变化与江苏海岸的历史适应研究》,第148页。
④ 乾隆《江南通志》卷五七《河渠志》。
⑤ 乾隆《江南通志》卷五七《河渠志》。

正式建县。雍正三年(1725)奉贤华亭石塘兴建,竣工于雍正十三年(1735)。清雍正十年(1732)老护塘又曾遭大台潮侵袭,塘身多处毁坏。清廷根据巡抚乔世臣的建议,在松江府金山、华亭、奉贤、上海、南汇五县修筑捍海土塘。① 次年南汇首任知县钦琏主持重筑老护塘,"塘身加长至一万五千三百二十丈"(合今 49 千米)②,故又称钦公塘。经历 200 余年后,该塘高度直到 20 世纪中叶仍保持在 5—6 米。乾隆十四年(1749)再次重修钦公塘,长一万三千六百三十四丈八尺,面宽二丈,底宽五丈,高一丈二尺。③

经过清代前期的大力整修之后,江南海塘基本形成。到清代中叶,总体上江南海塘的北段(太仓到宝山)、南段(金山、奉贤)堤线比较稳定,东段(上海、南汇)虽然有老护塘,以及钦公塘,但塘外滩涂扩张、新垦增多,缺少海塘保护。

清代中叶以后,随着钦公塘外荡地开垦成田,向海新筑圩塘的需求增加,乾隆年间多次兴筑民圩。随着潮滩淤涨、盐场转垦,自乾隆初年,开始了圩塘兴筑。乾隆三年(1738),当地民人蔡鸣谦、金干等具呈盐司,认为"地近海滨,中、下两则在塘外者,时被咸潮淹没为害,请各团按亩出夫挑筑圩塘,以御潮汐,以捍田舍",后经下沙二、三场大使李昌樟会同知县韩塽详准,"起筑自五团至九团,共四十余里,高一丈五尺,面一丈,址二丈,在八九团者,今属川沙"④。此后数十年,南汇沿岸的民圩不断增修扩张,如乾隆二十七年(1762)有民人顾绍恺、蔡恒斋等呈议修筑凌家洪口圩塘,五十三年有民人蔡维标等呈议修筑圩塘及杨家洪坝,五十六

---

① 乾隆《江南通志》卷五七《河渠志》。
② 乾隆《南汇县新志》卷五《水利志》。
③ 乾隆《南汇县新志》卷五《水利志》。
④ 光绪《南汇县志》卷二《水利志》。

年又有民人蔡维城、杨绍昌等具呈兴修杨家洪口圩塘百余丈。①经过乾隆年间增修,民筑圩塘形成了一定规模,下则地外侧"民筑圩塘"已成为下沙二三场的重要保障。"濒海夏秋间,每苦风潮,护塘所为筑也。内塘东旧为不毛之地,厥后海渐东移,筑室治田,故更起外塘,而于内塘开水洞以资蓄泄,至外塘东菱芦蔓衍,间有可垦之荡,又起圩塘以为外塘之保障。"②

清代后期钦公塘外潮滩淤涨,新塘需求加大。"钦塘外新涨之地,南阔北狭,或三十余里,或十余里不等。如于新涨外添筑外塘,则数年后新涨皆成膏腴,可收税课巨万。今年七月风潮儿及钦塘,芦场、灶地悉被淹没,似筑塘保护最为要着。……请于新涨外添筑外塘,系为保护沙地起见,与腹地圩岸相等,尽可就地筹款,官督民修。"③光绪九年(1883)被台潮毁后由乡绅彭以藩发起另筑新塘,光绪十年知县王春荫领筑重修,故称彭公塘或王公塘。该塘"自一团泥城南角起至七团川沙界止,长一万一千三百八十八丈八尺,高六尺,面宽一丈,底宽三丈"④,走向大体与钦公塘平行,也是清代上海沿岸最大规模的海塘工程。后因风潮破坏,又在王公塘外新筑李公塘。光绪三十一年(1905)南汇县遭台潮侵袭,"风潮毁坏彭公塘及塘外民圩,淹没农田,绅董盛家淦提请南汇知县李超琼筑新塘"⑤。光绪三十二年知县李超琼领筑新塘,后称李公塘,属南汇县境。⑥ 光绪年间共有八次圩塘兴筑、维护,平均3到4年举办一次。光绪十年到三十一年,共有九次圩塘修

---

① 光绪《南汇县志》卷二《水利志》。
② 乾隆《南汇县新志》卷五《水利志》。
③ 民国《南汇县续志》卷二《水利志》。
④ 民国《南汇县续志》卷二《水利志》。
⑤ 民国《南汇县续志》卷二《水利志》。
⑥ 民国《南汇县续志》卷二《水利志》。

筑工程,平均每年 2.4 次。①

经过清代中后期的多次修筑,上海、南汇、川沙沿岸出现了新塘,并在光绪年间经过几次大修,最终形成多道夹塘。这些夹塘在保护塘内外荡地开发、促进盐荡向圩区转变的过程中,发挥了重要历史作用(图 6-7)。

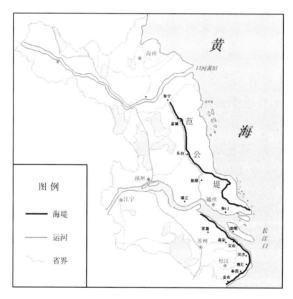

图 6-7　清末长江口南北沿岸的海塘分布

资料来源:根据〔清〕诸可宝辑录《江苏全省舆图》所载《江苏全省》及《松江府》图拼合(光绪二十一年刻本)。

在清代,为稳定灶地、沙田开发、防御灾害、保障安全,崇明岛在水利投入方面更关注防御海潮灾害。② 清初修筑了一系列沙坝,整体规模较小。其中以文成坝(即平洋沙堤)规模较大。顺治十二年

---

① 民国《川沙县志》卷六《工程志》。
② 鲍俊林、高抒:《沙岛浮生:明清崇明岛的传统开发与长江口水环境》,《史林》2020年第 3 期。

(1655)文成坝筑成,位于平洋沙、东大阜沙交界处,坝长2824步(约今4.5千米)。① 顺治年间出现的其他沙坝包括:知县刘纬筑刘公坝,在平洋沙东大阜之交;知县龚榜主持筑保定沙坝、永宁沙坝,各长1500余步(约今2.4千米)。② 据康熙《重修崇明县志》所记,主要沙坝包括官坝、刘公坝、陈公坝、保定沙坝、永宁沙等。③

清代中叶以后,崇邑东北部岸线受海潮影响最为明显,为防御潮灾侵袭,自明万历年间北洋沙堤兴筑的170余年后,崇明县大规模官办海堤再次启动。④ 据《赵公海堤记》所载,乾隆二十七年(1762),知县赵廷健主持兴筑海堤,故称赵公堤。"堤有两处,始自北而东由东三沙至十滧,去海五六里有差,基广五丈,高一丈,面宽二丈。继自西而南由平洋沙至蒲沙套迤东,去海稍近,基广八尺,高杀之,共长百里。"⑤ 赵公堤位置更靠近滨海,相对于北洋沙堤,该堤明显向东迁移了为20—30千米。清末赵公堤"西南堤坍没而东北堤岿然尚存,惟西南端亦坍,兹所存者,西自富民镇、东迤十滧,长五十余里,捍御咸潮,百世利赖"⑥。虽堤身残存破损,但依然能保护堤内居民安全、发挥防潮作用。光绪三十一年(1905)巨潮,"堤外人畜淹毙无算,田庐荡焉而,而堤内棉谷丰收"⑦。此外,崇明岛及外沙还有道光十八年(1838)由邑人张瑞生兴筑的平安沙坝,光绪三十二年(1906)龚其杲筑杨惠沙堤。杨惠沙堤位于崇明外沙,长江口北部沿岸,今启东沿岸一带。光绪三

---

① 康熙《重修崇明县志》卷三《建置·海岸》。
② 康熙《重修崇明县志》卷三《建置·海岸》。
③ 康熙《重修崇明县志》卷三《建置·海岸》。
④ 鲍俊林、高抒:《沙岛浮生:明清崇明岛的传统开发与长江口水环境》,《史林》2020年第3期。
⑤ 乾隆《崇明县志》卷一《水利》。
⑥ 民国《崇明县志》卷五《河渠志·堤坝》。
⑦ 民国《崇明县志》卷五《河渠志·堤坝》。

十一年巨潮为灾,杨家、惠安两沙东北濒大海,受祸尤酷,龚其昺请于知县杨士晟,以官民结合的形式筑堤。"自杨家沙惠兴竖河海坝起,迤东至节字圩转南至无字圩,绕西至四溇,南至二百七十二号惠安沙止。"①堤身长 6 721 丈,基广 5 丈,面宽 1 丈,高 1 丈,堤成后"卤潮不入,斥地为腴,民享其利"②。

三、潮墩的扩建

伴随海涂扩大、亭灶分散,盐作规模扩大,需要更多的潮墩。除了海堤外,在明代基础上,清代长江口地区也加大了避潮墩的扩建,主要集中在通州与崇明。通州沿岸各场除了修补范公堤外,实际上避潮墩的扩建是规模更大的防灾工程(图 6-8)。

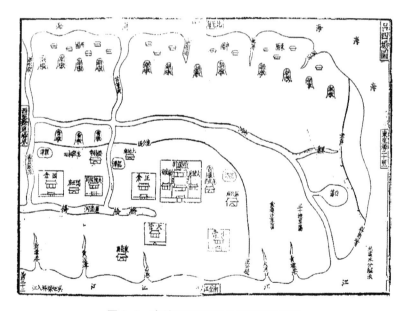

图 6-8 嘉靖《两淮盐法志》"吕四场图"

---

① 民国《崇明县志》卷五《河渠志·堤坝》。
② 民国《崇明县志》卷五《河渠志·堤坝》。

民办或自发筑墩的问题在于易成易坏,难以持续,"灶丁亭民自造,以避潮患者,然人力不齐,海水变易而多寡兴废亦因之靡定焉"①。明末以来旧有墩台早已年久失修,迫切需要官办潮墩,加高培厚,巩固墩台。

清雍正十年(1732)江苏布政使白钟山奏令沿海沙洲居民筑墩防潮,谓之"救命墩"②。"令沿海各沙洲建筑土墩,每岁地方官于农隙之时督令乡保,不分民灶,按户分筑,其墩高至二丈为度,阔以居民之多寡为定,四面皆如梯形,不必陡削,计一年之内不过数日举手之劳,而日积日高,二三年间已成大墩,不但潮至可以趋避,兼可了望海洋,实于海隅民生大有裨益,其沿海省份凡有沙洲民居处所宜一体举行。"③到乾隆十一、十二年间,包括通州分司在内的整体两淮盐区,开始了第二次集中官筑潮墩。

乾隆十一年(1746)三月盐政吉庆奏修潮墩:"两淮灶户民住海滨,每年伏秋大汛恒虑潮患,臣前于查场时见亭场煎舍处所间有土墩,而多寡有无、或远或近,并不一律。询因煎舍离场辽远,一遇大潮猝至,煎丁奔走不及,即登墩避潮,名为避潮墩,以保生命。只因年深日久,不加陪筑,以致十墩九废。每遇潮患,煎丁多有损伤,是潮墩之修废,灶丁之生命系焉。"④经过场商捐资修建,"是年五月吉庆复奏,通泰二分司所属原议必需修建之避潮墩共一百四十三座,复又续添五座,各商俱已修筑完固"⑤。这次官办商捐筑墩,一共修建148座。乾隆十二年大潮灾,新建避潮墩便发挥了重要作用。"今岁七月十四、五等日,猝被大潮异涨,据各

---

① 嘉庆《两淮盐法志》卷二八《场灶二·范堤·附烟墩潮墩》。
② 乾隆《江南通志》卷五七《河渠志》。
③ 乾隆《江南通志》卷五七《河渠志》。
④ 嘉庆《两淮盐法志》卷二八《场灶二·范堤·附烟墩潮墩》。
⑤ 光绪《重修两淮盐法志》卷三六《场灶门·堤墩上》。

属禀称,凡灶丁趋避潮墩者,俱得生全,不及奔赴或另乘竹筏等类者,多遇淹毙。"① 同时对潮墩加强管理,如修建阶梯以便灶民上墩,规定不得在潮墩旁边挖坑,并"设堡房堡夫专司巡守"②,造册备案,由场员负责管理。此次淮南二十二场合计添设 232 座,其中通州分司十场共新设 76 座,占通泰分司总数的三成。通州分司海岸淤涨程度最小,灶民距离范堤不远,大潮时仍可以上堤躲避,因此潮墩兴筑规模小于泰州分司。③

清末,通州分司再次扩建避潮墩、灶户墩、民户墩。光绪九年(1883)在盐政左宗棠、运司孙翼谋的主持下,依严作霖建议,淮南盐区各场开始大规模屋墩修建,"每灶屋后筑一救命墩,民捐民办,不请公款"④。除泰属刘庄、梁垛、通属金沙、石港地居腹里,海潮不至,没有筑墩外,最终其他各场共筑屋墩(包括灶户、民户墩)3 949 座,其中通属各场共 1 226 座。各场新修潮墩,大者"顶见方每面二十丈",小者"顶见方每面五丈"⑤。合今面积为十余米见方至数十米见方,单个潮墩一般能容纳二百人左右。此次筑墩,一般"高一丈三尺及一丈六尺不等"⑥,平均相对地面高度为 3.04 米(约海拔 4 米)。⑦ 19 世纪末江苏沿海潮位平均一般在 3—4 米之间。因此,潮墩高度与平均高潮线基本一致。⑧

筑墩在崇明潮滩也是重要防潮设施(图 6-9),为保护盐灶安全,清代两次加大了崇明潮墩("济民墩")兴筑,雍正十年(1732)挑

---

① 光绪《重修两淮盐法志》卷三六《场灶门·堤墩上》。
② 光绪《重修两淮盐法志》卷三六《场灶门·堤墩上》。
③ 鲍俊林:《气候变化与江苏海岸的历史适应研究》,第 220—221 页。
④ 光绪《重修两淮盐法志》卷三七《场灶门·堤墩下》。
⑤ 光绪《重修两淮盐法志》卷三六、三七《场灶门·堤墩》。
⑥ 光绪《重修两淮盐法志》卷三六《场灶门·堤墩上》。
⑦ 光绪《重修两淮盐法志》卷三七《场灶门·堤墩下》。
⑧ 鲍俊林:《气候变化与江苏海岸的历史适应研究》,第 256 页。

筑济民墩,原建42座。① 此后潮墩年久侵削,乾隆十六年(1751),总督鄂容安饬布政司郭一裕"通饬沿海地方各筑避潮墩,维时知县王纬令民照旧挑筑,并详请另设九墩,以济沿海居民"②。"续设济民墩九:一在东半洋沙、一在西半洋沙、一在四滧竖河、一在向化镇、一在花撇滧、一在长安沙、一在官尖、一在朱华港、一在三河镇。"③民国《崇明县志》记载了存留潮墩的名称及位置,共有46座。④

图 6-9 崇明潮墩遗迹

资料来源:选自上海市崇明区政府网站。

避潮墩这种形式主要分布在苏北及崇明县沿岸,在松江府沿岸,除了属于军防系统的汛墩或烟墩,以及制盐淋卤的盐墩之外,滨海地带缺少类似通州与崇明岛避潮墩的防灾土墩。⑤

---

① 嘉庆《直隶太仓州志》卷五《营建志下·济民墩》。
② 嘉庆《直隶太仓州志》卷五《营建志下·济民墩》。
③ 嘉庆《直隶太仓州志》卷五《营建志下·济民墩》。
④ 民国《崇明县志》卷五《河渠志》。
⑤ 嘉定沿岸有避潮墩。"避潮墩凡三,在虞号十六、十七、十八等图,海塘未筑时,里人许姓筑。"见光绪《嘉定县志》卷三〇《名迹志》。

盐墩是松江府沿岸各场制卤的重要设施，南汇制盐"筑土为墩，宜随时锄松墩泥，灌浇海水墩中，复凿深井，用缸作底，俾四面咸汁漉入缸中，名曰卤井，盐之原料也"①。下沙各场盐墩数量庞大。清代中叶以后下沙二三场逐渐不产盐，盐墩集中在下沙一场，共有"盐墩四千一百二十三所半，全属一场"②。其中，一团盐墩三千一百六所，二团上则盐墩九所半，中则盐墩五所，下则盐墩三所，三团盐墩一千所。③"大墩约有三十余亩，小墩四五亩至七八亩不等，坐落海塘左右，从前灶户煎盐，备作淋卤之用。"④又如金山沿岸"袁浦场……灶舍错处城外，自立墩涂，刮淋煎办盐"⑤。奉贤县"东南两门外有捍海塘，外水墩、中墩、旱墩、草荡。内中墩、旱墩，因潮水不至，不产盐，卤地多荒废"⑥。这些海塘外潮滩上的土墩，类似于灰场与盐亭，用于淋卤制盐，是制卤设施，不同于前述专门用于躲避大潮侵袭的避潮墩。

第五节　清末张謇废煎改晒与板晒盐

清代长江口地区南北各场仍沿用淋卤煎法生产⑦，直到清代后期开始出现改晒，通州与松江府各场的板晒（淋卤晒盐的一种地方类型）源自浙东盐场。

乾嘉之际位于舟山群岛的岱山盐场开始改煎为板晒，随后浙

---

① 民国《南汇县续志》卷二〇《风俗志三》。
② 光绪《南汇县志》卷五《田赋志下》。
③ 光绪《南汇县志》卷五《田赋志下》。
④ 民国《川沙县志》卷八《财赋志》。
⑤ 嘉庆《重修两浙盐法志》卷六《场灶一》。
⑥ 光绪《重修奉贤县志》卷一九《风土志》。
⑦ 鲍俊林：《中国古代海盐生产技术的发展阶段及地方差异》，《盐业史研究》2021年第3期。

东各盐场也陆续推广板晒法。咸丰年间岱山盐民曾逃荒到奉贤一带,板晒法传入浙西盐场,本地盐民见而仿效。① 光绪《松江府续志》载:"兵燹以后,锅灶无存,薪价昂贵,各场仿余姚、岱山之法,始行晒盐。"②

板晒属于淋卤晒盐法,也叫"淋卤板晒法",简称"板晒",不同于北方盐场的滩晒(晒卤晒盐),板晒法在制卤环节上与淋卤煎盐、淋卤晒盐一样,都需要利用滨海沙土淋卤,并依赖大量的人工劳力投入;只是在制盐(结晶成盐)方式上,板晒法不依赖燃薪煎熬或风日蒸发结晶,而利用晒板进行晒卤结晶。③ 板晒法主要包括选辟塔场、引潮浸灌、耙晒咸泥、刮泥淋卤、板晒成盐五道工序,其晒板规格长 2.5 米,宽 1 米,形如门板,四周围木框,深约 0.03 米,便于贮卤。④ 每卤一担,约摊板十块,夏日卤厚时,每板日可晒盐二三斤,冬日卤薄,只得一斤。⑤

因晒板分散,管理远不如集中的煎灶方便,板晒生产比煎盐生产更容易透私,官府加以查禁。"灶丁晒盐,永宜禁绝,良以各场灶丁只准煎盐,并无晒盐条例。"⑥光绪七年(1881)两浙盐运司派员到松江府各盐场查点晒板,"松所各场……不两年而晒板已有五万七千三百余块之多"⑦。"计沿塘有板之处,东至奉贤、青村,西至金山、横浦,袤延八十余里……袁浦场晒户一千九百十

---

① 柳国瑜主编:《奉贤盐政志》第四篇《生产》,第 44 页;第 9 篇《社会》,第 113 页。
② 光绪《松江府续志》卷四〇《拾遗志》。
③ 鲍俊林:《中国古代海盐生产技术的发展阶段及地方差异》,《盐业史研究》2021 年第 3 期。
④ 江苏省地方志编辑委员会:《江苏省志·盐业志》,江苏科学技术出版社,1997 年,第 82—83 页。
⑤ 盐务署盐务稽核总所:《中国盐政实录》,《近代中国史料丛刊》三编第 871 册,文海出版社,1933 年,第 163 页。
⑥ 光绪《松江府续志》卷一六《田赋志》。
⑦ 光绪《松江府续志》卷一六《田赋志》。

七户,计晒板四万九千四百四十六块;青村场晒户三百四十五户计,晒板五千一百四十六块;横浦场晒户二百十一户,计晒板二千二百二十三块;浦东场晒户五十六户,计晒板五百十八块,共计晒板五万七千三百三十三块。"①这里不仅有本地灶户改晒,也有周边客民迁来。"松属东南滨海地僻荒凉,沿海居民鲜有产业,从前各灶户系于海边取卤,用灶煎熬。近年以来改煎为晒,事既便捷,居民因以效尤。在土著民人本属无多,茅屋栖止,借微利以博生计。其晒板少则数块,多止十余块。至外来客民大半借口隶余岱及镇定等处,载板而来,就卤摊晒,统计华奉金沿海地方共查出晒板五万有零。"②尽管晒板快速扩张,"大为引地之害"③,但为后来张謇在通州分司的废煎改晒提供了基础,得到了推广。

光绪二十七年(1901)实业家张謇等人集资规银 22 万两,采取股份公司形式,利用吕四场南部荒滩,创办通海垦牧公司,利用沿海荡地发展棉产,为大生纱厂提供保障。在发展棉产的同时,张謇经过审慎考察,决定因地制宜,振兴通州盐业。光绪二十九年(1903)六月,张謇等人集资购买吕四场垣商李通源的盐垣,在通州吕四镇创办同仁泰盐业公司④,为大生实业系统的企业之一,张謇任总理。盐务行政上受两淮盐运司通州分司吕四场署管辖。同仁泰盐业公司原始资本为规银 10 万两,除大生纱厂的部分股东外,尚有上海道台袁树勋以及通海垦牧公司等。公司购买的垣产,计有煎亭 356 副,荒亭 72 副,共 428 副,并随亭草荡、垣房,共

---

① 光绪《松江府续志》卷一六《田赋志》。
② 光绪《松江府续志》卷一六《田赋志》。
③ 光绪《松江府续志》卷一六《田赋志》。
④ 张謇:《致同仁泰盐业公司股东函》,李明勋、尤世玮主编:《张謇全集》第 2 册,上海辞书出版社,2012 年,第 253 页。

计价银漕宝 4.5 万两,折合规银 50 056 两。①

为改良盐业、推动荡地废灶兴垦,同仁泰公司实行盐垦并举,首要任务便是推动生产与管理改良。② 一方面整修原有亭场、增加煎丁与灰场面积、疏通潮港、换置锅鐅,并尝试对旧煎盐法稍加变通,实行聚煎,将以往分散煎盐生产的模式改为手工业工场式集中生产;另一方面加快了对传统制盐方法的改良,积极试验各种制盐方法,开始了新阶段的改晒尝试。③ "博采古今中外制盐之法,审择土宜,以求改良。"④

光绪二十九年(1903)张謇亲赴日本各产盐地考察,发现日本制盐法"不恃天而恃人",确实较为先进。在日本考察时他身体力行,自东京出发,冒雨乘火车走六昼夜,周历其滨海盐田,详细了解当地盐田生产情况,并派人拜访盐工技师,参观日本松永町盐业调查所。每到考察地,张謇都将所见所感翔实记录,以便为回国后开展试验改良提供借鉴。1904 年同仁泰公司设立试验场,租用通海垦牧公司 120 亩滩涂,聘请日本制盐技师试验日本制盐法;制卤用沙不用灰,煎盐用釜不用鐅,燃料用煤不用草,当年产盐 9 100 千克。不过该法与传统煎盐并无差异,属于工艺优化后的精制盐,反而增加了成本,后停办。⑤ 同时该公司也积极仿效淮北、山东晒盐法。在《盐业整顿改良被扼记》一文中,

---

① 南通市地方志编纂委员会:《南通市志》(中),第 928 页。
② 鲍俊林:《传统技术、生态知识与环境适应——以明清时期淮南盐作为例》,《历史地理研究》2020 年第 2 期。
③ 鲍俊林:《15—20 世纪江苏海岸盐作地理与人地关系变迁》,第 164—165 页;鲍俊林:《传统技术、生态知识与环境适应——以明清时期淮南盐作为例》,《历史地理研究》2020 年第 2 期。
④ 张謇:《整顿垣章禀场立案文》,《张謇全集》第 1 册,第 47—49 页。
⑤ 鲍俊林:《传统技术、生态知识与环境适应——以明清时期淮南盐作为例》,《历史地理研究》2020 年第 2 期。

张謇记载了在吕四试验晒法的艰难过程:"复仿海州(淮北)及山东晒法,筑土池,土埋疏渗,不任盛卤,改砖池仍漏,用水泥涂缝而止。会秋多雨,及晴而日薄,无良效亦止。"①由于通州土质偏沙,这些试验多至失败,最后试验板晒法。光绪三十二年(1906)张謇派人实地考察松江、宁波板晒法,一面"派人雇工于松",一面"派人制板于宁";尽管试验过程中运司也是百般阻碍,但辗转获试其效颇著,最终还是获得了成功。②

吕四场板晒试验成功为其他盐场改晒提供了榜样。光绪三十三年(1907)江宁知府许星璧巡查通泰海各场,他建议通属各场也试办板晒,以图节约成本。如"丰利场有卤无草……又地势近海,可刮咸泥仿照松江板晒。栟茶(场)……正场近海,亦可试办刮泥板晒之法。(余东场)惟有仿照吕四试办板晒之法,渐图改良"③。有了官府的鼓励,板晒传入速度加快。板晒逐渐分布于松江、通州诸盐场,甚至泰州个别盐场。光绪七年(1881)袁浦、青村以及东台、何垛、启东、三甲等地,均采用板晒法,其中袁浦、青村、横浦、浦东等场,共有晒板 67.88 万块。④

通过积极探索改进传统煎盐方法和技术,同时探索全新管理模式,加强生产管理,同仁泰公司生产规模逐渐扩大。到光绪三十五年(1909)已经发展到拥有盐板 13 000 块,还积极筹措资金准备再新添 7 000 块。⑤ 在此基础上,张謇还从改良食盐品质的角度,积极筹制精制盐。光绪三十二年(1906),同仁泰盐业公司携

---

① 张謇:《盐业整顿改良被扼记》,张謇研究中心、南通市图书馆编:《张謇全集》第 3 卷,第 519 页。
② 鲍俊林:《传统技术、生态知识与环境适应——以明清时期淮南盐作为例》,《历史地理研究》2020 年第 2 期。
③ 周庆云:《盐法通志》卷二七《场产三·物地》。
④ 江苏省地方志编辑委员会:《江苏省志·盐业志》,第 82—83 页。
⑤ 张謇:《致同仁泰业公司股东函》,《张謇全集》第 2 册,第 253 页。

所产精制盐参加在意大利举行的国际展赛会,"各国评议称为色味俱佳,得最优等奖牌"①。至宣统二年(1910)同仁泰盐业公司开办8年,积亏银164 353两,加上实际上无法收回的各项工程费用29 190两,共计亏银193 543两。同年,板晒场招收当地盐民代替松江盐工从事晒盐生产。宣统三年(1911)起同仁泰盐业公司废止雇工聚煎的生产方式,仍旧改为与旧盐垣一样的招收煎户,领草散煎,向公司交盐付钱。②

---

① 《南通盐业志》编纂委员会主修,张荣生编撰:《南通盐业志》,第115—116页。
② 南通市地方志编纂委员会:《南通市志》(中),第929页。

第七章

20 世纪初以后的盐业转型

第一节 20 世纪前期的裁废转产

一、南通地区各场

清末民初长江口盐业裁废转型、废灶兴垦,就是从通州地区兴办通海垦牧公司开始。在 20 世纪初的开发中,通海垦牧公司快速发展,将通州原有的盐场荡地逐渐改造为农田,土地利用方式出现了重大转变。在这个过程中,也结束了长江口北岸两千余年的传统煎盐历史。

清宣统三年(1911)十月废两淮盐运使司,改设为两淮盐政局,长官称盐政总理,隶属江苏军政府。民国元年(1912)两淮盐政总理张謇以金沙、石港 2 场额盐无多,分加于吕四、掘港 2 场,将金石 2 场裁汰。同时将余西场并入余东场,改名余中场;丰利场并入掘港场,取名丰掘场;栟茶场并入角斜场,取名栟角场;吕四场因盐产尚丰,独立如旧。裁并后有 4 个盐场,总面积经淮南垦务局实测为 2 915 527 亩。总场署驻南通城,隶两淮盐政。同年又废两淮盐政总理,在扬州恢复设置两淮盐运使司,直隶中央财政部盐务署。① 民国二十年(1931),栟角场归并丰掘场,仍名丰掘

---

① 《南通盐业志》编纂委员会主修,张荣生编撰:《南通盐业志》,第 26、115 页。

场;吕四场归并余中场,仍名余中场。至此南通共2个盐场。民国三十一年(1942)丰掘场和余中场合并为余丰总场。民国三十四年(1945)设吕四、余中、北坎、苴镇、丰利、栟茶和角斜7场。①1949年年初,南通境内设有吕四、余中、丰掘、栟茶和角斜5场,后合并为如东、通东2场。20世纪50年代南通沿岸继续推进"兴垦废灶",煎盐场区逐年缩小。1956年仅剩如东1场,统管如东县及余中(属海门县)、吕四(属启东县)3地盐产。60年代后,煎盐场逐步消失,所余人员并入新建的滩晒盐场。②

民国三年(1914),北洋政府废止引斤,以担计量,但淮商行运票盐习惯上仍以引计量,每8担合1引,重400千克。称放盐斤用司马秤,每担50千克。商店零售用市秤。民国四年因淮南通泰盐产数减少,年销往"扬子四岸"及外江内河食岸的配额由晚清时的60万引减为27.5万引,其中约三分之一为通属场盐年销额,每年约9万引,折合3万吨左右。此后盐产愈减,销额愈削。民国十六—二十五年(1927—1936)10年中,南通各场盐年销量约1.03万吨,占淮南盐年总销量的19.40%。③ 相比清代有所下降。

民国年间,通州各场推行废灶兴垦,传统煎盐规模快速萎缩,但板晒规模得以发展。民国初年南通盐场年产量为2万—3万吨。民国四年同仁泰盐业公司在美国旧金山为纪念巴拿马运河通航而举办的博览会上又获特等奖状。《中国盐政实录》载:"吕四所产,无论聚煎、板晒,品质最上,推为淮盐之冠。"民国十年南通4场年产"官盐"约7 000吨,还有未经政府收购的"私盐",按《中国实业志·江苏省卷》所载调查比例"官私各一"计,年实产盐1.4万吨,占淮南盐产总量的35%。民国二十五年南通产盐量占

---

① 《南通盐业志》编纂委员会主修,张荣生编撰:《南通盐业志》,第115页。
② 南通市地方志编纂委员会编:《南通市志》(中),第927页。
③ 南通市地方志编纂委员会编:《南通市志》(中),第943页。

淮南盐产总额的 20.4%。

20世纪前期南通地区的主要盐业生产集中在同仁泰盐业公司。民国元年(1912)后同仁泰盐业公司年收盐3万—4万桶,最高曾达5万桶。民国十五年后该公司生产经营情况逐步下降。民国二十四年因试验场和煎晒场先后并入,总面积达5 700亩。民国二十五年设在吕四镇上的同仁泰盐业公司的办事机构迁到三甲板晒场。民国三十四年年底,同仁泰盐业公司宣告结束。1949年大板场属淮南盐务管理局通如分局吕四盐场办事处管理,不久改隶淮南盐务管理局通东盐场吕四场务所。①

为推动苏北废灶兴垦,民国年间加快了淮南盐区传统制盐的裁废,但效果不佳。民国元年(1912)通属各场开始测丈荡地筹划兴垦。民国二年(1913)创办余中场大有晋盐垦公司;民国五年(1916),丰掘场大豫盐垦公司、栟角场大赉盐垦公司先后创立;民国七年(1918)丰掘场益昌盐垦公司成立。甚至板晒盐也被限制,民国八年(1919)两淮运司派员封闭丰掘场大豫、余中场大有晋两个盐垦公司的板晒制盐。民国十年(1921)盐务署令禁止淮南盐产,不发许可证券,且限三年禁绝;张謇考虑到此事关系淮南盐区数百万灶丁生计,故积极电请政府缓行,请求准照淮北盐场的办法推动淮南各场进一步改煎为晒。因此民国十三年(1924)清查淮南场灶,先令注册,为发给证券之标准,尝试改晒,延续盐场生存。同时,淮南垦务局被裁,归两淮盐运使公署,垦务归盐运使办理。②

在张謇的推动下,淮南盐业得到一定发展,特别是通州沿岸各场改晒后,有所恢复。民国十四年(1925)淮南盐增加桶价。民

---

① 南通市地方志编纂委员会编:《南通市志》(中),第929页。
② 《南通盐业志》编纂委员会主修,张荣生编撰:《南通盐业志》,第27页。

国十六年(1927)颁发各盐场知事公署组织章程。同时,淮南淮北盐区各设缉私局,公布盐务缉私章程。民国十七年(1928)通属各场筹设场警,试办晒板,统一规定制板标准。到1929年"淮南盐场决改晒废煎,减轻成本"①,民国十九年(1930)盐务署核准南通人田献臣试办筑池新法,改良晒盐。1930年南通境内4场尚有煎灶1046副,但吕四场有晒板1.28万块,东何场0.44万块。②1940年新四军通如海启抗日民主政府接管盐务,年产盐2万吨左右,约占淮南盐产总额的27%③,基本恢复到清代的盐产比例。1949年通东、如东2场尚有煎灶566副,后逐渐淘汰。④

民国二十五年(1936)裁撤淮南运副,扬州稽核分所改为支所。两淮盐务管理局设在淮北,扬州设分局,各场设盐场公署。当时已经改灶归民的三余湾沿岸的废场(马塘、石港、金沙、西亭)由盐务系统移交到江苏省政府管理。民国三十六年(1947)国民政府军对淮南沿海一带进行"清剿",烧毁草荡20万亩,加之天灾,当年盐产量比上年减产一半。1949年华中行政办事处重建两淮盐务管理总局(驻扬州)。《新华日报》刊文《苏中淮南盐管局决定实行废灶兴垦》,淮南盐区废灶兴垦重新提上议事日程。⑤

虽然传统煎盐场消失,但北支口门到启东东北沿岸盐度较高,实际上能够开展煎盐,通州沿海还会出现盐民、农民私煎私运现象。例如在启东沿岸:"现今启东人民,挖取盐泥,日益增多,动辄万人以上,均用小车搬运,每人至少必至数百斤之多,以每日计

---

① 《淮南盐场改晒废煎》,《申报》1929年1月22日,第7版。
② 盐务署盐务稽核总所:《中国盐政实录》,《近代中国史料丛刊》三编第871册,第162页。
③ 南通市地方志编纂委员会编:《南通市志》(中),第934页。
④ 南通市地方志编纂委员会编:《南通市志》(中),第932页。
⑤ 《南通盐业志》编纂委员会主修,张荣生编撰:《南通盐业志》,第31页。

算被刮盐泥,均在数万斤,以之沥卤煎盐,为数至巨……将有恢复废灶基地、筑墩淋卤之举,税警查禁,恃众反抗。"①南通、崇明也是如此,出现饥民自发挖掘盐土煎盐,官府认为紊乱盐政,采取严禁政策,引发乡民聚众数千人请赈,税警开枪导致死亡二人,风潮颇烈。② 可见,长江口的启东沿岸盐业资源仍然丰富,但随着社会经济发展,在推动废灶兴垦过程中,传统煎盐生产被淘汰。

民国初年,板晒法传入通属余中、丰掘2场,至民国十九年通境盐场共有晒盐板 1.28 万块。1949 年增至 2.48 万块。1949 年后,以氯化钠含量高低衡量盐质,板晒法因工艺落后渐被淘汰。1960 年晒盐板减至 1.04 万块,后仅吕四附近的三甲盐场沿用板晒制盐至今。清末民初同仁泰盐业公司曾试验滩晒制盐法,无功而罢。1958 年如东盐场管理处试验滩晒制盐获得成功,随后南通境内相继建成 6 个滩晒盐场。70 年代起逐步推广淮北盐场用塑布苫盖结晶池防雨措施。80 年代首创在土质沙性严重的池格底部采用塑布进行土下平面垫层防渗技术,建成稳产高产的盐田。1959 年有盐滩 105 份,1987 年增加到 202 份。③

二、江南地区的盐业

民国元年(1912)横浦、浦东两场并为两浦场,上海地区只有青村、袁浦、两浦以及归太仓州属的崇明等 4 个盐场。除崇明场仍为煎盐,其余 3 场均为板晒制盐。④ 此时长江口南岸盐场集中在金山奉贤交界地带。秦汉以来,长江口南岸产盐带重新回归到起点区域。

---

① 《江苏省政府咨文》,《财政日刊》1934 年第 1961 期。
② 《崇明饥民煎盐风潮》,《盐政杂志》1935 年第 60 期。
③ 南通市地方志编纂委员会编:《南通市志》(中),第 932 页。
④ 唐仁粤主编:《中国盐业史》(地方编),第 251 页。

松江各场板晒较多，集中在金山奉贤沿岸的青村、袁浦、两浦场，三场板晒产量占松江盐场的98.8%。① 1916年废除崇明场盐灶（外沙），禁止煎盐，盐丁歇业，灶户改行。1920年，仅产灶盐8 000至10 000担。②

崇明岛沙堡坍涨无常，煎灶不断迁移，产盐量大减。民国二十一年（1932）仅存坐落启东的煎灶40多座，当年1月崇明盐场裁撤。次年9月飓风侵袭，煎灶被毁，崇明盐场全部裁废。民国二十二年，青村、两浦盐场产量减少，二场与袁浦场合并，称袁浦盐场，管辖青村、平朱、柘林、两浦等4个场务所。这时上海地区已只剩袁浦1个盐场，年产盐仅1.8万吨。③ 抗日战争期间，袁浦盐场被日伪控制。1949年后，袁浦场部分盐区虽陆续裁废转产，但经过整顿和改进生产工序，私漏减少，产量仍有所增加。

民国元年（1912）设立松江盐政局，后更名为苏五属盐政局，隶于江苏都督。翌年苏五属盐政局改称为苏五属榷运局，直属中央。后袁世凯政府向英、法、德、俄、日等五国借款，以盐税作抵押，并签订《善后借款合同》。民国三年（1914）六月成立松江稽核分所，设经理及协理各一员。松江稽核分所下辖袁浦、青村、两浦三场，各场设场长一人。民国十二年（1923）松所三场下设褚家聚、奉东、平安泖、戚秭墩、郁家桥、西湾、柘林、漴缺、金山卫九个秤放局。民国十九年（1930）松所下辖青村、袁浦、两浦三场，改名为场公署，青村场公署仍在高桥镇，袁浦场公署在南桥镇周家弄，两浦场公署在金山卫北门。民国二十一年（1932），青村、两浦二场并入袁浦场公署，合三场为一场，袁浦场公署仍驻原址，辖青

---

① 盐务署盐务稽核总所：《中国盐政实录》，《近代中国史料丛刊》三编第871册，第601页。
② 周之珂主编，上海市崇明县县志编纂委员会编：《崇明县志》，第377—378页。
③ 唐仁粤主编：《中国盐业史》（地方编），第251—255页。

村、两浦两个场务所,下设柘林、漕缺、戚钱、西湾、金山卫、平安泓、褚家聚、奉东等八个验放处。民国二十五年(1936)袁浦盐场公署增置柘林场务所,设在柘林镇,袁浦盐场公署下辖柘林、青村、两浦等场务所。抗战期间公署及盐业生产受到破坏,民国三十四年(1945)恢复袁浦盐场公署,隶苏南盐务管理局。民国三十五年(1946)因青村场务所辖区辽阔,管理不便,分出平安泓、朱家镇两盐区,成立平朱场务所。同年苏南盐务管理局改称松江盐务管理局,后改为上海盐务办事处,袁浦盐场公署归属,下辖柘林、青村、平朱、两浦四个场务所。①

20世纪前期松江各场以板晒为主。板晒制盐的采卤方法大致与煎盐相同,采卤分刮土、淋卤、晒盐三道工序。在近海滨便于引潮的地方,削除杂草,平整大片场地,又称为灰场,涨潮时引海水进入场地,任其浸没吸收盐分,落潮时灰盐露出水面,场地泥土经风吹日晒,蒸发水分,待出现白色盐霜,用铁铲浮面刮起积聚成堆,称为刮土。场地分上中下3节,下节近海部分日晒时间短,每月可晒泥1次,远海部分,日晒时间长。每月可晒泥2次。将刮起的盐泥,堆积在墩塔中,塔旁挖卤井,下埋瓦缸,墩塔与卤井间用竹管连接,一般每塔旁有1井,也有2塔1井的。淋卤时浇水于墩塔上,卤水通过竹管流入井中卤缸,将卤从井中吊出储于卤桶,以备晒盐。晒板系用杉木制成,呈长方形,大小规格一致,由政府编号烙印,不准私制。晴天晒盐时将储卤挑到场地灌浇在晒板上,经日光暴晒,待板底出现白色盐粒结晶,即已成盐,用刮盐板将盐刮起,倒入盐箩,沥去余卤,成为白盐。板晒制盐产量因受气候及天时影响,淡季与旺季有显著差异。夏秋季日光强烈、雨水少日晒时间长,每板日产盐2—3.5千克;春冬季日光弱,雨天多,

---

① 柳国瑜主编:《奉贤盐政志》,第30页。

日晒时间短,每板日产盐 0.5—1 千克。

第二节 20 世纪后期的盐场转型

一、启东沿岸各场

20 世纪后期南通各场经过新建、改晒,集中分布在启东沿岸。这也是长江口北岸历史产盐带的最后一次集中迁移,从宋至清延续 1 000 年的三余湾沿岸产盐带,转移到启东沿岸,也是江北的第三代产盐带。

20 世纪前期,南通岸段推广一定规模的板晒盐。1950 年政务院发布《关于全国盐务工作的决定》,苏北行署随之通告宣传"废灶兴垦",规定沿海任何地方、任何群众不得私自发展野灶,已建者应立即废除。同年 10 月政务院召开第二届全国盐务会议,制订《关于稳定进行部分盐场废场转业的决定》,确定淮南盐场为裁废盐场;据此江苏省政府决定废除淮河以南落后的小盐场,发展淮河以北集中的大盐场。1951 年 9 月,淮南盐务管理局拟定《淮南盐务管理局兴垦废灶初步计划》,逐步开始废灶兴垦;至 20 世纪 50 年代末 60 年代初基本完成煎灶废转工作,盐场改为农田,以垦荒植棉为主。淮南盐区自清末民初开始的裁废煎灶最终完成,该区域两千年传统煎盐的历史也落下帷幕。[①]

20 世纪 50 年代末,南通境始建滩晒盐场。南通利用国家和地方财政投资 550 万元,动员民工约 10 万人,在沿海滩涂先后建成 6 个地方国营滩晒盐场(后报废 2 个),是南通现代盐业的开端。建场初期,盐田不成熟,工艺不老练,产少、质劣、效益低,企

---

① 鲍俊林:《传统技术、生态知识与环境适应——以明清时期淮南盐作为例》,《历史地理研究》2020 年第 2 期。

业连年亏损。① 1958年南通开始生产滩晒大籽盐,次年各滩晒盐场相继投产,但"泥、黑、卤"现象较多,盐质较差。经逐年改进,产量、质量上升,1964年产盐1.43万吨,1966年产盐2.65万吨,1971年产量上升为4.12万吨。到1978年,原盐产量9.07万吨,创新中国成立以来最高纪录。1949—1987年的39年中,南通盐区共生产原盐116.85万吨。②

70年代后期南通县和启东县兴建两个集体盐场,1978年各场总产原盐9万余吨。③ 1987年,南通市共有如东、启东、南通和海门4家全民所有制盐场,黄海、南通(集体)、东元和三甲4家集体所有制盐场,总面积3499公顷,其中盐田面积3084公顷,对虾养殖面积4366亩;销区有南通市盐业批发部和如皋、海安盐业支公司3家。④

1957年产盐23799担,实有滩地750亩,晒盐板6611块。1958年2月,盐务归启东县工业局吕四盐管所管理,同年下半年成立三甲人民公社时,裕丰二社和裕丰社、红星社的盐业部分合并为海洪盐业工区,次年改称海洪盐业大队。1960年3月起盐务由三甲人民公社吕四盐管所管理。1971年,海洪盐业大队的生产直接由三甲公社管理,其时共有晒盐板9437块,劳动力355人,年生产能力3000吨,实产盐2500吨。1973年部队撤离,盐区并给海洪盐场大队。1983年盐场大队易名盐场村。由于地处三甲乡,通称三甲盐场,为村办盐场,盐务由江苏省盐业公司南通分公司代管。1984年实行以村民组为单位的联产承包制。1985年三甲盐场盐田面积650亩,盐民957人,年产盐2991吨。1986年将

---

① 《南通盐业志》编纂委员会主修,张荣生编撰:《南通盐业志》,第160—162页。
② 南通市地方志编纂委员会编:《南通市志》(中),第935页。
③ 南通市地方志编纂委员会编:《南通市志》(中),第935页。
④ 南通市地方志编纂委员会编:《南通市志》(中),第925页。

塔场、盐板和卤桶分到户,实行家庭联产承包制。①

二、金山、奉贤沿岸盐场

20世纪中叶以后,长江口南岸只有金山、奉贤一带尚存盐业活动。1961年袁浦盐场在淮北场技师指导下试行滩晒制盐,获得成功。滩晒制盐是利用海滩的自然条件,大面积生产,比板晒制盐能提高产量,省时省力,并可节省大量制盐板的木材。滩晒制盐方法是将海滩划分成若干格子滩田,由高而低,按滩田走水,逐步浓缩制卤,最后到结晶池晒制成盐。1970年滩晒全面取代板晒。

1950年至1957年的8年中,袁浦盐场年平均产量达16 000吨。其中1951年与1953年产量均在20 000吨以上。1958年盐场下放,袁浦盐场在奉贤县境内的部分由奉贤县盐场管理。自1958年至1984年,共产盐252 600吨(其中缺1961年产盐数)。金山县境内的部分由金山县人民委员会管理,有金卫、山阳、漕泾3个盐区,自1958—1984年共产盐7 420 000吨。②

尽管传统食盐生产不断萎缩,但新中国成立后,随着国民经济特别是化学工业的发展,上海销盐量迅速增加。70年代平均年销量为17.27万吨,连同定点工业用盐共54.22万吨,其中工业用盐为40.41万吨,占74.5%。80年代平均年销量为17.60万吨,连同定点工业用盐共73.76万吨,其中工业用盐增加为57.62万吨,占78.1%,是1947年的128倍。1983—1984年,由袁浦盐场分出的金山县、奉贤县盐场先后转产,从此上海结束了海盐生产的历史。所需食盐和工、渔、农牧业用盐分别从河北、山东、江

---

① 南通市地方志编纂委员会编:《南通市志》(中),第929页。
② 应飞主编:《上海粮食志》,第529页。

苏、福建、浙江等省和自治区调入。①

奉贤盐场泥沙淤积,海滩逐年向外延伸,盐田面积递减,1949年以来,大部分盐区,或改作农田,或兴办工业,或饲养鱼虾,因地制宜,顺时转产。② 1952年芦沥场务所裁废转产。同年年底平朱场务所裁废转产。1961年原青村场务所全部裁废转产。1962年奉贤盐场划归上海市轻工业局日用化学工业公司。第二年改隶上海市粮食局上海市盐业公司。1984年奉贤盐场划归柘林乡人民政府领导。③

袁浦盐场位于长江与钱塘江的出海口,江水至此流速减缓,水中泥沙沉积海滩,不断堆积延伸,盐民住地与盐滩距离日远,往返费时,难以盐农兼顾。又因江水冲淡海水,含盐量降低,盐业生产耗时费力,生产成本高,质量低,效益很差。抗日战争胜利后,国民政府财政部曾一度命令袁浦盐场公署将所辖盐区裁废转产,但对裁废转产后的盐民生计一直没有解决。1949年后,该场确无发展条件,对盐区采取"因地制宜,积极裁废",至1961年完成。转产盐民为盐农夹晒,且以农为主。近海转产户迁入上海市滨海农场(今星火农场)。④

崇明县也开始废盐转业。1950年,崇明东部沿海灾民以烧盐度荒,当年裕安乡烧盐250担。1951年至1953年,县政府曾设盐管科,管理盐业生产。其后,为发展农业生产,改造盐碱地,人民政府发出布告禁止烧盐。对少数暂未转业的盐民仍发给准许煎盐的执照。1959年成立国营盐场,1961年盐场停办,从而结束了

---

① 唐仁粤主编:《中国盐业史》(地方编),第271页。
② 柳国瑜主编:《奉贤盐政志》,第50—51页。
③ 柳国瑜主编:《奉贤盐政志》,第31页。
④ 柳国瑜主编:《奉贤盐政志》,第51页。

崇明县盐业生产的历史。①

20世纪后期上海旧盐场陆续转业,盐场多改为养殖场。1950年,柘林场务所(上海市奉贤县境内)朱家村裁废转入农业。1954年海涯村18户裁废转入松江县天昆区务农。1958年海涯村移交金山县人民委员会(漕泾盐场),费家、张家、倪家、西湾、周家5个近海村,在所在地农业营成立晒盐专业连(1960年裁废转产)。1958年两浦场务所移交所在地金山县人民委员会裁废转产,原有山阳、金卫2个盐区于1972年裁废。1983年漕泾盐区裁废,辟为对虾养殖场。1984年饲养面积扩大为3 800亩,养殖池塘增至183个,同年上海市奉贤盐场对虾养殖公司成立,所余盐滩陆续裁废。1984年奉贤盐场撤销,其地并入柘林乡。② 上海地区本地产盐的历史到此结束。

此外,1971年上海市筹建上海制盐厂,1975年正式投产后生产不正常,1976年产量不到设计能力的30%。经不断整顿,1978年起转亏为盈,产量已接近设计能力的65%。但销区办盐厂,原盐须从外省调入,运转环节多,费用大,耗盐高,投资根本无法收回。经中国盐业总公司同意,上海制盐厂于1986年1月停产撤销。③

第三节 产销制度的转变

一、南通盐区

盐政体制、隶属关系,以往为垂直领导。20世纪中叶以后,盐业的产运销纳入社会主义计划经济轨道,由国家统一管理、统一

---

① 周之珂主编,上海市崇明县县志编纂委员会编:《崇明县志》,第377—378页。
② 应飞主编:《上海粮食志》,第520—521页。
③ 唐仁粤主编:《中国盐业史》(地方编),第269—271页。

经营。1955年实行双重领导,业务归上级盐政机构,行政由县府管理。后又历经迭易,1967年后为县府领导。

民国年间南通地区盐产管理基本沿用清代制度。民国二十年(1931)盐务署核准《淮南各场厉行火伏赏罚约规》。民国二十四年春于各场附近设督煎处,各灶开煎前领取开煎牌,悬挂灶屋门首,煎毕缴还,并将止火日时及成盐数量报明督煎处,经核相符,即填发火伏票随盐送垣量收。抗日战争期间,民主政府鼓励灶户增产,沿用火伏法控制产量。将每场划分为几个灶区,每2至3个灶区设一个督煎处。每副盐灶设一《火伏簿》,盐民起火、停火均须向督煎员报告。停火时由督煎员用红土和水在煎灶上写字作封记,同时在《火伏簿》上登记起火、停火时间,然后按每伏火产盐10—12担的标准计算产盐量。①

1949年后南通盐自产自销,主要销作食盐(不足部分从淮北调进),少量销作渔业盐、农牧盐。工业盐从淮北盐场调进转销,或由用盐厂家(大户)直接至淮北产区购运。南通产盐的一部分自70年代初亦开始用作工业盐。80年代由于工业生产发展迅速,工业用盐销量增加较快,1985年工业盐超过民食用盐量。食盐销量随着人口的数量稳定增长。1949—1987年,南通一市六县经由国营盐业批发机构批销的盐斤共180.28万吨,全市年人均食盐量为6.44千克。②

1950年淮南盐务管理局决定进一步严格火伏管理制度。南通盐区每个场务所划分为2—3个场管区,每个场管区设督煎员(后改称"场管员")1—2人。在管区适中处立一旗杆,以旗帜之升降表明灶火之起伏。盐民每灶置一《火伏簿》,停煎时交由场管员

---

① 南通市地方志编纂委员会编:《南通市志》(中),第945—946页。
② 南通市地方志编纂委员会编:《南通市志》(中),第943页。

保管,开煎前由灶户领回自行登记。盐民每日早晨至场管员处申报当日煎盐或不煎盐,称为"报产报不产"。凡升旗前、降旗后煎灶烟囱冒烟者视为私煎,按章究处。1955年盐区对场管制度进行民主改革,建立生产委员会,下设若干个基层小组,分工管理盐民的生产、核算等事务。不再实行"报产报不产"制度,相应停止升降旗,废止《火伏簿》,换发《盐民生产登记簿》,由盐民自行登记报产。80年代以来,南通盐业分公司对全市盐产量仍实行计划管理。1987年开始实行《制盐许可证》制度。①

民国前期,各场盐垣由各盐垦公司接办。两淮运司于南通设立总栈,凡各场运销常阴沙之盐,皆先运储南通总栈,随时转运达岸。食商大咸公司在南通亦有总仓栈。② 民国二年(1913)在扬州设立盐务稽核所两淮分所,由经理(华人)、协理(外国人)各一人掌办盐税。抗日战争期间,在苏中抗日民主根据地,由灶区督煎员就灶征税,填给税票,商贩凭此票可在苏中区境内自由运销。国民政府和伪政权则实行官方专卖,寓盐税于场价、仓价或市场牌价之中。抗战结束后,国民政府在国统区、民主政府在解放区分别设有盐税征收机构。解放区的盐税统一实行就场征收。③ 民国二十年(1931)起,南通启东县为苏南松江盐销区,其县境所产盐除自销外,兼销崇明县。④ 民国前期,南通盐民所产盐斤归盐垦公司收购入垣。民国后期,盐民单独生产,分散经营。⑤

民国前期,盐斤运销沿用清末票法。由场商赴扬州稽核分所呈请,具立保结,分所填给免税运盐准单。场商持准单至通属总

---

① 南通市地方志编纂委员会编:《南通市志》(中),第946页。
② 南通市地方志编纂委员会编:《南通市志》(中),第940页。
③ 南通市地方志编纂委员会编:《南通市志》(中),第948页。
④ 南通市地方志编纂委员会编:《南通市志》(中),第942页。
⑤ 南通市地方志编纂委员会编:《南通市志》(中),第938页。

场长署挂号,场长监重,开堆捆运,最后由场长验单盖印放行。民国二十年(1931)后,场商持准单径赴秤放局呈核放盐,然后运盐到十二圩。到圩后场商备具申请书,连同免税单呈十二圩稽核支所挂号,尔后将盐卸船入浦堆存。抗战和解放战争期间,通泰盐区多数时间为中共领导下的抗日民主根据地或解放区,其时盐商向盐民购运盐斤,须由盐民向督煎员报告,由督煎员实地检查、过秤,然后开税票放行。盐商凭税票可以在苏中区境内自由运销。在满足苏中根据地军民需要的同时,民主政府鼓励商人运盐至敌占区,用以换取根据地必需的物资。①

新中国成立后,食盐作为人民生活必需品和重要的工业原料,由国家实行严格的计划管理。国家规定,盐的产运销均按国家计划执行,盐的调运由交通运输部门优先安排,盐的批发环节由国有盐业公司经营,批发网点按经济区划设置。按照划区销盐制度,自50年代以来南通地区所产盐一直以本地区为销区,不足部分按国家计划申报调进。1987年国家规定,食盐销售继续实行指令性计划,工农牧渔用盐从是年起实行指导性计划。②

此阶段,盐业生产采用集中管理,盐民所产之盐全部交售入坨,由盐场管理处公收。国营、合作社和私营经销单位购买盐斤统一归坨办理,不得与盐民直接交易。1959年各国营滩晒盐场建立后,各场均在场部附近建立盐坨。每座盐坨占地3—5亩,设露天盐廪1—2座,每座容盐1—2万担。盐坨附近设有河运码头。国营、集体经销单位来场购盐,即在码头交斤装船。各集体盐场所产盐斤,由盐政机关授权国营盐场公收入坨,集体盐场不得自行销售。③

---

① 南通市地方志编纂委员会编:《南通市志》(中),第939页。
② 南通市地方志编纂委员会编:《南通市志》(中),第939、947—948页。
③ 南通市地方志编纂委员会编:《南通市志》(中),第938页。

新中国成立初期南通地产盐销区限于南通地区各县，且仅限于民食，尚不能满足供应。随着废灶兴垦的进行，供需缺口加大。由市境各中盐批发处从淮北调进，按照历史形成的经济区划组织供应。凡近场乡镇划为"近场区"，由各盐场管理处直接供应；其他销区划为"计划区"，由中国盐业公司各批发处负责供应。1980年南通盐业公司恢复后，继续实行按经济区划安排食盐流向，经营跨区供盐业务。①

50年代初，南通地产盐由中盐公司、供销合作社和私营盐商至盐场坨地报运后，批发给国营商店、合作商店、酱油店、农村代购代销店等，零售给城乡居民。1965年中国盐业公司机构恢复，食盐恢复50年代销售体制。南通食盐由中国盐业公司江苏省南通批发站统一调拨，分配批发。1967年公私合营商店转为国营商店，城镇即由国营商店经营，农村仍由基层供销社经营。70年代中期，中盐公司再次撤销后，食盐批发业务再度由糖烟酒公司经营。1980年南通盐业公司重新建立，食盐批发业务复由盐业公司经营，供销合作社经营转批业务，国营商店、集体商店、酱油店、个体工商户经营食盐零售业务。1986年后国营盐场在各自销区内先后设点开展直接批发业务。②

新中国成立后，各盐场均设有坨地，用以堆筑盐廪，并建有盐仓。销区各盐业公司贯彻"以运保储，以储保销"的方针，均设有库房，用于储存盐斤。1966年，中国盐业公司江苏省分公司南通批发站及如皋、海门、启东批发部共有盐库14 083平方米，容量29 671吨。1967年，南通地区接储战备盐3 252吨。80年代以来，各盐业支公司对盐库进行整修或翻建，扩大仓储能力。1982

---

① 南通市地方志编纂委员会编：《南通市志》(中)，第942页。
② 南通市地方志编纂委员会编：《南通市志》(中)，第943页。

年,战备盐全部转作经营盐销售。1984年,南通产销区共有库房7 394平方米,坨地和堆场20 209平方米,总容积约4万吨。至1987年,南通市、县盐业公司和基层供销社的储盐量一直保持1977年以来的水平。①

二、上海盐区

民国初年江苏省设松盐运销局于松江,浙江省则设苏五属收税处于上海。盐税收入四成归江苏,六成归浙江。民国三年(1914)成立松江盐务稽核分所及松江运副公署,分别管理盐税稽征和场务行政。②运销仍实行专商引岸制,销区为"苏五属"和安徽省的郎溪县。租界仍实行包商承销。因产盐不敷本区销售,乃运浙江余姚、岱山、黄湾、许村等场产盐接济。本区产盐由各场分厫船运至松江县叶榭总厫入仓,再运各处销售。浙江余、岱盐则海运至浏河厫,由浏河掣验所验放。销售上海租界的盐,则海运至上海陆家嘴,由陆家嘴秤放局验放。其余黄湾、许村产盐,由两场直接验放。③民国十六年(1927),租界用盐由久和公司沈任夫认销,年额28.2万担。松江区专商行盐,经民国十八年(1929)清理厘定后,共为31.746 8万引(每引300斤)④。盐税方面,从民国三年九月起,凡运销"苏五属"的盐,一律在上海征税,取消杂课、加价等名目,每百斤盐征税2.5元,近海地区减征。其后,除正税外,又增加了中央附加税、地方附加税、整理费等名目。⑤

民国年间上海地区仍旧沿用清代的专商引岸销盐制度。旧

---

① 南通市地方志编纂委员会编:《南通市志》(中),第941页。
② 唐仁粤主编:《中国盐业史》(地方编),第255页。
③ 林振翰:《浙盐纪要·运道》,第199—204页。
④ 盐务署盐务稽核总所编:《中国盐政实录》第1辑第3册《松江》。
⑤ 唐仁粤主编:《中国盐业史》(地方编),第255页。

"苏五属"仍为浙西引地,由专商行销,所凭执照是前清印谕或谕批。民国三年(1914)上海成立松江盐务稽核分所,私商运销到"苏五属"各引岸的盐,一律在上海缴纳盐税,缴税后的实放盐数,列作销盐数。① 松江盐务稽核分所成立后,规定盐商向银行缴纳盐税,凭银行回单填发运盐执照及放盐准单。引岸各地因盐税税率不同,又有正地、减地、租界、特区之分。除上海租界由包商承销外,其余均由引商承销。上海租界招商运盐有固定购盐地点,只准在租界销售,垫付保证金等多项规定。② 引商在各引岸运盐的集散城镇设盐栈或盐公堂,办理盐的领运、收储、完税、销售等工作。松江府属各场产盐仅敷供应近场的奉贤、金山、松江等县,其余各引岸须从浙江的余姚、岱山、黄湾等场购运。抗日战争期间,袁浦盐场被日军控制,强收场盐。抗日战争胜利,民国三十四年重申废除专商引岸制度,实行民制、民运、民销的运销制度,为官僚资本所垄断。③

上海解放后国营盐业运销机构建立,实施计划运销,扶助合作社,并与其他国营企业建立承销、代销关系。1951年,上海销区范围为上海市及江苏省属的12县(昆山、太仓、上海、嘉定、宝山、崇明、松江、金山、青浦、川沙、南汇、奉贤)。1952年,昆山、太仓两县划归江苏供应,所余10县共852.2万人为上海销区供应。④ 1951年袁浦场盐由上海市盐业公司统购包销。由外地调入上海的盐税已在产区缴纳。1954年盐的产销合管,由轻工业部盐务总局统一分配产品并管理全国盐业运销市场,上海市的盐业运销划

---

① 应飞主编:《上海粮食志》,第549页。
② 民国盐务署:《盐政汇览》1917年第11期。
③ 应飞主编:《上海粮食志》,第549页。
④ 应飞主编:《上海粮食志》,第550页。

归华东盐务管理局管理。①

1945年9月,国民党政府重申废除专商引岸制度,实行民制、民运、民销政策,各地盐商纷纷在上海设立公司、盐号或分号。盐务总局于1947—1948年分两批举办区际运商登记,经甄审合格的共362家,设在上海的有176家,占48.6%,其中规模大、实力雄厚的有中国盐业股份有限公司、永业公司、中和盐业公司、蜀余盐业公司及大有、怡生、万诚、聚安等盐号,都由官僚资本经营,垄断了盐的运销。1948年8月国民党政府面临崩溃,金圆券发行未久即急剧贬值,市场物价暴涨,盐商趁机操纵,谋取暴利。解放前夕,食盐市场批发价最高时一两黄金换盐10担。中小盐号纷纷倒闭,大部分官僚资本的公司、盐号在攫取大量财富之后,挟资逃离上海。②

上海解放初期,水陆交通尚未畅通,北方运沪海盐处于停滞状态,袁浦场产盐仅敷近场3县(奉贤、松江、金山)食销。上海接管存盐1.24万吨,除供应上海市及原"苏五属"20县外,还要接济原由上海中转的长江四岸(湘、鄂、皖、赣)。③ 其间,上海市场盐价波动剧烈,盐商利用上海金融条件,套取资金,投机牟利;袁浦及浙江盐场机构尚不健全,缉私力量薄弱,走私严重,私盐分别占产量的40%和70%,部分冲销上海市场。后来上海运销局成立后,大力调运,充实储备,调节供应,以国营牌价领导市场,有力地打击了私商哄抬盐价的混乱局面。1951年中盐上海支公司对袁浦盐场实行统购包销,并调运淮、浙盐济销。④

20世纪中叶以后,销商以批发或批零兼营的盐号为主,向官

---

① 应飞主编:《上海粮食志》,第549页。
② 唐仁粤主编:《中国盐业史》(地方编),第258页。
③ 唐仁粤主编:《中国盐业史》(地方编),第260页。
④ 唐仁粤主编:《中国盐业史》(地方编),第261页。

仓或运商批购转销。1949年核准登记的有508家,次年为465家,其中专营277家,兼营188家。与此同时,国营经济日益壮大,1955年国营已占99.70%。① 1955年成立上海市盐业公司,隶属于轻工业部盐务总局和上海市第一商业局。1964年国家决定试办盐业托拉斯,统一盐业产销管理,盐业资金及财产划归中盐公司。1965年成立中国盐业公司上海市公司,原食品工业部上海盐运办事处撤销,中转业务划归市公司办理,并在改善经营管理方面采取了系列措施。试办盐业托拉斯,恢复专业经营,加强经营管理,对提高盐业工作的社会效益和经济效益都起了明显的作用。② 1980年2月,国家经委批准成立中国盐业总公司。同年8月,上海市盐业公司收归中国盐业总公司领导,改称"中国盐业总公司上海市公司",市区设闸北、南市、普陀、杨浦4个直属批发部,郊区县的供应任务仍由供销社经营。③

第四节 管理机构与缉私

20世纪初以后,长江口地区南北两岸的传统盐业管理机构多有调整,加上私盐问题频发,在加强缉私过程中,加快了盐业管理机构的更新。

民国二年(1913)在扬州设立盐务稽核所两淮分所,隶属北京盐务稽核总所。三年(1914)改两淮分所为扬州分所,专任淮南稽核事宜。扬州分所下设通泰稽核支所(先驻泰州,民国十一年移驻东台)及十二圩稽核支所,具体负责通泰各场收税放盐事宜。稽核支所之下分设秤放局,在今南通地区有掘港秤放总局和栟

---

① 唐仁粤主编:《中国盐业史》(地方编),第262—263页。
② 唐仁粤主编:《中国盐业史》(地方编),第266页。
③ 唐仁粤主编:《中国盐业史》(地方编),第269页。

角、丰利、余中、吕四秤放局。民国二十五年(1936)将盐务署及稽核总所并所属机关一律取消,另设盐务总局,办理全国盐税征收及其他一切盐务,直隶财政部。在两淮盐区设立两淮盐务管理局(驻淮北),在扬州设盐务分局,下辖通、泰二属的6个盐场公署和通泰、十二圩两个盐务支所。南通地区仍置丰掘、余中2场。民国三十四年(1945)国民政府苏南盐务管理局在上海成立,于扬州设淮南分局,隶属国民政府财政部盐政总局。①

民国三年(1914),为保证盐税,北洋政府制订公布《私盐治罪法》和《缉私条例》。在淮南通泰盐区设缉私营,分步、骑、水师等兵种,总兵员3 000余人。其时启东县(时称崇明外沙)南部的小黑沙为私盐积聚之地,为盐枭私贩的根据地,势力猖獗,是缉私营的查缉重点。"设立盐知事盐务稽核所设立官卖盐栈添设陆路缉私等以来,私盐绝迹,人民以前食私盐每斤二十余文,今食官盐价增数倍,每斤七十余文,民多愤怨。一般私贩又从而鼓动,以至近来发生焚毁盐栈伤毙民命等重案数起……崇明小黑沙东通大海,南达长江,西连通海(即通州海门),北毗海州而达鲁省,历来为私盐聚积之地,又为帮匪枭贩根据之所,长江两岸内地私盐均从该沙转运。现因盐栈水陆缉私梭巡严密,致数千私贩无从下手,遂设计四出演说,扬言择定某日同时一律起事,务将全县所有盐栈盐巡盐场知事盐务稽核所员司弁兵及房屋巡船盐斤器具等物分别驱逐焚毁,以雪众忿云云。"②为加强缉私,民国七年允许盐巡下灶缉私。民国十六年(1927)缉私营由营制改为队制。民国二十年(1931)缉私武装改称税警,由队制改为区制,分区负责。民国二十一年(1932),规定地方官协助缉私,由盐务长官考核成绩,商

---

① 《南通盐业志》编纂委员会主修,张荣生编撰:《南通盐业志》,第26—30页。
② 《崇明闹盐风潮纪》,《新闻报》1919年6月24日。

办场警改归官办,食岸设商巡。抗日战争期间,盐区为敌后抗日民主根据地。抗战胜利后重建盐警,至民国三十六年(1947)年初,国民政府部署在通泰地区的税警总兵力达25个队,2 000人以上,分别驻扎在通、扬、泰3市及其周围的唐闸、天生港、如皋、海安、东台等市镇及沿海地区。其时风气不正,官场腐败,管理混乱,税警中饱私囊,受贿放纵,借缉谋私,乃至警匪勾结,栽赃害民,使查缉无实,私盐不断。[①]这些缉私人员舞弊的现象与清代基本一致。

新中国成立后,盐务缉私由盐务机关与地方政府协同实施。1949年南通盐区驻有淮南盐务管理局盐警办事处的部队,南通地区各县政府组织群众协助缉私。当年因遭水灾,冬春发生沿海群众发展野灶烧盐、盐贩任意走私反抗管理、基层干部听之任之的严重情况。1950年1月在如皋、海安设盐务检查所,同年3月淮南盐警办事处改建为淮南盐警独立大队。1951年1月政务院财经委公布《私盐查缉处理暂行办法》。1952年7月,淮南盐警大队并入淮南盐务管理局公安科,编为三个中队,其中一个中队驻如东盐场,该中队抽派一个小队负责通东盐场的缉私工作。1953年6月淮南盐警部队撤销建制,划属盐城公安大队。1955年各县盐管科撤销。1957年春,沿海各县发生私煎私贩风潮,启东县沿海3—4月参加刮泥淋卤的超过万人。据统计,全地区走私盐约4 026担,缉获240起,计242.25担,占实际走私数的6%。随着沿海地区生产集体化,尤其是滩晒大籽盐场的建立和发展,私煎、私晒、私贩盐斤的情况显著减少,至60年代以后基本绝迹。80年代中期,随着生产体制的改革,私卖现象在小盐场有所抬头。1986年启东县三甲盐场盐板承包到户后,当年产盐约2 200吨,

---

① 南通地方志编纂委员会编:《南通市志》(中),第949—950页。

国家公收仅 1 200 吨,45.5％的产量被盐民私卖。1987 年据《江苏省盐政管理办法》的规定,各盐场内的缉私工作由南通盐业分公司负责,盐场外由南通市税务局及各县税务局负责。①

两浙盐务管理局于 1945 年在上海成立松江盐务管理分局,后恢复袁浦盐场公署,下辖青村、柘林、两浦等 3 个场务所,1946 年产盐 17.57 万担,归仓后就场放销。销区设浦东、浏河、苏州、无锡、镇江等 5 个支局。1946 年又在上海设立"闽浙淮鲁场盐督运处",办理区际运盐申请登记和银行贷款押汇等手续。同年松江分局与督运处合并为上海盐务办事处,直属盐务总局,继续负责督运闽浙淮鲁场盐,管理区际运商,同时管辖袁浦盐场和各查验所及杨家渡官仓。销区为上海市及旧"苏五属"的 23 县(靖江划归淮南,郎溪划还安徽)。袁浦场产盐只销近场松江、奉贤、金山 3 县,同时调运浙盐和山东盐济销上海市区及"苏五属"的其余 20 县。②

盐政机构辖管范围改变,与缉私息息相关。辛亥革命后,苏浙两省各在"苏五属"设缉私营。民国三年(1914)合并,松江运副兼任"苏五属"缉私督察官。民国七年苏浙缉私重又划分,各设缉私统领,"苏五属"销区划归江苏统领管理。民国十年(1921),苏统领组织扬子江缉私舰队。民国十五年(1926),就袁浦、青村、两浦 3 场招募盐警,设松场盐警总局于奉贤县南桥。分设陆巡正局 6 处,陆巡分局 2 处,并添设江海、浦江、内河游巡 3 队,巡船 6 艘,分道巡查。此外,"苏五属"盐商公会呈准由盐商集资组织商巡队 12 队,分驻松江、南汇、川沙、崇明、启东、无锡、金坛、太仓、宝山、常熟、昆山、江阴、靖江、黄浦江、常阴沙等"苏五属"销盐区。另设

---

① 南通地方志编纂委员会编:《南通市志》(中),第 950 页。
② 唐仁粤主编:《中国盐业史》(地方编),第 257—258 页。

苏浙海洋护运兼缉私队,在水上巡缉,以补官巡力量之不足。"苏五属"缉私机关共16处,职员562人,兵夫2 452名。民国二十一年原有缉私各大队、游巡队、盐警局一律撤销,改编为税警,归松江稽核分所管理,税警改为区队制,松江区设8个区队,下设8个分区,分驻"苏五属"各地。①

民国三十四年松江盐务管理分局成立,缉私警力陆续增派到11个队,分设两个税警区部,分管产区和销区缉私。民国三十五年松江盐务管理分局改组为上海盐务办事处,直属盐务总局领导,缉私力量在原有基础上又增设一个税警区部,盐警增至18个队。第一区部设上海浦东,第二区部设产区奉贤县,第三区部设无锡。水上巡缉有海巡舰驻泊吴淞,担任吴淞口及崇明岛一带海面防务。沪槎艇驻泊黄浦江,担任沿江及浦东内河防务,该两舰艇统归第一区指挥。据上海盐务办事处民国三十六年度报告,全年私盐案件共665起,缉获私盐共409 236千克。②

解放初期,上海地区的食盐走私也相当严重,据华东区盐务管理局1950年工作汇报走私问题中提及:"1950年浙盐走私相当于产盐数的70%。上海袁浦盐场8月份产盐5万多担,走私率达五分之二。"其间政府积极组织袁浦场盐民,先后建立爱国护税组23个,参加护税的达145人,盐警部队与盐民密切配合。1951年袁浦场缉获走私食盐19 333千克,缉获私盐占实产盐数的比重由上年的2%下降为2‰。1952年缉获私盐仅47千克。至此,盐场周围的私贩与江浙沿海的武装集团基本清除,盐警部队已无存在必要,于1952年年底整编结束。③

---

① 应飞主编:《上海粮食志》,第557—559页。
② 应飞主编:《上海粮食志》,第557—559页。
③ 应飞主编:《上海粮食志》,第557—559页。

第八章

长江口古代盐文化景观

第一节 盐民、盐贩与盐官

一、灶户与灶籍

  盐民旧称亭户、灶户、盐户、煎丁、卤丁等,是盐业生产的主要劳动力。早期盐民的身份是自由的,后来盐民成为专门承担制盐徭役的人户,由官府给予卤地、草荡和制盐工本,将所产食盐作为税课征收。滨海地带穷海荒涂,没有产业,盐业是最为重要的产业与生计,无论是滨海盐业还是后来转垦,盐民一直是沿海荡地开发利用的主体。直到 20 世纪中叶,长江口沿岸传统盐民才大部分都转变为农民。

  自春秋时期齐国管仲提出"官山海"政策,汉代以后盐业遂成为历代王朝最重要的官营产业。这也是盐民从普通百姓分离出来,形成专业生产群体的开端。自汉代至元明时期,罪犯、刑徒、流民或破产者等人群长期是盐民的主要来源,没有经济保障,便于控制。如南通盐民自古以来大部分来自"流民",即流离失所之人。① 西汉初年吴王刘濞招募天下"亡命人",在已经成陆的通州

---

① 《南通盐业志》编纂委员会主修,张荣生编撰:《南通盐业志》,第 408 页;张荣生:《古代淮南通州盐区的劳动力(灶籍)管理》,《盐业史研究》1994 年第 4 期。

西北部地区煮海水为盐。南通境内的古代盐民多来源于祖居盐区的土著人户,被官府判处流刑、强制煮盐的罪徒,因在内地遭灾或犯罪不能立足而逃离故乡来到盐区以盐为业的流散人户,还有邻近盐区而被政府征编佥补为灶丁的民户,以及从外地携资而来从事盐货运销或其他商品贸易的商户,在政府设置的盐区卫所世代担任守边屯戍任务的军户等。① 隋朝以前,今南通一带逐渐成洲,后称胡逗洲,洲上多流人,以煮盐为业。东晋以后,还有从山东兖州迁移到通州沿岸的大批移民,多以渔盐为业。②

为了稳定劳动力、控制盐的生产和销售,唐代改订盐法、对盐民加强控制,特别是盐民被强制编入特殊户籍,免其杂役,专制官盐。至此盐籍(灶籍)成为一种世代相传、无法轻易脱离的身份。这些特殊户籍的盐民,虽然免除了杂役,却失去了人身自由。在长江口北岸,盐民隶属于海陵监和扬子巡院(驻扬州),总辖于中央盐铁使。③ 凡亭户,朝廷规定免除杂泛差役,专事煮盐纳官,除租庸外,官府有司不得任意征收赋税和差役追扰。灶籍之设旨在稳定盐业生产劳动力,灶籍制度的创设是中国古代盐业史的重要变化,为之后历代王朝所承袭。因此,盐民身份与职业固定下来,成为官府垄断下的专门产业。

宋代煮盐之民曰亭户,领属于盐监。通州北部盐民户籍隶泰州海陵监,南部地区盐民隶通州利丰监。每场约有盐民 200 户,分为 10 灶,每灶 20 户。监司将数灶编为 1 总,设总辖;数户编为 1 甲,设甲头。北宋初朝廷将判处徒刑和流放的罪犯发配各盐场以供役使。据《太平寰宇记》记载,太平兴国年间利丰监所管南 8 场共有亭户 1 342 户,1 694 丁;海陵监所管北 4 场约有亭户 359

---

① 《南通盐业志》编纂委员会主修,张荣生编撰:《南通盐业志》,第 171 页。
② 南通地方志编纂委员会:《南通市志》(中),第 932 页。
③ 南通地方志编纂委员会:《南通市志》(中),第 932 页。

户,610丁;总计12场,共1701户,2304丁。亭户用官府发给的盘铁煮盐,所煮之盐称"正盐",必须全数交给官府收购。亭户之外又有锅户,用自备的镬子煮盐,所煮盐称"浮盐",大多交由政府批准的商贩收购。为保证盐业生产有足够劳动力,宋代官府往往把罪犯发配到盐场从事煎盐劳役。为防止亭户逃离,立法规定凡祖、父曾充亭户之人,即使子孙改业日久,一经查出,依旧发派盐场充应。另外,亭户卖私被获的,北宋时原规定发配他处拘役或充军,后来为补充制盐劳动力,南宋乾道二年(1166)又改为押归本场,充下名亭户收管,煎盐赎罪。绍兴二十八年(1158)通州各场有煎灶301座,以每灶20户计,约有灶户6020户。以每户平均2人从事盐业生产计,有劳动力1.2万人左右。[①]

元代盐户称为灶户,隶属于盐场。元代沿袭宋法,按照上交的税课给付工本,但盐民依然受到重重剥削,所以元代盐民逃离盐场的情况也很严重。盐户不足时,则拨附近民户编入灶籍。至元十七年(1280)诏江南、江北诸盐场增拨灶户。元政府亦将罪徒遣发盐场从事煎盐劳役。为了禁止盐民外逃,元代在上海地区的盐场外筑起围墙,且调集官军把守。此时的盐民已经彻彻底底地沦为囚犯了。元廷既为了发展盐业,防止盐民逃亡,又为了严禁盐民逃移,就归并灶座,建团立盘,还在团外筑叠围墙,并调官军把守。官府于灶户聚合煮盐之处设团,围以墙垣,以便督察。一场之中或设三四团,或设五七团,依场地广狭及灶户多寡而定。灶户因潮灾或逃亡而致人数减少、不敷煎办时,则拨附近州、县民户补充。[②] 实行接近军事化的管理,对灶户管制十分严格,例如《熬波图》记载:下沙盐场"各团灶舍……四向筑垒围墙,外向远匝

[①] 南通地方志编纂委员会编:《南通市志》(中),第932页;《南通盐业志》编纂委员会主修,张荣生编撰:《南通盐业志》,第172—173、175页。
[②] 《南通盐业志》编纂委员会主修,张荣生编撰:《南通盐业志》,第176页。

壕堑;团内筑凿池井,盛贮卤水,盖造盐仓桦屋;置关立锁,复拨官军把守巡警"①。元代盐民承担着沉重的盐课赋役。朝廷为保证年产盐量及国家盐课收入,就对各盐运司署下达盐课岁额,再由其对下属盐场、团、灶、户层层下达赋役指标。这些沉重的盐课赋役最后都落到每个盐民身上。但富有盐户可以设法逃免,负担主要落在一般盐户和贫苦盐户身上。南宋盐官黄震对浙西诸盐场的盐民生活做过考察后曾写道:"某所经历下砂、青村、袁部、浦东等场,三数百里无禾黍、菜蔬、井泉,所食惟醎水煮麦,不知人世生聚之乐。其苦尤甚。"②在多重压榨下,盐民过着困苦生活,"盐是土人口下血"③。对盐民的艰苦生活,元《熬波图》多有描写:"男人妇人,若老若幼,夏日若热,赤日行天,则汗血淋漓;严冬朔风,则履霜蹑水,手足皲裂。""火伏上则盐易结,日烈风高腾他月……人面如灰汗如血,终朝彻夜不得歇。"④

明代对灶户的控制更加严格。洪武年间整理场产,签民为灶,编制灶籍,按户计丁,名曰盐丁。立法规定灶户只能在本团轮流公同煎盐,离团煎盐视为私煎,将被枷号一个月。各场灶户立有定额,皆领属于盐课司、盐运分司,而总辖于两淮运盐使司。灶籍编定,载于版籍(户口簿),定例每五年由巡盐御史编审各场灶丁一次。对灶户,朝廷规定免其杂泛差役,景泰、弘治、正德年间一再降诏,不许地方州县以杂役、追欠等事随意拘扰灶丁,以保证其长年正常从事盐业生产。明代先后规定了不少严格的灶户管制政策,例如正统十六年(1451)规定:灶丁逃亡、身故者由运司官公同有司佥补,灶丁拖欠盐课并盐价者由运司并分司官催征,拖

---

① 〔元〕陈椿:《熬波图》,"各团灶舍"。
② 正德《松江府志》卷八《田赋下》。
③ 〔元〕陈椿:《熬波图》,"自题熬波图"。
④ 〔元〕陈椿:《熬波图》,"担灰摊晒""捞洒撩盐"。

欠税粮者由府县官催征,各不相干预。官府禁止灶户离弃盐业另谋其他职业,即使犯罪被处拘役也不例外。正统二年(1437)规定灶户犯死罪及徒流罪者,允许煎盐赎罪,除煎办年额盐外,每日另煎盐三斤,死罪准工五年,流罪准工四年,徒五等各照年限计日煎盐赎罪。弘治十三年(1500)规定逃亡灶户窝隐豪民之家三个月不出,豪民发充灶丁,灶户问罪;邻右不举,所司占惜不发,一体治罪。人户一旦编入灶籍,政府禁止任意改归民籍。弘治十六年(1503)吏部尚书许赞奏称:"比来灶户贫者流亡,而富者又复买托,大非原额。宜以版籍为定,但有灶求归民者,按籍详核,毋得辄与改易。"嘉靖十三年(1534)官府重申:"今后若有灶户告理归民,有司务要查册审实,申呈抚按详允,不许擅自更张。"凡在籍灶户,依例也不得充当军人。嘉靖四十五年(1566)巡盐御史刘翾奏称:"近者灶户贫苦,往往窜名军伍中,丁口日损,额办日耗,宜行督抚严行查勘。"可见明代对灶籍制度的管理已达十分严密的程度。①

明代灶户逐渐有了贫富分化趋势。灶户之间原本无高低、贵贱、贫富之分。为加强生产、课税征取的管理,官府在灶户中分设"排催""总催",规定要由灶户中"丁力众多,家道殷富"的大户充任,以监督盐业生产。但这些灶户往往都会利用充役之机,侵占草荡,克取"贴米""柴价",或者私产私贩,渐为灶户中的豪强势力。明中叶以后,随着灶户内部分化,贫灶的生产资料不断被豪灶所兼并,他们或沦为豪灶的佣工,或称贷于豪灶,而后加倍偿盐,受着豪灶高利贷盘剥,而贫灶余盐又必借豪灶乃得私卖,贫灶已成为豪灶的附庸。

此外,明代松江府灶户还分为滨海与水乡两类,"松江煎盐之

---

① 《南通盐业志》编纂委员会主修,张荣生编撰:《南通盐业志》,第176页。

人,近者名曰卤丁,远者名曰灶丁"①。后来都转为农业。随着海岸线不断东移,昔日滩荡离开海岸线日益遥远,加上"钞法不行、工本无出",故明正统五年(1440)江南巡抚周忱为此将两浙盐场各灶户分为离海近的"滨灶",稍远的"水乡灶"两种,"分附场为滨灶,令煎办。远场为水乡灶,令代出工本米。后米不能办,则纳折色盐银。银又不能办,则改水乡灶尽归民授,民役银归民粮带征"②。并规定"以灶去场三十里者为水乡灶户,不及三十里者为滨海卤丁;水乡丁岁出米六石给滨海丁代煎"③。此后官府不用再提供工本钞。至明代中叶以后"水乡灶户"实际上已无法再操盐业,专以垦耕滩涂、草荡为生。这些地处民田与盐场过渡的区域,从昔日滩涂、草荡转成良田,"民田之东,各场办课灶地之西,外不近海,内不傍江,岁种花稻豆麦,无异附郭膏腴,府县监司两不编差,东海士民视为仙境"④。

  清沿明制,盐户仍隶灶籍。清初重新编定两淮各盐场灶户,一场分为数总,一总分为数甲。灶丁户口立有清册,丁口增减,随时编入版籍。在籍灶户依例不得在官府当差或投充军人,亦不得卖身富家为奴。如康熙、雍正年间,通州12场共计额设煎丁20 647丁。乾隆、嘉庆年间灶户丁口繁衍,先后两次重新编定各场灶户。据嘉庆十一年(1806)统计,通属九场共有灶户40 922户、煎丁123 449丁。⑤ 各场丁口,每年于纲盐考核册内开列确数,由巡盐御史与总督合词具题,专册奏报户部,与州、县民户册籍不相混淆。至光绪年间,灶籍管理制度仍如清初,凡身隶灶籍的盐

---

① 崇祯《松江府志》卷一四《盐法》。
② 天启《海盐县图经》卷六《食货篇二》。
③ 嘉靖《浙江通志》卷一八《贡赋志第三》。
④ 〔清〕顾炎武:《天下郡国利病书》卷二二《江南十》。
⑤ 《南通盐业志》编纂委员会主修,张荣生编撰:《南通盐业志》,第173页。

民,子孙世代只许以盐为业。①

　　清代两浙盐运司松江所诸盐场不少灶户还有"一身两役"之苦。例如,浦东、横浦、青村、袁浦、下沙等盐场境内,民灶杂居;在灶户之中有由民户佥充者,本有田地属于各县管辖;而富灶亦有置买民田者。因此,民灶之田土往往混杂。况且,沿海区域灶地甚广,供煎之外,兼种花豆木棉。早在明代中叶以后,上述松所诸盐场所在地的各县"有司"就常与盐司争夺管辖之权。入清后,争夺管辖权的情况更是日益加剧:盐课司向灶户督征盐课,厅县官则又向灶户征收赋税。在这种情况下,灶户往往"一身两役,赋外加赋",既要向盐司交纳盐课,同时又得向厅县官交纳赋税。②

　　民国年间奉贤盐民85％为岱山人,10％是本地人,4％是崇明人,1％为启东、苏北等地人。盐民以刘、王两姓为旺族,约占盐民总人口之20％。③ 这些沿着南北沙洲迁移制盐、围垦的居民,慢慢形成了独特的文化,即沙地人或沙民。分布在北起江苏射阳北部、南至上海奉贤南端,绵延一千多里的沿海地区和长江口两岸,被称为"沙地人"、"沙上人"、崇明人、启海人等。

　　此外,民国南通盐区不产盐的盐场均被裁废。凡被裁废者,其原属灶籍丁口自与一般民户无异;凡被撤并者,在随后兴起的废灶兴垦浪潮中,均被归入所在地新设立的盐垦公司经营范围。至此,尽管各盐垦公司在盐务习惯上仍被称为垣商,灶户在盐务公文里仍被称为煎丁,但旧有灶籍管理体制已然被打破。虽未经国民政府明令废止,通泰盐区存续千余年之久的灶籍制度实际上已不复存在。④

---

① 《南通盐业志》编纂委员会主修,张荣生编撰:《南通盐业志》,第177页。
② 吴仁安:《清代上海盐政若干问题述论(续)》,《盐业史研究》1997年第4期。
③ 柳国瑜主编:《奉贤盐政志》,第112页。
④ 《南通盐业志》编纂委员会主修,张荣生编撰:《南通盐业志》,第177页。

盐民户籍通称灶籍,自唐创置,绵延直至清末。历代官府恣意盘剥,灶民生活极端贫困,多有违禁私煮私卖,旧时多称盐民为"盐徒",列为人群下等。民国以后废除灶籍制度,灶户、煎丁改称盐民。1949年进行盐民登记,发给生产执照。其后盐民逐步组织起来,加入盐业生产合作社或半农半盐、半渔半盐的集体生产组织中。1958年后,在国营和集体盐场中从事盐业生产的劳动者一般称为盐工,由政府劳动部门按计划安排。其后因盐政管理加强,农民在农余时间以盐为副业的迅速减少。① 自明清时期滨海盐民兼垦荡地,直到民国期间,随着废灶兴垦事业发展,大量盐业人口转变为农业人口,以农为主,业余制盐,20世纪后期,基本都转为农户。

二、盐贩与盐枭

历代贩卖食盐主要依靠盐商、盐贩,他们是盐业经济活动的重要群体。唐宋以后,合法、大规模贩卖食盐的多为盐商,但私盐获利甚大,后来不断出现贩私团伙。例如宋元时期上海地区就有朱清、张瑄聚众操舟贩卖私盐、从事沿海掠盗的武装贩私集团。② 到明清时期长江口地区私贩兴盛,盐枭势力强大。

明初余盐规定要交与官府,成化后允许"灶丁自行发卖,或转卖陆路肩挑背负,并水路三板小船各人贩卖"③。灶户获得了一定的支配盐产的自由,私盐、私卖之风逐渐盛行。万历年间实行"纲法",官不收盐,令商人自行下场收购运销④,这为盐商垦断食盐运销提供了契机。场商开始出资购置生产资料,并雇佣贫灶

---

① 南通市地方志编纂委员会编:《南通市志》(中),第933页。
② 孟东生:《中国舟船录》,九州出版社,2017年,第260页。
③ 崇祯《重修两浙鹾志》卷二〇《奏议中》。
④ 南通市地方志编纂委员会编:《南通市志》(中),第935页。

直接进行制盐。场商往往坐场直接向生产者收购盐斤，日益成为向灶户提供土地、生产资料和资金的商人，甚至控制灶户，私煎私贩。正德年间浙盐"奸商"往往"招集灶徒，私煎私贩，影射出入，岁月弗填，引角弗截，展转贸易，甚者交通吏徒，欺侮恣肆，莫之敢膺"①。

清袭明制，实行引岸商人专卖制度，其销岸只准若干盐商专卖，不准跨岸自由买卖。②清代盐商分为场商与运商两种："场商收盐，卖于运商；运商领引办课，销于各岸。"在官督商销的体制下，运商、场商都是朝廷食盐运销依赖的主力。为减少灶户自行售卖透私，官府甚至鼓励运商、场商加价收购各场食盐，"各场煎丁均属无籍贫民，惟恃煎盐以为餬口，既无升斗之储，更无负贩之业。惟赖商人课本赴场，源源接济，随煎随售"。因此"饬商加价收买场盐，以杜灶户售"③。加价部分往往又会转移到盐斤之中，增加官盐成本，小本商人逐渐无法参与。

道光三十年（1850），两江总督兼两淮盐政陆建瀛在淮南推行"票法"，使小本商人皆可领办。运商购买场盐，由场商运至泰坝（在泰州），每引以300千克净盐交斤，官为定价。商盐运到仪所（在仪征）改捆，行销湘、鄂、西（赣）、皖四岸，凡属淮南引地，悉任转贩流通，并不作为专岸。同治二年（1863），两淮盐政曾国藩整顿淮南票法，改复纲法旧章，招徕大商，排斥小商。同治五年（1866），李鸿章规定不再招徕新商，以已认之商循环给运，以前纲之商接运后纲之盐。自此票法名存实亡，票商专利同于纲商。④

---

① 崇祯《重修两浙盐志》卷二〇《奏议中》。
② 吴仁安：《清代上海盐政若干问题述论（续）》，《盐业史研究》1997年第4期。
③ 嘉庆《重修两浙盐法志》卷一六《条约二》。
④ 南通市地方志编纂委员会编：《南通市志》（中），第939页。

除了大小盐商的大规模合法贩盐之外,还有民间百姓的合法的小规模贩盐。如清代通州地区因逼近场灶产盐地,城乡居民食盐一向不行官引,亦不设官盐店铺,多由民间商贩肩挑背负小额贩运盐场灶丁余盐,或易之以五谷,相沿成俗。[①] 清雍正十二年(1734),通州及如皋县查造"贫难小民"花名与年貌,移发场官制造循环号筹(印烙腰牌),由州、县所在盐场酌留余盐供售。此等"筹盐贩",每次均限定日期,肩挑背负,不可超过20千克,且只许行陆路,不准船载,亦不得在销引地区出卖。[②] 这种灵活的售卖方式,充实了盐贩力量,也扩大了销售范围。浙江盐区也是如此,规定各场的沿海附近居民背负筐提不在禁例,在接近产盐地的近场地区实行老少盐斤销售法。"贫穷老少男妇,挑负四十斤以下者,概不许禁捕。"[③]同治年间,通州地区归入淮南税盐(轻税盐)行销范围,盐贩每次贩盐可至1引(300千克);按例完纳正、杂课银后,由两淮盐运司给予票照护运销售,称为税盐贩。[④] 光绪末年,通州、如皋、海门辟为食岸后,食盐运销由大咸盐栈垄断。例如大咸盐栈在通州设正店,在如皋、海门县城及较大的市镇设分店批发零售。[⑤]

除合法的场商、运商以及百姓小规模贩盐之外,非法贩卖的多为贩私,规模也很大,有的经常与海盗身份混合,成为盐盗,甚至形成武装盐枭集团。其中,清代江浙一带的盐贩中,私贩逐渐形成武装走私,危害最大,"江南洲渚深阻之地,盐枭成群"[⑥]。"松江与浙省交界之处盐枭巨贩,每聚众数百,联船列械,拒捕杀伤,

---

① 南通市地方志编纂委员会编:《南通市志》(中),第936页。
② 嘉庆《扬州府志》卷二一《盐法志》。
③ 嘉庆《重修两浙盐法志》卷首《诏旨二》。
④ 南通市地方志编纂委员会编:《南通市志》(中),第937页。
⑤ 南通市地方志编纂委员会编:《南通市志》(中),第937页。
⑥ 〔清〕葛士濬辑:《清经世文续编》卷四三《户政二十》。

案如山积久。"① 如以"满洲二姑"沈氏与徐二两人为首,"两省私枭皆其所属,徐二尤为巨盗积贼之窝,久为民害"②。又如松江府盐枭分为南北两帮,南帮据周浦镇,北帮据龙王庙,势力之大为官府忌惮。两帮之间往往"互相残杀,营官不敢剿,亦不敢为左右袒。于是南北交战,弹丸如雨,惊扰闾阎"③。私贩增多已经成为危害盐业管理的大问题,"有行商重载,借名巡盐,搜抢客货,因而告劫告殴告杀告伤,讼牒纷纷,成案累累。不特与销引无益,实为地方大害"④。

到20世纪前期,长江口地区传统的盐贩逐渐消亡。例如在南通地区,民国三十四年重申废除专商引岸制度,实行民制、民运、民销的运销制度,但为官僚资本所垄断。⑤ 民国三十五年,南通城内相继成立青记和利民等私营盐号。民国三十六年,南通盐业铺户成立同业公会。1949年私营批发盐号共有19户,1950年上半年共有大小盐号74户,经销范围东至海门县,北至南通县刘桥,南至常阴沙。1950年秋南通境内各盐场开始建立盐坨,各盐场管理处控制盐源,盐贩利微。1951年,国营盐业公司和区乡供销社建立,自此盐贩不复存在。1956年私营食盐商户实行公私合营,建立食盐合作商店。抗战结束后,无食岸运商办理运销,城乡居民食盐皆依靠民贩从本地海滨产区贩运济销。⑥ 此外,20世纪中叶以后,上海地区销商以批发或批零兼营的盐号为主,向官仓或运商批购食盐转销。1949年核准登记

---

① 〔清〕允禄辑:《朱批上谕(雍正朱批谕旨)》。
② 〔清〕允禄辑:《朱批上谕(雍正朱批谕旨)》。
③ 民国《南汇县续志》卷二二《杂志》。
④ 光绪《南汇县志》卷五《田赋志下》。
⑤ 《南通盐业志》编纂委员会主修、张荣生编撰:《南通盐业志》,第204—205页;江苏省地方志编纂委员会主编:《江苏省志·盐业志》,第135页。
⑥ 南通市地方志编纂委员会编:《南通市志》(中),第936—937页。

508家,次年为465家,其中专营277家,兼营188家;1955年国营已占99.70%。①

三、盐官

自汉代实行官营盐业、垄断盐利,盐务官员就成为王朝稳定盐利收入的重要群体。盐务官员的设立自汉武帝元狩四年(前119)置盐铁官,其后元封元年(前110)置大农部丞数十人,分部郡国,盐官二十有八。② 最初设置的盐务官员专门负责征税,到后来自上而下,逐渐扩大到监督管理食盐运销,以及生产等各个环节。例如汉唐时期以盐官、司盐都尉、盐监作为管理盐业运销的机构,但尚未有盐场建置,盐务官员主要负责监督盐税。

随着盐业的发展与盐场的扩建,宋以后开始在盐场设立管理机构。盐场一级的盐务官员在宋代以后出现,并在元代完善。宋元以后,盐场管理长期实行"总司—分司—盐场"三级体制,设置众多盐务官员,各职官分管生产、收储、监督、催煎、催课、缉私等各方面事务。例如提举茶盐司、支盐官、押袋官、批引掣验官、盐仓监、税盐监等,种类多样,衍化复杂。宋代盐场设有催煎官,元代设有司令,明代以后为盐课司。一般一个盐场有多个盐务官员,例如元代华亭县各场设置司令、司丞、管勾各1员,负责管理盐场,收纳盐课,称放盐斤。明清时期,长江口地区分属淮浙盐区,巡盐御史以下两淮盐政、两浙盐政及其各场大使、副使,组成盐务官僚体系的主力。

唐代、五代中央一级的监治机构分盐铁、度支、户部为三司,设置三司使一人,所有财政事务都归于三司,而盐务一项尤为重

---

① 唐仁粤:《中国盐业史》(地方编),第262—263页。
② 光绪《重修两淮盐法志》卷一二九《职官门》。

要。三司成为仅次于中书、枢密院的重要机构,号称计省。宋初沿用了五代时的盐法,实行专卖制,官运官销。为监治运销,中央一级官府特设发运使,负责运盐公事,转输各路诸仓,给地方州县销卖食盐,同时也监察盐的销卖。三司使居中,除发运使居外,发运使须秉承三司使的政令,指挥各路地方盐官。乾德以后在地方一级官府安置了转运使,并设置副使判官。地方一级的监治机关则有转运司、提举茶盐司、提刑司。转运司成为主要盐务权力机构,后又被提举茶盐司和提刑司分权。地方州郡则普遍设有通判,负责到主管的仓场去催促买纳。另外还设有巡捕官,负责巡检私盐、捕捉盗寇。支盐官负责产盐场买纳、支发。买纳官招诱存恤亭户,广行煎炼。催盐官监治亭户及备丁小火煎办盐课。熙宁间始置提茶盐司,专门负责提举盐事,茶盐务在地方就有了专门的监治机构。宋时盐官或是转运使,或提刑官,又或漕司提刑,或茶司兼任,变革甚多。而场务官大都仍为唐朝时的官制,规模大的称监,中者为场,小者为务。同时还设有买纳、催煎、运盐、监仓等官来监治盐户,收纳盐斤,另外还设有批引掣验官,管理商人支盐。①

元代盐务管理体系(盐运司—分司—盐场)已经成熟,成为明清盐官设置的样板。② 元代北方各盐场设管勾监治盐场。世祖至元三十一年(1294),两浙盐场设管勾司。成宗元贞元年(1295),改场为司,置司令、司丞、管勾各一员,从七品,以重其事。司令为从七品,司丞从八品,管勾从九品。后改管勾为司令,废掉了盐运司下辖的盐使司,使盐场官员直接接受盐运司官员的领导。元武宗至大二年(1309),管勾司改为司令司。此外,元代负责盐务的

---

① 俞渊主编:《盐与海洋文化》,第141—160页。
② 张国旺:《元代统一局面下盐官制度的重构》,《河北学刊》2009年第5期。

官员还有仓官监支纳、大使，但盐运司官和盐场官是元代盐官体系的核心部分。①

明朝盐务行政之权下放地方，实际负责盐的产、运、销与盐课的则是各盐产区的都转运盐使司与盐课提举司。朱元璋设官置衙，监治盐法，至洪武元年（1368），两淮、两浙等盐区均已安置都转运盐使司，负责监治一个盐区的盐业产、销事务，盐官体系日益庞大。但滥用职权、腐败现象随之增多，为治理腐败，监察御史制度登上历史舞台。以往盐专卖制下无任何专门针对运司的监察管理机构，从而运司之权泛滥，缺少制衡，因此巡查盐务御史制度应运而生。明前期监察御史职权并不直接涉及盐政。正统年间，盐政积累弊病日甚，"令御史视鹾，按照巡按例，岁更代以为常"，此后，随着御史巡察盐政事务成为常态后，巡盐御史官制也正式成形，巡盐御史获得独立的执法权。②

清盐务官制仍照明旧。虽然中央户部为盐务管理的最高机关，实际上仅仅办理审查、奏销、考成等工作。清初地方盐官全都遵从明制，后来略有变通，只要是产盐省份，于长芦、山东、两淮、两浙、两广都设都转盐运使司（元明为都转运盐使，清改为都转盐运使）。盐运司下设有运同、运副、运判，分管产盐之地，辅助盐运司管理盐务。监掣同知掌掣盐之政令，库大使掌收纳盐课及其库贮，批验大使掌批盐引之出入及掣验放运之事，经历知事掌稽核文书，盐课大使掌盐场及池井等事务。③

宋元时期，下沙盐场的盐官比较特殊。宋元时期下沙盐场的瞿氏家族长期担任该场及其附近州县的官职。宋代在下沙盐场做过盐官的有瞿愉惟、瞿哲、瞿忠，元代有瞿霆发、瞿震发、瞿电发

---

① 俞渊主编：《盐与海洋文化》，第141—160页。
② 俞渊主编：《盐与海洋文化》，第141—160页。
③ 光绪《重修两淮盐法志》卷一二九《职官门》。

等七人,以及王艮、陈椿等。瞿愉惟随宋室从开封南迁定居下沙,南宋嘉定年间在下沙场任职。其子瞿哲、孙瞿忠都是下沙场盐官。瞿忠的儿子即瞿霆发,出生于南宋理宗淳祐十一年(1251),当时正值宋末元初之交,元军攻入江南,他率众投降了元军,于是当上了副使,不久又兼任上海市舶司提举。此后又被升为两浙盐运司副使。元皇庆初年,瞿霆发在处理自然灾害时得到上司赞许,又升为两浙都转盐运使,正三品。62岁时瞿霆发病故。其后瞿氏家族又有几人先后在盐场任职,有的当上知州、提举副使等职。① 瞿氏自南宋嘉定年间河南开封人瞿愉惟任下沙盐场使起,世代定居下沙,五代为盐官,几乎操纵了南宋到元末的上海乃至浙西的盐务。瞿氏在镇上建有庄园,明弘治《上海县志》称:"浙西园苑之胜,唯下砂瞿氏为最。"明洪武十三年(1380)诏令下沙场瞿氏只"留长子以存里宗祧",其他皆抄没,另外瞿氏女婿石笋里富豪朱皋也发配戍守领外②,瞿家从此没落。明清时期,这种家族成员长期任盐官的现象消失。嘉庆《两浙盐法志》记录了清代下沙各场盐课司大使名录,包括下沙头场盐课司大使孟连举(康熙八年任)、王裕奇(康熙二十年任)、周纪(江南人,康熙三十三年任)等25人,下沙二三场盐课司大使杨维清(陕西华州监生,雍正七年任)、沈方直(浙江乌程监生,雍正七年任)、李昌樟(乾隆元年任)等23人。崇明巡盐大使张逢泰(浙江鄞县监生,乾隆五年任)、王世仁(江苏上元监生,乾隆十二年任)等10人。③

长江口地区一些代表性的盐务官员如下:

陈椿(1293—1335),浙江天台人,元代下沙盐场(今上海浦东

---

① 诸惠华、蒯大申主编:《南汇海洋文化研究》,第132页。
② 光绪《南汇县志》卷二二《杂志》。
③ 嘉庆《重修两浙盐法志》卷二二《职官二》。

新区下沙镇)监司。陈椿在下沙盐场任盐司期间,根据前人所作旧图,增补而成了《熬波图咏》,有图53幅,现存47幅,每幅图题一首诗,生动形象地记载了从建造房屋、开辟摊场、引纳海潮、浇淋取卤到煎炼成盐的完整海盐生产过程,这是中国古代完整介绍海盐制作过程的书,此书收入《四库全书》,是中国历史上流传下来的第一部记载海盐生产技艺的专著,反映了元代上海地区海盐生产面貌,史料价值很高。陈椿《熬波图》对后世产生了深远的影响。除编入明《永乐大典》、清《四库全书》外,近代罗振玉陆续编印了三种版本的《熬波图》。

叶永盛(？—1601),字子木,号玉城,泾县人,明万历十七年(1589)进士,初任浙江兰溪知县,后为御史,巡视浙江、直隶盐政。时太监刘成拟增收盐税,数字巨大,盐民皆惊恐不已。于是召集安慰,并上疏力陈盐民疾苦,使盐税增额得免。按察江西,首劾不法大吏,使贪官污吏闻风丧胆;又赈灾、筑堤,颇有劳绩。阉党欲在京口收税牟取私利,上疏抗争,使之未能得逞。任巡盐御史九年,上疏数十次,纠不法阉宦、奸吏多人,以刚直闻名朝野。官至太仆寺卿。著有《叶玉城全集》《玉城奏疏》《浙鹾纪事》。①

庞尚鹏(1524—1580),字少南,号惺庵,广东广州府南海县(今佛山市南海区)人。明中后期大臣、经济改革家。嘉靖三十二年(1553)进士。除江西乐平知县,不久,擢御史。出按浙江时,民苦徭役,其创行"一条鞭法",并治乡官不法子弟僮仆。隆庆元年(1567)擢大理右寺丞。翌年,擢右佥都御史,理两淮、长芦、山东盐政,兼理畿辅、河南、山东、江北、辽东屯务。同年秋兼领九边屯务,疏列盐政二十事,鹾利大兴。为人介直无所倚,权既重,自负

---

① 《安徽历史名人词典》编辑委员会编:《安徽历史名人词典》(上),安徽教育出版社,2008年,第540页。

经济才,慷慨任事。诸御史督盐政以事权见夺者,忌恨庞尚鹏,欲攻去之。河东巡盐劾其行事乖违,落职。隆庆四年(1570),被斥为民。庞尚鹏在任时改革赋役,推行"一条鞭法",属吏咸奉法,浙江、福建、广东等地人民怀念他在减轻徭役方面所做的贡献,立"永赖祠"以纪念。①

李卫(1688—1738),字又玠,号恰亭,江南铜山(今属江苏徐州)人。中国清代中期大臣。康熙五十六年(1717)李卫捐资员外郎,随后入朝为官,历经康熙、雍正、乾隆三朝,历任户部郎中、云南盐驿道、浙江巡抚、浙江总督、兵部尚书,署理刑部尚书、直隶总督等职。在任期间整理云南、浙江盐政,打击盐枭,修筑江浙海塘,筹划浙东水利,改革苏州营制。雍正继位后,被任为云南盐驿道,政绩显著,次年升任云南布政使,主管财政税赋,兼管盐务。雍正三年(1725)升为浙江巡抚兼理两浙盐政。② 浙江是清朝时期盐业生产的重要地区,私盐泛滥。李卫采取了严厉措施,以缉私为重点,组织力量打击武装盐枭,肃清江浙私贩力量。此外还将盐商纳入保甲制,由政府出钱收购盐商的剩余盐,以防止私盐的流入;减少部分重复、不必要的浮费,以减轻盐商的负担;鼓励灶户并灶煎盐,摊丁入灶,减轻灶户负担,降低官盐价格,削减走私盐的利润空间;对官盐进行疏销,提高食盐销量等。③

丁日昌(1823—1882),字持静,别名禹生,广东潮州府丰顺县人,历任广东琼州府儒学训导,江西万安、庐陵县令,苏松太道道台,两淮盐运使,江苏布政使,江苏巡抚,福州船政大臣,福建巡抚,总督衔会办海防、节制沿海水师兼总理各国事务衙门大臣。同治四年(1865)十月,被任命为两淮盐运使。丁日昌勤奋实干,

---

① 《明史》卷二二七《庞尚鹏传》。
② 《清史稿》卷三〇〇《李卫传》。
③ 宋林飞主编:《江苏历代名人词典》,江苏人民出版社,2019年,第207页。

在任两淮盐运使的五个月间,在实地调查、探访的基础上,写作了十多万字的文字材料、公文。两淮盐政向来错综复杂,但不外乎运销、生产两大类。他深入各盐场,向绅士、场丁、灶户了解情况,完成了 10 余万字的调查报告,制定了《淮盐章程》《两淮甄别章程》《淮北总略》等章程和规划,实行改革,兴利除弊。

张謇(1853—1926),字季直,号啬庵,江苏南通海门人。清末民初实业家,教育家,是推动两淮废灶兴垦、盐业转型的重要人物,致力于中国盐务改革凡 30 余年。光绪二年(1876)夏,到淮军统领吴长庆麾下为幕僚,参与多项决策。二十二年,在南通创办大生纱厂,经过数年经营,生意逐渐兴隆。清末民初,张謇积极推动通州地区盐业改良、盐垦并举。光绪二十七年(1901)张謇创办通海垦牧公司,利用沿海荡地发展棉产,为大生纱厂提供保障;在发展棉产的同时,因地制宜,振兴通州盐业。光绪二十九年(1903)在通州吕四镇创办同仁泰盐业公司,张謇任总理。盐务行政上受两淮盐运司通州分司吕四场署管辖。为改良盐业、推动荡地废灶兴垦,同仁泰公司实行盐垦并举,推动生产与管理改良,试验各种制盐方法。辗转获试,最终成功。1912 年出任实业总长,后于 1913—1915 年担任北京政府农商总长兼全国水利总长,1915 年辞去农商总长职务。[①]

第二节 盐河、盐道与盐路

一、盐路与盐道

古代大规模的盐运都是依赖水路,人工运河是最关键的运输通道。长江口北岸的盐运河主要是如皋—泰州一线的通泰扬运

[①] 宋林飞主编:《江苏历代名人词典》,第 275—276 页。

盐河,南岸盐运河在内外护塘港,即今天的浦东运河及其支流各灶港。长江南岸早期还有人工开挖的盐铁塘与咸塘港(相传吴越王征发民工开挖)等水路运盐河道,规模比较大,通江达海。

盐场的场仓、场署一般多设于较远腹地,从摊场到团灶,从团灶到场仓,主要靠木船水运。从摊场到团灶有小河渠,各团灶间有支河,并同其他主要干流相接,是各盐场交通运输和人员往来的重要通道。例如上海地区诸盐场运场盐至松江批验所掣验、至"苏五属"引岸销售,以及从各盐场到灶,从团灶到场仓,乃至各盐场之间来往多借河道运输,驳船则为运盐的主要工具。

有水路就有陆路,特别是元明成团制盐后,从团舍到沿海的摊场之间都修有团路,便于往来运输工具、材料。而团路、灶港、摊场交汇之处往往会有盐户、船民、苦力、商人聚居,久而久之就形成了小型的居住点,时人称之为路口。这些路或路口多以居民中的大族姓氏命名,如黄家路、邬家路、曹家路口、龚家路口等。后来居住点不断扩大,渐渐成为集镇,原来的路和路口简省成黄路、邬路、曹路、龚路等,成为地名。①

此外,还有海路。民国年间上海地区食盐一度通过海运购买浙东盐。浙盐运沪分海运与内线两种,海运线由余姚盐场出运的盐因场区全系浅滩,轮船无法停靠,只能用帆船载运,先用牛车将盐从仓廒驳运至船边,候潮启运,大船可装 1 000 余担,小船可装 300 至 400 担,顺潮趁风 2—3 日可抵上海。内线行运有二,一由余姚场内河装民船经百官过塘,于曹娥江换船而至萧山,改装火车,循沪杭线至上海。其中,姚临内河一段,船运载量不多,行动迟缓,全线中途须过塘换车,搬驳两次,耗重费巨;另一线由余姚场内河装民船至宁波,改装轮船运上海。当时海面不靖,内河仍

---

① 唐国良主编:《人文浦东》,上海社会科学院出版社,2009 年,第 3 页。

较为安全。抗日战争胜利后,废除专商引盐制度,实行民运民销。因浙盐产量减少,上海又从河北调入芦盐,从山东调入青岛盐,从江苏调入淮盐,从福建调入闽盐,从台湾调入台盐,大都取海道轮运。[①]

这些水陆盐道还是私盐私贩的运盐路线,以及官府缉私、设卡稽查的路线。例如光绪二年(1876)外轮夹盐走私,通属9场增设缉私隘口,计有水陆隘口46处。[②]下沙头场每团设水手1名,与场役及南汇县捕役即营汛弁兵在东沙、黄家洼、茶亭路及塘西水路什港等处巡查。崇明场境内在六滧、七滧、八滧等处设置哨船及工兵捕役在水陆要口巡缉。[③]

二、通州盐运河与灶河

通州盐运河亦名运盐河、南运河等,位于扬州与南通之间,起自扬州湾头,经江都、宜陵、海陵、姜堰、曲塘、海安、如皋,抵达通州诸盐场,全长约160千米,是大运河的一条支流,也是长江口地区最早的盐运河。该河前身是西汉吴王刘濞时开凿的一条西起扬州茱萸湾、东通海陵仓及至如皋蟠溪的一条运河,开挖此河主要是为了便利运盐,故称为盐运河或运盐河。隋唐时已向东延伸至掘港亭。唐开成三年(838),日本国圆仁和尚随遣唐使西渡来华,自掘港亭登陆乘船,由盐运河经如皋场去扬州,沿河见盐官船数十里相随而行。唐末,运盐河向南延凿至白蒲。后周显德五年(958),为运海盐,自通州向西北凿河20千米至任家渡,隔古横江与白蒲的运河相接。古横江淤塞成陆后,北宋嘉祐年间,通州静海县开凿运河,由任口向北接通白蒲。至此,自扬州湾头直至通

---

① 应飞主编:《上海粮食志》,第532—533页。
② 南通市地方志编纂委员会编:《南通市志》(中),第949页。
③ 应飞主编:《上海粮食志》,第557—559页。

州的运盐河全线贯通。因其河床地势高于里下河,故又名上河。通州盐运河北起立发,中经丁堰、白蒲,南达通州城,分别与各盐场的场河相接,组成了盐运河道网络。①

除了长期使用的通州、泰州、扬州之间的运盐河之外,三余湾沿岸还有连通各场的串场河,或称运盐河(官河);各场灶河通海、彼此连接,并沟通各场运盐河。例如西亭场"官河东发于通川径便仓,而南入于金沙,灶河发于官河"。金沙场"运河发于西亭,北折而径于便仓东,入于余西;灶河发于运河,播而为王灶港、周灶港,北达于西团为姜灶港、冯灶港、西唐灶港、东唐灶港,北达于中西两团为瞿灶港,北达于中团为进鲜港、袁灶港……"余西场"官河发于金沙,径于利和镇,入于余东;灶河发于官河,达于东仓者为东汉河,达于西仓者为西汉河,咸入于海"。余东场"运盐河发于余中,东入于吕四;灶河东北流为张尚河港、西仇灶河、李灶河,达于东三仓东便仓,仇灶仓、李灶仓、五灶河、新灶河达于西二仓,咸南发于运河,通于江"。吕四场"运盐河发于余东,径于西便仓,达于正盐仓而止;灶河南发于江,曰东周河"②。

随着宋元以后通州地区盐业不断发展,为了使盐能顺利集散,便利通州盐产运销,官府往往积极维修运盐河、拓展水路。例如元惠宗元统元年(1333)两淮运盐使王都中创设通州狼山闸,引海水入扬州漕河,以通江淮。元成宗大德十年(1306)疏浚真、扬、通、泰等州漕河。明世宗嘉靖十六年(1537)通州知州舒缨开凿运盐河30里,自利和镇(今如东境内),经余西、余中、余东三场,直达吕四场,自此,南串场河全线贯通。运盐河的发展为盐业产运销提供了重要保障。

---

① 南通市地方志编纂委员会编:《南通市志》(中),第940页。
② 嘉靖《两淮盐法志》卷三《地理志》。

三、浦东运盐河、灶港

相比而言,长江口南岸的运盐河更为密集,集中在浦东地区。这里的海岸扩张过程比较连续,早期运盐河主要是盐铁塘、咸塘港,明以后主要是内外护塘港(或东西盐运河,后形成浦东运河)以及支流灶港构成的河网。

下沙盐铁塘始凿于五代后梁初年,由吴越王钱镠督工开凿。宋元盐场产量不断增加,为盐运需要,先后开过一批灶门港。其中,元代开凿 18 条,使南汇中部水网密布,内河航运十分发达。古时,南汇内河航运的船只较小,因此,凡"通潮"河道均可供船舶航行。[①] 唐末五代时期下沙盐铁塘等河道已成为盐运航道。南汇西部的咸塘港,为唐代捍海塘的随塘河。下沙至黄浦的盐铁塘,为五代下沙盐场的运盐河。发达的水网,为盐场提供了运输之便。[②]

明永乐元年(1403)夏原吉治苏松水患,将运盐河的疏浚列为治理的项目,对改善沿海水利条件及贯通各灶门港作用甚大。运盐河俗呼内护塘港,"在老护塘内诸灶港之东,向为盐艘出入之路。南自奉贤至一团入邑境,自倪家水洞以南直达二墩,自二墩以南至奉南交界处,稍有曲折,循塘而北至八团入川沙境,再北至九团黄家湾入宝山界,由界浜通黄浦"[③]。浦东运河南自奉贤区的沿塘港进入浦东新区大团镇,循里护塘而北,过三墩、惠南镇护城河,西折由北门径直北行进入川沙。浦东运河(图 8-1)的前身是开挖于南宋年间的东运盐河和西运盐河(内外护塘港),东西运盐

[①]《南汇交通志》编纂委员会编,钱银楼主编:《南汇交通志》,方志出版社,2011 年,第 322—323 页。

[②]《南汇交通志》编纂委员会编,钱银楼主编:《南汇交通志》,第 322—323 页。

[③] 光绪《南汇县志》卷二《水利志》。

河分布于里护塘两侧,相互平行。历史上,东西运盐河由于狭窄弯曲,淤塞严重,截分数段,水流不畅。自明永乐年间至民国二十三年,疏浚 10 余次。西运盐河,在老护塘内,诸灶港之东,向为盐船出入之航道。南起奉贤,北至九团,全长 46 千米。始凿于南宋绍兴四年(1134)。东运盐河,在老护塘外,又名御寇河。明嘉靖三十六年(1557),乔镗领凿,始为抵御贼寇入侵而开挖的海防工事,后为盐场运盐的航道。①

图 8-1　今浦东运河(川沙)(作者摄于 2022 年)

除了运盐河等干河外,浦东地区还有很多支流运河,即灶港。宋元时期,下沙盐场产量不断增加,古捍海塘至里护塘的一团至九团普设盐灶。为盐运需要,南汇中部地区先后开凿了众多的灶

---

① 《南汇交通志》编纂委员会编,钱银楼主编:《南汇交通志》,第 322—323 页。

门港,大部分灶门港西自咸塘港向东直通运盐河浦东运河。[①]

众多的灶港与沿海制盐开发密切相关。滩涂煎盐生产是在海边将海水引入事先修建好的摊场内,提炼成为卤水,再将卤水运输至后方的团舍或灶舍通过铁盘煎制成盐。但引潮需要通过水路来连接团灶和江海,因此盐民们经过几代甚至十几代人的努力,开挖出无数东西向引潮沟漕,久而久之,这些沟漕被称为灶港。后经过数百年的持续疏浚,不断拓宽,逐渐变成有利航运的河港。浦东大量的灶门港,多开挖于宋元时期,是盐灶盐场的通道,专为煮盐、运盐服务。目前南汇地区的一灶港、二灶港、三灶港、四灶港、五灶港、六灶港、焙灶港、南一灶港、南二灶港、南三灶港、南四灶港、南五灶港、南六灶港,还有盐铁塘、咸塘港、卖盐路港、运盐河、卖盐港、旧盐港、盐船港等,都是盐场留下的痕迹。明代中叶以后,上海东部沿岸已经形成了以老护塘为分水岭的水系分布格局,西侧是横向灶河、东侧为纵向运河,塘外则是天然的潮沟港汊。整体上形成塘西归江(黄浦江)、塘东趋海的水系基本格局。自陆向海,西侧的东西横向属于运盐支河(灶河、灶港)、中间沿着海塘分布是纵向的运盐干河,以及东部堤外潮滩的海口港汊(以天然潮沟为主)(图8-2)。

随着浦东陆地不断向东推移,各团盐灶也不断东迁,引潮的河道需不断疏浚才能继续引潮进团灶。这些引潮河道后来逐渐成了运盐的河道。因与盐灶相通,这些河道称为灶港,灶港一般都是东西向。南宋年间,为保护沿海下沙盐场免遭潮灾,修筑了里护塘。修筑海塘需要在内侧开挖河道取土,海塘筑成之时河道便形成了。这条河道也是南北向运盐主干河道,下沙盐场所产的

[①]《南汇水利志》编纂委员会编,朱国松主编:《南汇水利志》,第95页。

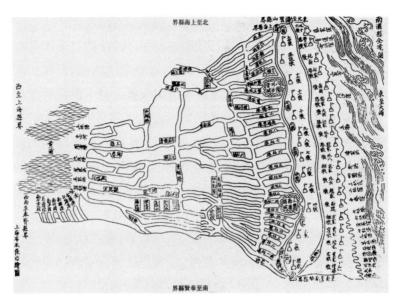

图 8-2　浦东灶港水网

资料来源：选自雍正《分建南汇县志》南汇县全境图。

盐由各灶港装船，经运盐河外运。①

松江府河网纵横，水运便捷，充分利用水道对食盐运销至关重要，因此历代对河道疏浚均颇为重视。宋绍兴五年至十五年，提举浙四路茶盐官王珏开凿华亭县上海运河。明天顺二年（1458）巡抚都御史崔恭开曹家沟，南到新场万丈，宽十四丈，深二丈，将沙、竹网渚水通流入浦。明正德十三年（1518）上海县知县许士贞详浚周浦塘，计用民工役银两千四百两。清雍正四年（1726）南汇知县钦琏详浚周浦塘，共五千六百余丈，河面阔广，为浦东通渠之冠。清乾隆四十年（1775）十月南汇知县成汝舟详浚闸港，计用民夫 60 余万工。道光三年（1823）知县杨承洪

---

① 辰阳：《〈熬波图〉探解》，东南大学出版社，2019 年，第 56—57 页。

浚闸港及北都台浦、洪福桥港、包家桥港。道光九年(1829)浚干家浜,道光十年(1830)浚灶港、戴家、周家浜,统计河身704丈,共1.68万立方米土方。① 又如华亭县"清顺治九年浚春申、六磊、盘龙诸塘及有关支河二百余(条)"。南汇县乾隆三年戊午(1738)"筑自五团至九团圩塘"。川沙县嘉庆二十五年(1820)"与南汇协浚运粮河,盐船港及北碱塘"。道光二年壬午(1822)"浚赵家沟及运盐河"等。此外,一些重要水道被多次疏浚,如奉贤县横泾港"自明崇祯二年(1629)至清光绪二年(1876)先后十次疏浚"。南桥塘"康熙三十一年(1692)至清光绪二十七年(1901)先后经二十次疏浚"。"南桥塘为本邑第一干河……为盐艘往来所必经。"②

此外,崇明沿岸潮滩宽阔、水系众多。明代后期,崇明沿岸有32条港汊、河渠。③ 清初,沿岸主要河港42条,沿海干河包括施翘河、便民河、新竖河等较大河港。④ 到清代中叶,崇明沿岸河道有43条,绝大部分河港汊沟仍在。主要包括太常河、惠民河、富民河、施翘河等较大的入海河道11条,其他港汊还包括朱华港、袁鹿港、烂沙套港、十二图港等22条港汊洪沟。⑤ 此外,崇明东南沿岸是港汊分布最为密集的区域,有十条"滧",即天然港汊,清初"自头滧起至十滧止,共十,俱在箔沙以上,俱在县治东"⑥。清中叶有所变化,"头滧至五滧,在箔沙;六滧在陈六状、联福沙,七滧在糖(塘)沙,八、九、十滧在小阴沙、东旺沙"⑦。

---

① 《南汇水利志》编纂委员会编,朱国松主编:《南汇水利志》,第93—94页。
② 光绪《重修奉贤县志》卷四《水利志》。
③ 万历《新修崇明县志》卷一《舆地志》。
④ 康熙《重修崇明县志》卷三《建置志》。
⑤ 嘉庆《直隶太仓州志》卷一八《水利》。
⑥ 康熙《重修崇明县志》卷三《建置志》。
⑦ 嘉庆《直隶太仓州志》卷一八《水利》。

第三节　盐业聚落与市镇

沿海盐业生产对沿海市镇的兴起和发展也具有很大的促进作用。长江口地区历史上沿海地带出现的村落、集镇等大都与制盐、贮盐、运盐等盐业生产密切相关,并且随着盐业生产的兴衰、地域迁移,而不断发展变化。因此,滨海地带的盐业聚落是历史时期盐业发展的重要文化特征之一。特别是在浦东地区,尽管与盐业生产有关的机构早已消失,但还有部分盐业生产的机构及所属团、灶、路等名称转化为历史地名保存并延续下来,并成为浦东乡镇建置和行政村及自然村的名称。例如,下盐路、下沙镇、盐仓镇、六团镇、六灶镇、三灶镇、大团镇等,都与历史上的盐业生产有关。[1]

宋制"民聚不成县而有税课者则为镇"[2]。一些堡城、邑(县或厅)城、府城因设置场署和其他盐司衙门等盐政机构而形成盐业城镇。例如新场镇、下沙镇。元至正二十七年(1367)设两浙都运盐司松江分司于下沙镇,正统二年迁至新场。大团镇,清代下沙头场设于此镇,一团镇,即大团镇,邑南二十里,下沙头场盐大使署建此。四团仓镇,清初下沙二场曾设此镇,雍正七年(1729)下沙二场才自四团仓镇迁至川沙堡城。[3] 此外,奉贤区青村城(现为奉城镇)附近的高桥镇,在清代一直是青村场盐大使署所在地。崇明区的沈安状堡镇在清代为崇明场盐大使署所在地,金山区的

---

[1] 陈少能等主编:《上海市浦东新区地名志》,华东理工大学出版社,1994 年,第 50—55 页。《上海地名志》编纂委员会编、陈征琳、邹逸麟等主编:《上海地名志》,上海社会科学院出版社,1998 年,第 575 页。
[2] 〔宋〕高承辑:《事物纪原》卷七。
[3] 吴仁安:《清代上海盐政若干问题述论(续)》,《盐业史研究》1997 年第 4 期。

北仓镇在清代为浦东场盐大使署所在地,西仓镇在清代为横浦场盐大使署所在地。

宋元时期盐场的一些要素,很多就成为今天乡镇建制和命名。例如盐场聚灶煎盐,其载盐过塘之所,皆名之以路,称"团路"。光绪《川沙厅志》记八团有小湾车路、王家港路、畅塘路等十二条团路;九团有大湾车路、龚家路、曹家路、顾家路、黄家湾路等十六条团路。这些路口,居民渐多,商贾稍集,遂成为小镇,居民稠密,市廛兴盛,即成大镇,称"团镇"。例如原川沙县城厢镇,古称"八团镇"①。

灶是古代制盐业中的管理单位,宋代上海东南滨海一带已形成规模较大的五大盐场,盐场下设分场,每个分场下设十个灶,灶管理着众多的煎盐灶户。久之,灶既是组织盐业生产的管理机构,又成了灶户聚居的地名。上海浦东地区就有很多地名中带有"灶"字,例如一灶(新场镇东南)、小二灶(惠南镇北拱极路旁)、三灶(南六公路上海野生动物园北侧)、川沙镇地区的六灶、七灶、八灶村;在南汇书院镇还有里三灶、外三灶,周浦镇域内还有南八灶、东八灶等。

浦东地名中的"团""灶"和"甲"先前也都是制盐管理单位,几灶并一团,团灶改团甲。后来人们将这些单位所在地习称为某"团"或某"灶",并沿用至今。明代浦东下沙盐场下设三场十团,自南向北分别为一团(今大团)、二团(今三墩地区)、三团(今惠南、老港地区)、四团(今盐仓地区)、五团(民国时期称为五团乡,今祝桥镇)、六团(原川沙县六团乡、施湾乡)、七团(原川沙县江镇)、八团(原川沙县)、九团(原川沙县),南北延续约50千米。团以下设灶,分布密集。清末实行城乡自治,原盐场的团灶相应地

---

① 陈少能等主编:《上海市浦东新区地名志》,第36页。

改设为乡建制,如大团乡(一团地)、二团乡、城东乡(三团地)、四团乡、五团乡、六团乡、七团乡等。

地处运盐交通要道而成为盐业市镇的情况也很多,清代上海地区此类盐业市镇比起上述的两种盐业市镇更多,如青村、二团、四团、齐贤、行头、梁典、漕泾、凉缺、褚家聚、钱家桥、三团港、大桥头、泰日桥、金汇桥、洪庙、金家店、陆家桥、头桥、何家桥等市镇,均是如此。此类市镇不一定为盐场所在产盐之地,亦不一定建有盐司衙署,但均处于运盐交通要道。一些较大的镇,例如奉贤县青村镇,居奉贤县中心,市况极盛。东到四团镇三十里,西到庄行镇三十里,水运畅通。齐贤镇地处金汇港(塘)畔,北近黄浦江。清末民初沿海盐民步担来此售盐。四团镇兴起于明末清初。明时为青村盐场第四团。因北有南汇县四团仓镇,故亦称(南四团)。清乾隆初已有居民三百余家,多从事渔盐生产。钱家桥镇以桥名镇,因地近海塘,远至沿海旧盐区七千米,附近有何家埭码头、王家墩码头等盐斤集散点。钱家桥盐业自明以来均设有官办盐廒和盐务所,并驻有盐警部队[①]。

当盐业衰退时,一些市镇也随之衰落。例如奉贤县的褚家聚镇,即由于当地盐业生产的发展而兴起,以褚姓煎盐团聚而得名。该地原有一所盐廒,建于清代,后废。也有由于交通改道或者其他因素导致盐业市镇的荒落乃至废圮。如奉贤县的泰日桥镇,过去为青村场盐运要道,盐艘由高桥、盐仓庙,循运盐河,经梁典至镇,再出大闸港,故称繁盛。光绪年间采取官运后,市况顿衰。清末民初由于崇明场、横浦场、浦东场等场署或者迁徙(清代崇明场署由沈安状堡迁至崇明县城桥镇),或者合并(浦东、横浦合并为两浦盐场),先后导致了沈安状堡、北仓镇和西仓镇等盐业市镇的

---

① 吴仁安:《清代上海盐政若干问题述论(续)》,《盐业史研究》1997年第4期。

荒落乃至废弃。此外,盐业生产和经营的发展,还促进了一些盐业市镇的兴旺发达乃至市镇建置的升格。如奉贤县高桥镇,自设(青村)盐场署后,商粮日增,市况颇为繁荣。特别是川沙堡(旧名八团镇)由一般市镇升格为厅(县)级的城市:清乾隆五年(1740)两浙盐运司复设下沙三场,并与下沙二场合并成下沙二三场。下沙二三场署即设于川沙堡(原八团镇)内。川沙堡自设置下沙二三场署之后,盐业兴旺,商贾云集,市况繁盛,经过约半个世纪社会经济的发展,至嘉庆十五年(1810)即于川沙堡设置了相当于州县级的川沙抚民厅治。①

长江口沿岸一些代表性盐业市镇如下。

大团镇,清代下沙头场盐课大使署建此镇,"一团镇,即大团镇,邑南二十里,下沙头场盐大使署此"。史载:"一团镇,在县南二十四里,即护塘东岸。为下沙镇之头场,又名大团。自下沙盐场废,商人赴团自买,故盐房栉比,运艘毕集,遂称雄镇,有同知孙应昆碑记。南北约四里,止一街。上塘俱店铺,下塘皆盐仓,居民约四五百家……又东南十余里皆盐场……"大团镇遂成为南汇县东南诸乡市镇之冠。

周浦镇,因"旧置下沙盐场,杜浦巡司于市,由是人繁物广",宋时周浦地区建立浦东盐仓后,数量众多的海盐在这里集散,商业逐渐发展,形成集市。光绪《南汇县志》载:"邑西北四十八里,一名杜浦,元置下沙(盐场)杜浦巡司,后他徙;明嘉靖间,移至三林巡检司。……街道回复,绵亘四五里,其东西街夹咸塘,南北街夹周浦塘,民居稠密,为通邑巨镇。雍正四年,置新县粮仓,漕艘毕集,市肆益盛。"周浦镇就成为清代浦东地区最大的工商业市镇。

---

① 吴仁安:《清代上海盐政若干问题述论(续)》,《盐业史研究》1997年第4期。

下沙镇,唐开元元年(713)重筑旧捍海塘(下沙捍海塘)后,附近土人向下沙地区集居,集市交易逐渐发展。五代,下沙成为盐业集散地,吴越王钱镠专门开凿了由下沙镇直通黄浦江的盐铁塘,以疏通盐铁等物资运输通道。北宋时期,下沙盐业发展,小手工业和商业兴起,下沙镇进一步发展。明《鹤沙志》记载:"宋建炎年间设盐课司于下沙镇,因名之下沙场,商贾咸集,遂成都会","迨后避兵南渡者,俱目鹤沙为居也,相聚而庐舍焉。"元代下沙镇形成东西向一条街,店铺鳞次栉比,商贸繁荣。下沙盐课司迁新场后,仍"人物丛聚,未减于昔"。明嘉靖年间倭乱不断,破坏严重,致使商业萧条,市面败落。清代,随着手工业和交通运输业的发展,商贸和服务业也随之兴旺。民国时期,下沙地区粮棉种植不断增加,粮棉交易随之活跃。

新场镇,在惠南镇西12千米,旧名石笋里。元在此置两浙盐运司分署,盐场自下沙迁此,遂称新场。明弘治时成镇。镇区呈南北向矩形,主街长1.5千米。① 南宋建炎二年(1128),新场建镇。8—10世纪成陆后,始有零星盐场,盐民聚集开始出现村落。12世纪,由于海岸线迅速向东和东南方向推进,盐场也随之不断扩展。许多富商定居于此,市面渐趋繁荣,市集遂成为镇。新场古镇原为下沙盐场的南场,新场成镇之时,正值下沙盐场鼎盛时期,盐产量和盐灶之多,胜过浙西诸盐场。新场以盐繁荣,以盐建镇;因盐兴市,因盐衙门而设镇。光绪《南汇县志》载:"当时其鼎盛之时,盐产量之丰,灶户数之众,曾冠于浙西诸场。"

---

① 李春芬主编,《上海市》编纂委员会编:《中华人民共和国地名词典·上海市》,商务印书馆,1989年,第193页。

第四节　盐神与民间信仰

盐民就海制盐,常常遭受风潮灾害,在与大海的长期交往中,盐民形成了对大自然强烈的敬畏心,海神崇拜十分普遍。同时,对于在灾害防御中有突出贡献的人士也十分崇敬,往往立祠祭拜。例如,通州旧志中记有"俗尚鬼,喜迎神赛会",《两淮盐法志》中也有"海俗尚鬼"的记载。① 甚至官方还谕令祭祀江海神灵,如明正德十一年(1516),"有谕祭江海神";景泰七年(1456),"有祭告大江神"②等,进一步加深了民间的神灵崇拜。③

管王庙,泰州城北旧时祭祀管仲,约明初建设。管仲是春秋初期著名的政治家,提出由国家控制山海矿藏,实行盐铁专卖,创立食盐民产官府统购、统运和统销的官营制度,为各朝统治者所重视,也为泰州人所尊重,被称为"管王",并且专门建庙供奉。管王庙始建年代无考,现存最早的明万历《泰州志》中,有管王坊的记载。盐宗崇拜较多,但长江口北岸泰州祭祀管仲,管王庙随之兴建起来。管王庙兴建后,明至清,受到盐工们的尊崇,1949 年后城市日新月异的情况下管王庙主殿依然保留在原地。④ 除此之外,现泰州市区还有一处保留了 600 余年的建筑遗存"管王庙"。庙中供奉的即是 2 700 余年前创建并具体实施官盐管理的齐相管仲。

盐宗庙,清同治元年(1862),时任两淮盐运使的乔松年,在泰

---

① 《南通盐业志》编纂委员会主修,张荣生编撰:《南通盐业志》,第 408 页。
② 万历《通州志》卷二《疆域志·山川》。
③ 钱荣贵编:《江苏文库·江苏地方文化史·南通卷》,第 230—231 页。
④ 《泰州的盐》,政协泰州市海陵区学习文史委员会编:《海陵文史》第 18 辑,第 178—192 页。

州光孝寺东侧建"盐宗庙",祀夙沙氏、胶鬲、管仲。在其撰《新建盐宗庙记》一文中,称他所建的盐宗庙是两淮盐区的第一座盐宗庙。乔松年所建的盐宗庙比泰州明初所建的管王庙晚数百年。[①]扬、泰二市都建有盐宗庙,供奉海盐之祖夙沙氏、盐商之祖胶鬲和管理盐业的盐政鼻祖管仲,扬州盐宗庙建于同治十二年(1873)。

大王庙,汉初刘邦分封其侄儿刘濞立国广陵,吴王刘濞在古泰州先民煮海为盐基础上,大力发展盐业生产,长达四十年之久。扬、泰二市过去都建有"大王庙",把汉代吴王刘濞视作财神菩萨供奉。泰州大王庙坐落于西仓路上的大王庙街。

除了供奉管王、盐宗外,长江口地区盐民对关心民间疾苦、生计困难的官员,往往给予很高的褒奖,多立祠纪念,载文传世,记其功德。举例如下。

叶公祠,在一团镇,祀明巡盐御史叶永盛,万历二十九年(1601)建。清代当地灶民奉为场境城隍。明陆树声《去思碑记略》对其功绩有载:"三代之时,盐虽入贡,与民共之。而煮海有禁自管子始,嗣后猗顿、桑宏羊、孔仅竞相附和,其利害得失互倚伏也。明兴,建设转运提举司,课有常额,远迈汉唐,祖宗重此典,即懿亲勋戚无敢妄挠。盖九边之军,实边氓之命脉系赖,重盐法所以固边防厚民命也。我松滨海产盐,下沙场称最。嘉靖癸丑间,倭灾内侵,流亡殆尽,商人携锱资来居,民稍稍复集。继以旱潦洊,仍半沦沟壑。万历壬午己丑令侯邓许两君,为筑塘浚河,商民始有依栖。迩年奸弁高时夏妄奏余盐山堆谷积,横征两浙可得税银十五万,贫社釜空灰冷,吁鸣无从。会御史叶公来管盐政,甫下车怆然叹曰:万井萧条而重以烦奇,商人将掉臂矣。百万貔宁,枵

[①]《泰州的盐》,政协泰州市海陵区学习文史委员会编:《海陵文史》第18辑,第178—192页。

腹待乎？藩垣既倾，腹心之祸将移于内地。奈何以祖宗边储大计，坏于二三宵壬。乃上疏力陈疾苦至慨激也，五疏具在，读之言言泪下，非此何以回圣聪而蔚奸弁耶？民方长借公于海上，而以艰去攀辕巷，悼若赤子之恋慈父母，兹有以见公之德在民心也。公名永盛，号玉成，宁国泾县人，万历己丑进士。"①

秦公祠，在浦东陈家行长寿里，元浙西盐醝使，秦良颢子，裕伯、亨伯墓左。同治十一年（1872），祠裔并邑人筹捐修墓建祠，并续增墓田。②

清风祠，在下沙场，祀明分司夏之彦，崇祯九年（1636）建有碑记，清代已废弃。③

忠勇祠，在南汇县治东门，内祀明李府及其二子香、黍。嘉靖三十年（1551）建。明李自华记："嘉靖癸丑，倭寇内犯，四散流劫，南汇被围，官兵望风披靡，奔窜几尽。有军官李府者，率其仲子香及族丁三十人力战，斩首四十余级，贼退十里，吾军稍安，乘胜追逐。有贼长丈，许声若雷，邀之战，不三合斩之。于是贼相诫避焉。诘朝复战，又斩其先锋二人，贼走追战，再胜之。伏贼猬起，万矢齐发，父子身无完肤，均殁于阵，无何城遂破。越七月，更缮城守。明年四月贼再犯，香弟黍年方舞象，仰天祝曰，为君父报不戴之仇，在此举寻出战，获三级献。是夜，贼以布梯于堆，鱼贯而上，一贼将登城，黍觉拔剑斩之。下视，贼见蜂集，黍急推城垛，垛倾贼堕而死者数人，城赖以全。明日大战，杀贼无数，贼闻其名呼曰，谁是李三郎，黍挺身响应，卒为贼炮所毙。府孙尚衮年甫十三，哀号抱赎而白之，当事巡抚陈公悯之，捐俸立祠。"④

---

① 嘉庆《松江府志》卷一八《建置志》。
② 光绪《松江府续志》卷一〇《建置志》。
③ 嘉庆《松江府志》卷一八《建置志·坛庙》。
④ 嘉庆《松江府志》卷一八《建置志·坛庙》。

曹公祠，曹顶（1514—1557），明代抗倭英雄，通州余西场（今江苏南通通州余西镇）人，原是明代嘉靖年间余西场盐民，受雇为人驾舶贩盐。世宗嘉靖三十二年（1553）倭寇犯太仓，由此一战成名。此后，每战皆亲冒矢石，奋勇杀敌，屡建功勋。三十三年，倭寇三千余人进犯通州城，率五百水兵与倭寇相持两旬余，后与援兵合力击退倭寇。顶身披数十创，前后杀倭百余。三十六年，倭寇自掘港登陆，再犯通州。他随官军与倭寇激战于通州城北五十里，追寇至单家店，因天雨泥淖，马蹶壕，遂壮烈殉国。通州百姓闻其死讯，无不痛泣。今南通有曹顶墓、曹公祠。①

同时，民立生祠颂良吏。古代立生祠的习俗，即为活着的人建立祠庙，而加以奉祀。例如通州盐民为张纶立生祠，"江淮发运副使，自请知泰州以督其堰工役，逾年堰成，流佣归而复业者三千余户，又奏除通州盐户逋课数万，民德之，为立生祠"②。崇明县民为刘兆麒立生祠，"直隶宝坻人，初督浙闽，改授真定提督，康熙十四年邑镇特设提督即任，兆麒严巡哨慎考拔，禁裁扣，戎政修，举降舟山伪总兵张寅，遣将擒海寇周云龙，在镇十载，尝蠲俸瘗外郭门设义冢，禁火化，置义学四，所购田六十七亩给馆谷，为久远计，邑有踏勘芦洲，协济船工，议增盐引诸巨费，俱请豁除，民立生祠祀之"③。

仰德祠，在川沙堡，祀明赠潞安府同知乔镗及子，万历年建，今圮。明陈继儒记："仰德祠者，父老合祀乔公父子而设也。往嘉靖倭奴蹢海上，春山乔公首倡团练之策，幕府即以属公，公部署良家子勇，敢出死力斩获若干级，上功司马赐章服给五等诰身，所省饷以万计，罢遣诸道兵以百千计。又浚川沙海塘外濠，克日竣工，

---

① 宋林飞主编：《江苏历代名人词典》，第140页。
② 万历《通州志》卷八《遗事叙》。
③ 民国《崇明县志》卷一〇《职官志》。

遥亘可百里。又筑川沙城,公严督乡,赋长不少贷,怨家构飞语陷公,公愤死,而城工亦报成倭扬帆东来,睨塘则濠深不得登,睨城则坚壁不得掠。于是里人转思公德,且痛其奇冤,思所以俎豆,公而未有日也。"①

此外,浦东原南汇地区还有沙涂庙(在一团镇)、咸水庙(在护塘外南)、天后庙[在南汇嘴,明洪武二十八年(1395)千户陈斌建]②。其他还有仓王庙[一个在周浦镇,另一个在川沙城东北隅,嘉庆十五年(1810)同知周垣建]③,以及钦公祠(在川沙九团,祀南汇县知县钦琏)。④

---

① 嘉庆《松江府志》卷一八《建置志·坛庙》。
② 嘉庆《松江府志》卷一八《建置志·坛庙》。
③ 嘉庆《松江府志》卷一八《建置志·坛庙》。
④ 嘉庆《松江府志》卷一八《建置志·坛庙》。

结　语

　　长江口地区古代盐业的发展,既有全国海盐业发展的共性特征,也有本地的独特性。古代盐业是长江口地区重要的人类开发活动,是长江口地区第一大产业,江海交汇与沙洲坍涨变化,使制盐地理环境不断改变。盐场不断迁移兴衰,盐区与政区交界的私盐问题十分突出,呈现了复杂多变的河口海岸盐业文化景观特征。长江口盐业的发展,经历了从先秦至汉初吴越产盐区,到汉代以后逐渐形成南北分治的官营盐区,并在历代盐法变革中不断发展演变,同时在长江口滩涂淤涨、淡化过程中萎缩消亡。长江口地区生态环境的高动态性,导致人类制盐活动长期处于动态迁变之中,形成了独特的河口海岸制盐文化以及历史盐业文化景观。

　　(1) 长江口位于江海交汇处,沙洲与滩涂广阔,土卤、荡草等盐业资源丰富。从自然环境与盐业资源禀赋而言,整体上长江口北岸的盐业资源更丰富,传统制盐条件优越于南岸。高度动态的沙洲滩涂以及咸淡水变化,导致产盐地不断迁移,是长江口古代盐业发展的突出特征。

　　(2) 长江口地区产盐带的时空分布具有一定规律,产盐地、古盐场的分布与岸线变化保持了一致性,沿着北岸沙带、南岸沙带迁移发展。先秦到汉代,古海陵(今泰州)、如皋沿岸是长江口北岸第一代产盐带,延续了约 1 300 年;三余湾形成北岸第二代产盐带,存在了约 1 000 年;20 世纪后期启东沿海是北岸第三代产盐带。各产盐带经历了从产盐地到盐场的长期变化。先秦到汉唐时期长江口南岸产盐地分布在金山、奉贤一带,五代以后扩大到宝山、南汇沿岸,宋元明时期浦东、奉贤、金山等都有盐场,是江南古代盐业发展的全盛时期。明代中叶以后长江口扩张、淡水下移,南岸产盐带不断向南萎缩。长江口扩张伸展、淡水下移是成盐岸线迁移、萎缩的主要原因,道光年间长江口门内古盐场消失。

(3) 长江口地区属多政区与盐区交错地带,唐以后长江口分属海陵监、嘉兴监管辖。宋元以后北岸属两淮盐区、南岸属两浙盐区,延续至民国年间。长江口是内陆与海洋的交通要道,又是两淮与两浙两大盐区的交界地带,长期存在私盐问题。明清时期私盐泛滥、武装盐枭问题十分突出,是长江口古代盐业的特殊现象。

(4) 长江口地区南北岸各盐场长期沿用摊灰淋卤法进行制盐(淋卤煎盐),直到清末民初才转为板晒盐(晒卤煎盐),是长江口地区古代盐业废煎改晒的重要表现。

(5) 长江口古代盐业的发展,是滨海开发的第一阶段,为后来的滨海农业开发提供了重要基础。自汉初至明清时期,盐业成为先锋产业,推动了河网道路、市镇聚落的形成与发展,促进了滨海盐碱地开发,为明清江南开发奠定了重要基础。整体上长江口沿岸从延续两千年的盐区,到清代中叶以后向农业区转变。

(6) 唐末五代以后,伴随全国经济重心东移南迁,长江口地区盐业产量规模、空间分布、盐场灶户数量等方面,明显超过汉唐时期,并在宋元时期进入快速发展阶段,在明清时期逐步衰退,至 19 世纪末走向消亡。长江口地区的海盐生产是全国海盐生产格局的重要组成部分,但地处长江口特殊的自然环境,它的发展演变深受长江河口段环境变化影响,很多盐场在不断迁移中发展、扩大、消亡。

参考文献

一、基本古籍

〔东周〕管仲撰,〔唐〕房玄龄注:《管子》,民国八年上海商务印书馆四部丛刊景宋刻本。

〔东周〕孔丘编定,〔西汉〕孔安国传,〔唐〕陆德明音义:《尚书》,清乾隆四十八年武英殿刻仿宋相台五经本。

〔西汉〕司马迁撰,〔刘宋〕裴骃集解,〔唐〕司马贞索隐,〔唐〕张守节正义:《史记》,清乾隆四年武英殿校刻本。

〔西汉〕桓宽撰,〔明〕张之象注:《盐铁论》,明嘉靖三十三年张氏猗兰堂刻本。

〔东汉〕许慎撰,〔宋〕徐铉等校定:《说文解字》,清嘉庆间兰陵孙氏刻平津馆丛书本。

〔东汉〕宋衷注,〔清〕秦嘉谟辑补:《世本》,清嘉庆二十三年琳琅仙馆刻本。

〔刘宋〕范晔撰,〔西晋〕司马彪撰,〔梁〕刘昭注,〔唐〕李贤注:《后汉书》,清乾隆四年武英殿校刻本。

〔梁〕沈约:《宋书》,清乾隆四年武英殿校刻本。

〔宋〕乐史撰,王文楚等点校:《太平寰宇记》,中华书局,2007年。

〔宋〕欧阳修:《新唐书》,清乾隆四年武英殿校刻本。

〔宋〕王存纂：(元丰)《九域志》,清乾隆四十九年冯集梧刻本。

〔宋〕沈括：《梦溪笔谈》,清嘉庆十年虞山张氏照旷阁刻学津讨原本。

〔宋〕李焘：《续资治通鉴长编》,清光绪七年浙江书局刻本。

〔宋〕王象之：《舆地纪胜》,清道光二十九年惧盈斋刻本。

〔元〕脱脱：《金史》,清乾隆四年武英殿校刻本。

〔元〕佚名：《元典章》,清光绪三十四年至民国十四年武进董氏刻诵芬室丛刊本。

〔明〕胡宗宪辑,〔明〕郑若曾辑：《筹海图编》,明嘉靖四十一年胡宗宪刻本。

〔明〕申时行修,〔明〕赵用贤纂：《明会典》,明万历十五年内府刻本。

〔明〕宋濂：《元史》,清乾隆四年武英殿校刻本。

〔明〕孔贞运辑：《皇明诏制》,明崇祯七年刻本。

〔明〕徐光启,王重民辑校：《徐光启集》,上海古籍出版社,1984年。

〔明〕宋应星：《天工开物》,民国十五至二十年武进陶氏涉园石印喜咏轩丛书本。

〔明〕陈子龙辑：《明经世文编》,明崇祯云间平露堂刻本。

〔清〕允禄辑：《朱批上谕(雍正朱批谕旨)》,清乾隆三年内府活字朱墨套印本。

〔清〕张廷玉：《明史》,清乾隆四年武英殿校刻本。

〔明〕顾炎武：《天下郡国利病书》,清光绪五年桐华书屋刻本。

〔清〕顾炎武：《肇域志》,清抄本。

〔清〕顾祖禹：《读史方舆纪要》,清嘉庆十七年敷文阁刻本。

〔清〕穆彰阿修,〔清〕潘锡恩纂:(嘉庆)《大清一统志》,民国二十三年至二十四年上海商务印书馆四部丛刊续编景旧抄本。

〔清〕叶梦珠:《阅世编》,上海古籍出版社,1981年。

〔清〕徐松辑,〔民国〕缪荃孙重订:《宋会要辑稿》,民国二十五年国立北平图书馆影印本。

〔清〕葛士濬辑:《清经世文续编》,清光绪二十四年上海书局石印本。

〔清〕杨光辅纂:《淞南乐府》,中华书局,1991年。

〔清〕陶澍:《陶云汀先生奏疏》,清道光八年刻本。

〔清〕贺长龄辑:《清经世文编》,清光绪十二年武进盛氏思补楼重校本。

〔民国〕赵尔巽:《清史稿》,民国十七年清史馆排印本。

〔日〕圆仁:《入唐求法巡礼行记》,广西师范大学出版社,2007年。

二、旧方志、盐志

绍熙《云间志》,明抄本。

〔元〕陈椿:《熬波图》,民国二十五年上海通社排印上海掌故丛书本。

洪武《苏州府志》,明洪武十二年刻本。

弘治《两淮运司志》,于浩辑:《稀见明清经济史料丛刊》第2辑第25册,国家图书馆出版社,2012年。

弘治《上海县志》,明弘治刻本。

正德《松江府志》,《上海府县旧志丛书·松江府卷(一)》,上海古籍出版社,2011年。

正德《崇明县志》,《上海府县旧志丛书·崇明县卷(上)》,上海古籍出版社,2011年。

嘉靖《海门县志》,明嘉靖刻本。

嘉靖《两淮盐法志》,明嘉靖三十年刻本。

嘉靖《太仓州志》,明崇祯二年重刻本。

嘉靖《太仓州志》,江苏省地方志编纂委员会办公室编:《江苏历代方志全书·直隶州(厅)部》,凤凰出版社,2018年。

嘉靖《惟扬志》,《天一阁藏明代方志选刊》,上海古籍书店,1963年。

嘉靖《浙江通志》,明嘉靖四十年刊本。

万历《泰州志》,明万历三十二年刻本。

万历《通州志》,《天一阁藏明代方志选刊》,上海古籍书店,1981年。

万历《新修崇明县志》,《上海府县旧志丛书·崇明县卷(上)》,上海古籍出版社,2011年。

天启《海盐县图经》,明天启四年刻本。

崇祯《泰州志》,明崇祯刻本。

崇祯《松江府志》,明崇祯三年刻本。

崇祯《重修两浙鹾志》,明末刻本。

顺治《海门县志》,江苏省地方志编纂委员会办公室编:《江苏历代方志全书·直隶州(厅)部》(第48—49册,影印本),凤凰出版社,2018年。

康熙《重修崇明县志》,《中国地方志集成·上海府县志辑(10)》,上海书店出版社,2010年。

康熙《两淮盐法志》,吴相湘主编:《中国史学丛书》,(台北)学生书局,1966年。

雍正《分建南汇县志》,《上海府县旧志丛书·南汇县卷上》,上海古籍出版社,2009年。

雍正《两淮盐法志》,于浩辑:《稀见明清经济史料丛刊》第1

辑第 1—3 册,国家图书馆出版社,2009 年。

雍正《两浙盐法志》,于浩辑:《稀见明清经济史料丛刊》第 2 辑第 38 册,国家图书馆出版社,2012 年。

雍正《崇明县志》,《上海府县旧志丛书·崇明县卷(上)》,上海古籍出版社,2011 年。

乾隆《南汇县新志》,清乾隆五十八年刻本。

乾隆《两淮盐法志》,于浩辑:《稀见明清经济史料丛刊》第 1 辑第 4—9 册,国家图书馆出版社,2009 年。

乾隆《崇明县志》,《上海府县旧志丛书·崇明县卷(中)》,上海古籍出版社,2011 年。

乾隆《上海县志》,清乾隆十五年刻本。

嘉庆《重修两浙盐法志》,清同治十三年浙江官刻本。

嘉庆《两淮盐法志》,于浩辑:《稀见明清经济史料丛刊》第 2 辑第 26—33 册,国家图书馆出版社,2012 年。

嘉庆《松江府志》,清嘉庆二十三年松江府学刻本。

嘉庆《扬州府志》,清嘉庆十五年刊本。

嘉庆《如皋县志》,清嘉庆十三年刊本。

嘉庆《海门厅图志》,清抄本。

光绪《崇明县志》,《上海府县旧志丛书·崇明县卷(中)》,上海古籍出版社,2011 年。

光绪《川沙厅志》,《中国方志丛书·华中地方·江苏省》,(台北)成文出版社有限公司,1975 年。

光绪《重修华亭县志》,清光绪四年刊本。

光绪《重修奉贤县志》,清光绪四年刊本。

光绪《重修两淮盐法志》,顾廷龙主编:《续修四库全书》第 842—845 册,上海古籍出版社,2002 年。

光绪《嘉定县志》,清光绪七年刻本。

光绪《金山县志》,清光绪四年刊本。

光绪《南汇县志》,民国十六年重印本。

光绪《通州直隶州志》,《江苏历代方志全书·直隶州(厅)部》(第34册),凤凰出版社,2018年。

光绪《松江府续志》,清光绪九年刊本。

民国《崇明县志》,《上海府县旧志丛书·崇明县卷(下)》,上海古籍出版社,2011年。

民国《南汇县续志》,民国十八年刻本。

民国《川沙县志》,民国二十五年刊本。

〔明〕朱廷立:《盐政志》,明嘉靖刻本。

〔清〕李澄:《淮盐备要》,清道光三年刻本。

张謇:《改盐法议》,《北洋政学旬报》1911年第4期。

林振翰编:《淮盐纪要》,樊良新编:《近代盐业史料汇编》(第43册),广陵书社,2020年。

盐务署盐务稽核总所编:《中国盐政实录》,《近代中国史料丛刊》三编第88辑第871册,(台北)文海出版社,1933年。

田秋雁、周维亮:《中华盐业史》,台湾商务印书馆,1979年。

张茂炯:《清盐法志》,于浩辑:《稀见明清经济史料丛刊》第2辑,国家图书馆出版社,2012年。

周庆云:《盐法通志》,于浩辑:《稀见明清经济史料丛刊》第2辑第1—15册,国家图书馆出版社,2012年。

三、今方志、专业志与资料汇编

朱鸿伯、顾炳权等编:《川沙乡土志》,内部资料,1986年。

柳国瑜主编:《奉贤盐政志》,上海社会科学院出版社,1987年。

朱鸿伯主编:《上海市川沙县志》,上海人民出版社,1990年。

薛振东主编,上海市南汇县县志编纂委员会编:《南汇县志》,上海人民出版社,1992年。

陈少能等主编:《上海市浦东新区地名志》,华东理工大学出版社,1994年。

应飞主编:《上海粮食志》,上海社会科学院出版社,1995年。

陈志鹏主编,浙江省盐业志编纂委员会编:《浙江省盐业志》,中华书局,1996年。

江苏省地方志编纂委员会编:《江苏省志》第24卷《盐业志》,江苏科学技术出版社,1997年。

陈征琳、邹逸麟等主编,上海地名志编纂委员会编:《上海地名志》,上海社会科学院出版社,1998年。

周嘉华、王治浩撰,中华文化通志编委会编:《中华文化通志·化学与化工志》,上海人民出版社,1998年。

南通市地方志编纂委员会编:《南通市志》,上海社会科学院出版社,2000年。

火恩杰、刘昌森主编:《上海地区自然灾害史料汇编(公元751—1949年)》,地震出版社,2002年。

薛振东、张校平主编,上海市南汇区《南汇县续志》编纂委员会编:《南汇县续志(1986—2001)》,上海社会科学出版社,2005年。

四川自贡市盐业历史博物馆编:《中国盐业史辞典》,上海辞书出版社,2010年。

《南汇交通志》编纂委员会编,钱银楼主编:《南汇交通志》,方志出版社,2011年。

《南汇水利志》编纂委员会编,朱国松主编:《南汇水利志》,方志出版社,2012年。

《南通盐业志》编纂委员会主修,张荣生编撰:《南通盐业志》,

凤凰出版社，2012年。

政协泰州市海陵区学习文史委员会编：《海陵文史》（第18辑），政协泰州市海陵区学习文史委员会，2013年。

樊良新编：《近代盐业史料汇编》，广陵书社，2020年。

上海通社编，上海通志馆整理：《上海掌故丛书（全十册）》，上海书店出版社，2021年。

四、今人论著

鲍俊林：《15—20世纪江苏海岸盐作地理与人地关系变迁》，复旦大学出版社，2016年。

鲍俊林：《明清两淮盐场"移亭就卤"与淮盐兴衰研究》，《中国经济史研究》，2016年。

鲍俊林、高抒：《13世纪以来中国海洋盐业动态演变及驱动因素》，《地理科学》，2019年。

鲍俊林：《传统技术、生态知识与环境适应——以明清时期淮南盐作为例》，《历史地理研究》2020年第2期。

鲍俊林、高抒：《沙岛浮生：明清崇明岛的传统开发与长江口水环境》，《史林》2020年第3期。

鲍俊林：《气候变化与江苏海岸历史适应研究》，复旦大学出版社，2021年。

鲍俊林：《中国古代海盐生产技术的发展阶段及地方差异》，《盐业史研究》2021年第3期。

［日］北田英人：《中国江南三角州における感潮地域の变迁》，《东洋学报》1982年第3—4号。

陈吉余、恽才兴、徐海根、董永发：《两千年来长江河口发育的模式》，《海洋学报》1979年第1期。

辰阳：《〈熬波图〉探解》，东南大学出版社，2019年。

高蒙河：《长江下游考古地理》，复旦大学出版社，2005年。

郭正忠主编：《中国盐业史》（古代编），人民出版社，1997年。

何泉达：《吴中水利与滨海盐利：兼论明清两代上海盐业衰颓的原因》，《史林》1991年第3期。

洪贤兴、郭洪编著：《海洋盐文化》，中国大地出版社，2007年。

侯传庆主编：《上海土壤》，上海科学技术出版社，1992年。

胡杰明、刘月蕊、胡龙昌著，蓝天怡、张靖怡绘：《盐文化故事·〈熬波图〉新说新绘》，上海科学技术出版社，2022年。

黄公勉、杨金森编著：《中国历史海洋经济地理》，海洋出版社，1985年。

黄国信、叶锦花、李晓龙、徐靖捷：《煮海成聚：明清灶户与滨海社会建构》，社会科学文献出版社，2023年。

会仰丰：《中国盐政史》，商务印书馆，1936年。

吉成名：《宋代食盐产地研究》，巴蜀书社，2009年。

吉成名撰，曾凡英主编：《汉代食盐产地研究》，《盐文化研究论丛》（第2辑），巴蜀书社，2007年。

吉成名：《中国古代食盐产地分布和变迁研究》，中国书籍出版社，2013年。

吉成名撰，曾凡英主编：《论浙江海盐产地变迁》，《中国盐文化》（第12辑），西南交通大学出版社，2019年。

［日］吉田寅：《元代制盐技术资料「熬波图」の研究》，东京：汲古书院，1983年。

李伯重：《江南的早期工业化（1550—1850）》，中国人民大学出版社，2010年。

梁庚尧：《南宋盐榷：食盐产销与政府控制》，东方出版中心，2017年。

刘昌森、姚保华、章振铨、黄佩杰、火恩杰编著:《上海自然灾害史》,同济大学出版社,2010年。

[美]马克·科尔兰斯基著,夏业良译:《万用之物·盐的故事》,中信出版集团,2017年。

彭泽益编:《中国近代手工业史资料(1840—1949)》(第3卷),生活·读书·新知三联书店,1957年。

钱荣贵编:《江苏文库·江苏地方文化史》(南通卷),江苏人民出版社,2022年。

谯枢铭:《宋元两代上海地区的盐业生产》,唐振常、沈恒春主编:《上海史研究(二编)》,学林出版社,1988年,第295—310页。

孙景超:《宋代以来江南的水利、环境与社会》,齐鲁书社,2020年。

孙世达:《宋代提举茶盐司制度再探》,《宋史研究论丛》2024年第1辑。

唐国良主编:《人文浦东》,上海社会科学院出版社,2009年。

唐仁粤主编:《中国盐业史》(地方编),人民出版社,1997年。

汪崇篔编:《明清徽商经营淮盐考略》,巴蜀书社,2008年。

王青:《元代制盐典籍〈熬波图〉作者及成书背景新证》,《盐业史研究》2022年第2期。

王青:《〈熬波图〉海盐生产工艺的考古学辑证》,《考古》2023年第12期。

王仁湘、张征雁:《中国滋味·盐与文明》,辽宁人民出版社,2007年。

温爱珍:《"煮海熬波"的岁月:追述南汇历史上的盐业生产》,《档案春秋》2008年第10期。

吴海波、曾凡英:《中国盐业史学术研究一百年》,巴蜀书社,2010年。

吴慧:《中国盐法史》,社会科学文献出版社,2013年。

吴滔:《明代浦东荡地归属与盐场管理之争》,《经济社会史评论》2016年第4期。

吴俊范:《长江三角洲海岸带历史地理考察研究》,科学出版社,2022年。

吴俊范:《明初以来长江口南岸地理环境的变化与人类活动响应》,《学术月刊》2022年第5期。

吴克嘉:《淮盐重要历史遗存:古海陵仓考》,《盐城工学院学报(社会科学版)》2006年第4期。

吴仁安:《清代上海盐政若干问题述论》,《盐业史研究》1997年第2期。

吴仁安:《清代上海盐政若干问题述论(续)》,《盐业史研究》1997年第4期。

熊月之:《上海通史》(古代),上海人民出版社,1999年。

薛理勇主编:《上海掌故大辞典》,上海辞书出版社,2015年。

叶树勋选编,清华大学国学研究院主编:《朱右白文存》,江苏人民出版社,2016年。

尹玲玲:《试论近代上海的食盐行销》,《都市文化研究》2021年第2辑。

于云洪、王明德:《盐业神祇谱系与盐神信仰》,《扬州大学学报(人文社会科学版)》2015年第3期。

于运全:《海洋天灾:中国历史时期的海洋灾害与沿海社会经济》,江西高校出版社,2005年。

俞渊主编:《盐与海洋文化》,上海三联书店,2023年。

张国旺:《元代榷盐与社会》,天津古籍出版社,2009年。

张国旺:《元代统一局面下盐官制度的重构》,《河北学刊》2009年第5期。

张荣生:《古代淮南通州盐区的劳动力(灶籍)管理》,《盐业史研究》1994年第4期。

张荣生:《古代淮南盐区的盐官制度》,《盐业史研究》2001年第3期。

张荣生:《从煮海走来:南通盐业史话(上)》,苏州大学出版社,2015年。

张小也:《清代私盐问题研究》,社会科学文献出版社,2001年。

张绪武:《我的祖父张謇》,南开大学出版社,2021年。

张银河:《中国盐业人物》,中国文史出版社,2006年。

张银河:《中国盐业简史》,江苏人民出版社,2023年。

张忠民:《上海:从开发走向开放(1368—1842)》,上海社会科学院出版社,2016年。

中国海洋文化编委会编:《中国海洋文化·上海卷》,海洋出版社,2016年。

祝鹏:《上海市沿革地理》,学林出版社,1989年。

褚绍唐:《上海历史地理》,华东师范大学出版社,1996年。

后　记

　　去年接到复旦大学出版社与上海浦东方志办的邀请,希望由我写作一本书,反映长江口盐业发展史的基本过程。近几年自己正在开展上海市教委项目与国家自然科学基金项目,工作中积累了不少相关资料,包括长江口环境变化、古代制盐与围垦活动,以及长江三角洲盐业产运销等方面的资料,总体上对长江口地区盐业史还是比较了解,于是答应下来。自博士毕业以来的十年间,滨海盐业史也一直是自己开展沿海人地互动与环境演变研究的重要基础。此外,十年来自己也陆续看过云南诺邓盐井、山西运城盐池、青海茶卡盐湖,以及山东与江苏的盐滩和古代制盐遗迹,体会到人类制盐与当地的人文、生态环境的共生关系,以及区域差异性。

　　盐是极为普通的,无非日常食用;盐又是极不平凡的,贯穿了人类文明发展史。在人类历史上,盐是第一个大宗商品与财富象征,融入政治、经济、军事等诸多领域,渗透到人类社会各个角落。因为是人类生理必需,盐才成为王朝时代深度控制财赋税收的重要锚点。盐业资源分布不平衡,对食盐贸易路线与销售市场的控制、对盐产地的控制与争夺,都是为了垄断盐业资源。由于盐的稀缺性、经济价值,无论古罗马时代还是东方的汉朝,都形成了国家控制的食盐产运销系统。文明往往建立在盐的基础上,从石器时代、陶器时代到铁器时代,都留下了盐与人类文明史变迁关系的身影。盐深刻塑造了人们的价值观、财富观、权力分配关系、管理层序,甚至成为史学家探究诸多古文明兴替的关键密码。

历史长江口是一个动态的整体,以长江口为题梳理古代盐业变迁,首先就要考虑古代长江口与今天的差异,还包括江北与江南两部分,因此需要揭示古代长江口演变过程,才能更好地讲清楚该地域盐业变迁过程。最初尚觉不太难,但由于这是两个盐区的交界地带,包括两个盐区多个政区,盐业要素变化非常复杂。这里不仅是重要的产盐地,本身也是重要的食盐销售地,还涉及江北与江南两个盐区资料的取舍。好在江北部分自己前期有一定积累,同时借鉴、引用了不少前人的研究成果。但江南部分以往尚未有比较专门的盐史梳理,还需要对不少原始史料反复阅读与提炼,颇费功夫。写作中还发现一些资料与数据存在矛盾,或难以直接利用,也需要综合多种原始资料对关键阶段与数据进行考证、核实。

写作过程中也发现一些有趣的现象,例如长江口是一个多盐区、政区的区域,导致缉私与私盐问题十分复杂。为此本书主要工作就是在长江口环境变化基础上,再将这个多盐区、多政区交界区域的盐业发展过程揭示出来。同时,还注意到中国东部海涂的历史产盐带的特殊性,从海州湾到杭州湾是一大片连续的、开敞的滨海淤泥质河海冲积平原,沧海桑田、海陆变迁规模巨大。历代产盐地始终在动态迁移变化,并引发了资源管理、盐场兴废、盐民群体以及运销关系等多方面的变迁。从产盐地到盐场建置、裁废变化,从高产区到低产区,从盐碱地到圩田景观,直到消亡。管理机构从国家一级征税机构到地方一级运销管理机构,再到地方二级三级的盐场管理机构,一步步渗透到滩涂盐灶,管理层级不断下降和深入。这些盐文化景观变化都是地域历史文化的重要体现。不过,通过历史地理学方法也增加了很多难度,因为很多研究对象都需要落实到具体的时空范围上，不能含糊。盐业史向来纷繁复杂，单一盐区的写作已经不容易，何况长江口南北不仅长期分属两个盐区，自己所做的工作仍然十分有限。虽尽力梳理、作成简史，但肯定还有不少缺漏，也恳请读者多批评指正。

特别感谢我的几位研究生对书稿的校对，李明、李关雨扬、裘浩然纠正了初稿中的不少引文或页码错误，与他们的自由讨论也时常带来新灵感与认识。同时也非常感谢责编关春巧老师及其他校稿人的细致工作。成书之际，2024年12月末我正好带着几位研究生到访连云港文物和考古研究所，在当地各位专家的介绍下调研了古海州湾新发现的制盐遗迹，加深了对中国东部沿海早期盐作文明的理解。但长江口沿岸是否也存在类似的古代制盐遗迹呢？从浙东、古长江口再到海州湾，它们的早期制盐文明是否存在内在联系呢？这些新问题只好留待未来探索。

古代盐文化是长江口地区悠久的历史人文现象之一。长江口盐业史既有全国尺度上盐业史变迁上的共性，也具有地方尺度上的特殊性。借助长江口盐业史，希望本书能为读者提供一个了解长江口地区不一样的历史文化图景的渠道。从盐出发，可以更好地了解长江口独特的江海交汇的文明演变历程。

鲍俊林

2024年冬，复旦光华楼

图书在版编目(CIP)数据

长江口盐业简史/鲍俊林著. -- 上海：复旦大学出版社, 2024.12. -- (浦东地情系列丛书). -- ISBN 978-7-309-17753-4

Ⅰ. F426.82

中国国家版本馆 CIP 数据核字第 2024PH3720 号

长江口盐业简史
鲍俊林　著
责任编辑/关春巧

浦东地情系列丛书
上海市浦东新区地方志办公室　编

复旦大学出版社有限公司出版发行
上海市国权路 579 号　邮编：200433
网址：fupnet@fudanpress.com　http://www.fudanpress.com
门市零售：86-21-65102580　团体订购：86-21-65104505
出版部电话：86-21-65642845
上海盛通时代印刷有限公司

开本 890 毫米×1240 毫米　1/32　印张 8.25　字数 192 千字
2024 年 12 月第 1 版
2024 年 12 月第 1 版第 1 次印刷

ISBN 978-7-309-17753-4/F·3082
定价：60.00 元

如有印装质量问题, 请向复旦大学出版社有限公司出版部调换。
版权所有　侵权必究